# MUSIC OF JAPAN TODAY

## ミュージック オブ ジャパン トゥデイ
### 第6回国際日本音楽学会フェスティヴァルレポート

田野崎 和子・E・マイケル・リチャーズ 共編纂

# 前 書 き

　私達の25年以上にわたる現代音楽の演奏とイベントのオーガナイゼーションを通し、沢山の方々と機関にお世話になった。特に、米国カリフォルニア大学サンディエゴ校（UCSD）で1981年から教鞭をとられた 私共が師と仰ぐ作曲家の湯浅譲二先生に特別な感謝の意を捧げたい。1991年に当時私共が勤務していたハミルトン大学で、大学長から特別著名なアジア人で芸術家でレクチャーをして下さる講師を推薦する様に要請があった折（これは全米で有名なメロン基金 Mellon Foundation が降りた）湯浅先生が快くお引き受け下さった事が発端になり、"Music of Japan Today" のシンポジウムが続く事となった。長い年月を超えて湯浅先生は私共に貴重なお時間を割いて下さり、私共は本当に先生から沢山の事を学ばせて戴いた。

　この本の元になった国際音楽学会シンポジウムのシリーズは1992年より始まり（Music of Japan Today：伝統と革新）、1994年、1997年、1999年（アジア音楽inアメリカ：2世界の合流）、2003年、2007年と続いた。この間様々な地域、アメリカ国内そして国際的なサポートを得る事が出来た。2003年と2007年に後援を戴いたワシントンDCの日本大使館、全日本航空会社、1992年からのゲスト作曲家である愛澤伯友、一柳慧、遠藤雅夫、本間雅夫、伊藤弘之、国枝春恵、Bun-Ching Lam、松尾祐孝、松下功、新実徳英、西村朗、P.Q.Phan、田中利光、Richard Tsang、山本裕之、そして湯浅譲二の各氏に厚くお礼を申し上げたい。

　ワシントンDCの日米友好基金、東京とNYの友好基金、NYのアジア文化評議会、ミシガン州アンアーバーのアジア研究協会、ワシントンDCスミソニアンインスティチュートのフリーアーギャラリー、ワシントンDC桜祭り、メリーランド州芸術評議会、メリーランド州と全米寄付財団、ワシントンDC商工会議所、島津製作所、セルマー楽器、シラキューズ現代音楽協会にも感謝の意を表したい。

　我々はメリーランド州立大学ボルティモアカウンティー校（UMBC）とハミルトン大学の次の方々に資金援助に関して感謝を捧げたい。UMBC

のFreeman A. Hrabowski 大学長、Arthur Johnson 副総長、Sheldon K. Caplis 広報部副部長、John Jeffries 人類芸術社会学部長、Thomas Moore 文化芸術広報部長。ハミルトン大学のEugene Tobin 大学長、Bobby Fong 副学長、1940年度卒業者寄付基金。

UMBC音楽学部で熱心に激励して下さったLinda Dusman 学部長と同僚や事務のスタッフ、又ハミルトン大学音楽学部にも、フェスティバルを実行するにあたり芸術的、組織的貢献を戴いた。六回のシンポジウムに参加してくれた沢山の学生にも特別に感謝したい --- 彼らが経験した芸術的協力と学術的調査、異文化交流の理解の精神が、彼らの人生の糧になる様希望している。

この本の楽譜の部分使用許可に関して、European America Music 社、Shott Music Japan 社、Mannheim Musikverlag 社、ChesterMusic Limited 社、C.F.Peters Corporation 社のご協力を戴いた。作曲家の伊藤弘之、山本裕之、愛澤伯友、中野浩二、Marty Reagan の各氏には、録音と楽譜のコピーを供出して戴いた。コンピューター音楽の章では、菜孝之、安藤大地、今井慎太郎、小坂直敏、川本英子の各氏に録音を送って戴いた。ヴィルティオーゾ尺八奏者の田辺 洌山氏と愛澤伯友氏には「邦楽ジャーナル」に2007年のMusic of Japan Today の記事を書いて戴き、感謝申し上げたい。

Cambridge Scholars Publishing 社のAmanda Millar 氏とCarol Koulikourdi 氏には、原本のアドヴァイスと多大な御協力を戴き感謝している。この日本語版出版には、音楽学者で翻訳家の小野光子氏と芸術現代社の大坪盛氏に大変お世話になった。基金助成を戴いた京都の（公財）ロームミュージックファンデーションにも厚くお礼申し上げます。

最後にこの本を私共の両親、田野崎和夫と美奈子、Edwin とJanet Richards に捧げたいと思います。

# 目　　次

前書き ................................................... 2
序文 ..................................................... 6

## 第 1 部　ゲスト作曲家による講義とディスカッション ................ 15

第 1 章　伊藤弘之：揺れるイメージとフラジャイルな美しさ ......... 20
第 2 章　デイヴィッド・ペッカン：伊藤弘之の＜弦楽四重奏曲＞
　　　　その形式と様式そして内容 ................................ 28
第 3 章　山本裕之：自作品における＜曖昧＞の作曲技法と思考 ...... 42
第 4 章　愛澤伯友：異文化の融合したアンサンブル ................. 47

## 第 2 部　現代日本の音楽に関するエッセー ......................... 57

1．政治と音楽：日本、第 2 次世界大戦、そして戦後 ................ 58
第 5 章　デイヴィッド・ペッカン：1917 年から 1950 年に作られた
　　　　山田耕筰の歌曲における様式と政治性 ...................... 61

2．伝統を越えて：武満徹の音楽における最近の動向とその遺産 ..... 80
第 6 章　小野光子：日本の音「さわり」と作曲家・武満徹 ........... 83
第 7 章　ピーター・バート：バスタブの音楽：西洋の批評を通して武満
　　　　徹の音楽を読む ........................................... 91

## 第 3 部　日本と西洋の楽器：洋の東西を超えた楽器の使用法 ...... 105
　　　　（テクニック）

＝声＝
第 8 章　コリン・ホルター：湯浅譲二《天気予報所見》における
　　　　テレビ的現象との構造的一致 ............................. 114
第 9 章　ステイシー・フレイザー：時間を越えて吼える：中野浩二
　　　　《タイム・ソングⅡ》にみられるヴォーカル・テクニック
　　　　............................................................ 124

=フルート=
　　第 10 章　マーティー・リーガン：尺八の為の作曲テクニックについて
　　　　　　　　　　　　　　　　　　　　　　　　　　　　　　　*133*
　　第 11 章　アントワー・ボイル：模倣を超えて：細川俊夫のフルート独
　　　　　　創曲における拡張されたテクニック ............ *145*

=弦楽器とピアノ=
　　第 12 章　マーティー・リーガン：二十一弦箏のための作曲について
　　　　　　　　　　　　　　　　　　　　　　　　　　　　　　　*154*
　　第 13 章　ヒュー・リヴィングストン：現代チェロ奏法〔黛敏郎〕に用
　　　　　　いられた近代〔BUNRAKU〕の演奏様式 ............ *168*
　　第 14 章　吉岡愛理：作曲技法としての「間」について ............ *179*
　　第 15 章　田野崎和子：湯浅譲二"ピアノのための内触覚的宇宙 II"に
　　　　　　おける宇宙性と時間性について ............ *185*

=演奏家と作曲家のコラボレーション=
　　第 16 章　E. マイケル・リチャーズ："21 世紀のクラリネット"と日本
　　　　　　人作曲家の最近の音楽 ............ *201*

# 第 4 部：日本の中堅作曲家とそのコンピュータ音楽 ............ *229*

　　第 17 章　E・マイケル・リチャーズ：日本と欧米在住の日本人作曲家
　　　　　　による最近のコンピューター音楽について ............ *230*

# 第 5 部：2 つの日本人社会と彼らの現在の音楽：日本国内のコミュニ
ティーと"海外"のコミュニティー ............ *243*

　　第 18 章　デイヴィッド・ヒーバート：ブラスの錬金術師：日本のブラ
　　　　　　スバンドとその精神性 ............ *247*
　　第 19 章　ヤン・レブランク：ソノラスボディズ（鳴り響く身体）... *257*

付録・Music of Japan Today 国際日本音楽学会フェスティヴァル参加者一
覧・レコーディング・参加者一覧 ............ *264*

# 序　文

　この本は、2007年3月30日から4月1日にかけて、アメリカのメリーランド州立大学ボルティモアカウンティ校とワシントンDCのスミスソニアン・インスティチュート・フリーアーギャラリーで行われた、第6回 "Music of Japan Today" 国際日本音楽学術会議シンポジウムの結果報告である。英語の原本は同題名で Cambridge Schoars Publishing より2008年に出版されたE. マイケル リチャーズ・田野崎和子共編纂。ISBN（10）：1-84718562-2、ISBN(13)：9781847185624である。

　この日本語版の翻訳は第 2,5,6,7,10,11,12,13,18,19 章を小野光子氏、他を田野崎が担当した。このシンポジウムは、音楽学者、作曲家、演奏家他の参加者による。MOJT2007 は、私たち（田野崎とリチャーズ）が 15 年以上にわたり、日本音楽における文化的交流や交配 Cross Cultural の要素に特に視点をあてている研究発表の場として設立したシンポジウムの一環である。第一回は、1992年ニューヨーク州中央部のハミルトン大学で "Music of Japan Today：伝統と革新" の題で行われた。これはこの種の日本現代音楽では全米で始めての催しで、三名の日本からのゲスト作曲家と、香港、全米からの日本現代音楽の学術研究者と演奏家との学びの場、意見交換の場として、委嘱と世界初演を含む演奏会や論文発表として開催された。(注1)
92 年 MOJT のレクチャー、ワークショップ、パネルディスカッション、演奏家らの発表者は、主に西洋芸術音楽の伝統による記譜法による日本現代音楽について取り上げた。その内容は、東洋と西洋両方からの美学や音楽の性格の、交流又は交配であり、それは現代の日本社会の多様な点を反映したものであり、すべてが長期にわたって発展した文化、心理、美学他に深く根ざしたものである。(注2)

　このシンポジウムの形態については、日本音楽の内部者と外部者（民族・国籍からと地域・文化的アイデンティティー双方の意味から）の双方の視点で発表できるようデザインされている。又、音楽家兼学者、学者のみの方による対比、音楽創造に関しての多様な型 - 創造者である作曲家と再創造

する演奏家、そして聴衆とアナリスト（分析家）評論家など等。

　その中心は、違う世代を代表する三名の国際的に著名な日本人ゲスト作曲家、1929年生れの湯浅譲二、1948年生まれの新実徳英、1959年生まれの松尾祐孝各氏であった。

　これらのゲスト作曲家が、自作品に関する講義、自作品を演奏する演奏家を指導するマスタークラス、ゲスト作曲家によるパネルディスカッション、自作品の演奏会（とリハーサル）出席など多岐の場で各自の音楽的アイディアを発表された。

　1992年開催のMOJTは現代日本音楽を論題（トピック）とする他5回（1994年、97、99、2003、07年）のシンポジウムへと発展した。はじめの三回は於ハミルトン大学、最近の二回はメリーランド州立大学ボルティモアカウンティー校とワシントンDCのスミスソニアン・インスティテュートのフリーアーギャラリー（Freer Gallery）と開催の場を広げていった。[注3]シンポジウムの形態はほぼ同じだが、回を重ねるにつけ他の要素は随分と発展を遂げた。参加する講師や演奏家陣の世代が若くなり、それにつれて新しい論題が紹介され、古い論題は別の視点から論評された。1994年から音楽学者や民族音楽学者、理論家に加え、人類学者、社会学者、心理学者、演劇歴史家、舞踊家、教育家と参加者も多種になり、来られる場所もアメリカ合衆国と日本からのみならずヨーロッパ、南アメリカと中央アメリカ、東南アジア、オーストラリア、そしてニュージーランドからもと広汎になって来て、それらは対話や内容が豊かになる事を助けた大きな要素であった。

　他の視点が、ゲスト作曲家本間雅夫氏やピアニスト赤城真理氏等によって加えられた。仙台在住の二氏は、日常の生活の中で伝統的な邦楽や美学の立場が、国際化された東京（中央）とは違った、日本の面に光をあてられた。又作曲家の年齢や世代の違いが増えた事---三十代初めから七十代の後半---も視点や論点の多様性に貢献している。

　国際的な観点も、日本音楽と同様の重要性と洞察が、香港出身のリチャード・ザングRichard　Tsang、マカオ出身のブン‐チン・ラムBun-Ching Lam、ヴェトナム出身のP. Q. ファンP.Q.Phan等アジアの作曲家によって

もたらされた。日本人作曲家でも伊藤弘之はアメリカに、松下功はヨーロッパに長く留学した経験を持つ作曲家である。

　ゲスト作曲家のみならず、演奏家や講師等この15年間のMOJT参加者の背景を見ても、地域的な観点では逆の要素を反映している。つまり、日本出身でアメリカやヨーロッパに移民又は長期滞在している者、逆にアメリカやヨーロッパ人で日本に留学し邦楽を学んだ経験がある者。(注4) 自国に戻った者もいるし、移民した者もいる。日本人でアメリカやヨーロッパに定住移民したものは新しい文化に度合いの違いはあるが適応している。--とはいえ何人もの日本人の音楽家が、一度日本を離れると返って自分の（音楽的な）日本人的思考に気付き、それを意識して保持し、自分の芸術性において根本的な含蓄や暗示関係を探求したくなる様だ。その結果は、洗練発達された、文化的にバイリンガルともいえる芸術家の興隆である。音楽的に、それとはっきり判る様な便利な西洋と東洋の分かれ目は（それを指摘するのがもし不可能で無いならば）はっきりしなくなっている。今日の日本音楽では、日本と西洋の音楽的／美学哲学的な合流は、模倣、適応、同化、土着化、文化の変更（文化の交配による肥沃化という点も含む）、文化移入による変化、同調や一致、統合、等を含む膨大な数のかたちや取り扱いを通して、進化発展が続いている。

　このシンポジウムで、演奏家の意見に重きが置かれているのは、私たちが演奏家であり、1980年代の半ばから現代音楽、特に日本現代音楽の室内楽を演奏している背景から直接来ているものである。(注5) 感動的で強く、又作曲家の意図に沿った正確な解釈に達成するには、演奏家は内部者として作曲家の考えを"再創造"しなければいけないし、その前にまず外部者（聴衆—その音楽を聞く人間／分析者／研究者）としてその音楽の最大の特徴を理解し把握し、これらの視点を自分の中で調和し、効果的に、演奏として客観化、又具体化しなければならない。私たちは演奏家が、新しいレパートリーの演奏と作曲家とのコラボレーションによって新しいレパートリーが産み出される事を刺激する、という希望を持ってこの催しに参加する様激励している。のみならず、演奏家のこれらの音楽に対する、記述／口述

されたアイディアやディスカッション等が、（論題の）内容のある全体像を完成するのに本質的に大切だと感じたわけである。楽譜から実際の完全な音楽を起こすには重く大切なプロセスがある。従って、学術会議で普通行われる論文の講義—演奏法に関してや（日本音楽に適する微妙な音色のニュアンスや変化を含む新しい音響資源他）、記譜法に関して（ポルタメントのもっと最適な形態、間や沈黙の表現する休符、音の共鳴について他）に加え、演奏家はゲスト作曲家のマスタークラスにも参加できるよう用意した。（西村朗-ピアノのためのTritrope, 一柳慧-ソロマリンバの為のパガニーニパーソナル、湯浅譲二-ソロフルートの為のドメイン他）。加えて、日本の現代音楽を西洋音楽のスタンダードなレパートリーに加えて欲しいという意図のもと、演奏コンクールも開催した（黛敏郎-Bunraku、武満徹-Voice他）。2007年開催のMOJTに関して言えば、三名のゲスト作曲家の10曲（内3曲は初演）を含む、二十名の日本人作曲家による40曲近くが呈された。これらの曲はキャリア中間期の作曲家によるコンピューター音楽、西洋楽器の室内楽、邦楽器の室内楽、それに邦楽器と西洋楽器混合のアンサンブルの為の曲等様々なジャンルを含んでいる。

　この本はMOJTシンポジウムと同様、作曲家、演奏家そして学者による多重のアプローチと視点を通して得た、現代日本芸術音楽における文化交流や交配に関する様々な論題を研究調査したものである。しかし視野の範囲やディテールどちらにおいても、ひとつの論題を詳しく掘り下げたものではない。—その点に関しては歴史的、美学的、又文化的内容に関してずっと深い省察がなされたものが英語で最近何冊か出版されている。(注6)

　第1部では、国際的立場を持つ3名の日本人ゲスト作曲家が、彼らの作曲技術および美学的指向、又それらの視点がどのように形作られたかを語っている。理論家デイヴィッド・ペッカンDavid Pacunによる伊藤氏の弦楽四重奏曲の短い分析に加え、インタビューとシンポジウムのパネルディスカッションからの抜粋が理解を助ける資料を提供している。この3作曲家

は1960年以降生まれの世代を代表している―現在キャリアの中時期でいずれも湯浅譲二、三善晃、池辺晋一郎、野田輝行、近藤譲らの戦後世代をリードする作曲家の弟子たちである。

伊藤弘之はヨーロッパや日本での国際コンクール優勝者で（芥川作曲賞を含む）、新日本フィルハーモニー、Nieuwアンサンブル、アルディッティカルテットを含む著名なアンサンブルより委嘱、演奏されている。

山本裕之は作品がForum'91（モントリオール）、ガウデアムス音楽週間'94（オランダ）、ISCM世界音楽の日々（於ルクセンブルク2000年、横浜2001年）等で演奏されており、授与された賞には日本音楽コンクール、武満徹作曲賞、芥川作曲賞がある。

愛澤伯友は安宅賞、国立劇場作曲賞の受賞者で、ベルリン、ウィーンに留学、又小澤征爾に指揮の指導も受けている。

中心になる第2部は、学者やクリエイティヴな音楽家による論文で、それらは下記の様に5つのグループに大きく分けられ、全体的に見て年代順に並べられている。

1．政治と音楽：日本の第2次世界大戦とその余波。
2．伝統を超えて：武満徹の音楽とその伝承についての最近の動向。
3．邦楽器と西洋楽器のクロス文化的（交流／交配）な使用について
4．コンピューター音楽―キャリアの中期にある日本人作曲家とその作品
5．異種の日本社会とそれらの現在の音楽：日本内部のコミュニティーと海外の日本コミュニティー

第5章では第2次世界大戦中とその前後の、政治と日本人作曲家の音楽や概念とのつながりに視点を当てている。デイヴィッド・ペッカンの山田耕筰の1917年から1950年の唱歌の編曲におけるスタイルと政治の関連は、山田耕筰の唱歌の深まっていく探求（後に戦後世代の作曲家が使用する音域と歌詞の特別な関係を予知する作曲スタイル）と日本での軍隊主義の萌芽（音楽の変化と社会の変化を結びつけるのは可能か否かの考察）の

関係の分析を論じている。

　武満徹の死後、彼自身や作品についていくつかの重要な出版がされている。セクション２では２つの論文が最近された武満の分析を論じている。そのうち１つの論文は彼の現代の評論について考察しており、日本人音楽学者の小野光子氏は武満による"さわり"の使い方に関して論じている。"さわり"は多くの倍音（オーヴァートーン）を含む複雑な単音で、琵琶でよく聴かれるが、武満作品では西洋の記譜法による音楽でも存在している。小野氏は、武満の作品では"さわり"がどの様に邦楽器の曲と違って使用されているかとの質問に答えている。

　武満が日本人作曲家として国際的に最も認識される作曲家としての出現を助けた、ヨーロッパの出版報道の役割が、ピーター・バート Peter Burt により詳察されている。バートは武満の卓越した研究者で「武満徹の音楽」の著者である。

　第３部では、歴史的伝統的、実際の楽器のデザイン、又音響的特徴などの観点から生じた、邦楽器と西洋楽器のクロス文化的で刷新的な使用について論じられている。

　例として、湯浅譲二、細川俊夫、田中利光、石井眞木、黛敏郎、中野浩二、西村朗、松尾祐孝各氏他の曲が挙げられている。いくつかの論文は、作曲家と演奏家のコラボレーションについても詳細に論じている。このセクションは笛／フルート族、声楽、弦とピアノ等、邦楽器と西洋楽器どちらでも分別可能な、楽器別のグループに分けられ配されている。

　声楽に関して―

　ステイシー・フレイザー Stacy Fraser の"時間を通して叫ぶ"では中野浩二の Time Song II について、コリン・ホルター Colin Holter は湯浅譲二の"天気予報所見"をそれぞれ論じている。ホルターは"天気予報所見"を、テレビでの現象である複雑な会話的な探求を、室内楽的な文脈で捉えている。湯浅のポピュラーなメディアに対する視点のみならず、彼が人生を通して長い関連を持つ"能"との関係からも、ホルターは性格付けている。

　フレイザーは、中野の楽譜から、西洋と非西洋どちらも含む声楽テクニッ

クを、又作曲家の意図である日本で一般的な宗教的儀式に顕れた、宗教的精神的な面の描写も論じている。作曲家で邦楽演奏家のマーティ・リーガン Marty Regan は論文 " 尺八の為の作曲法 " で、尺八を使用してその可能性と限界（演奏可能な奏法と不可能な奏法）を追求したい作曲家の為に新しく革新的なレパートリーを特別に挙げ、細川俊夫作曲のフルート3曲を例に取り、これらの曲すべてに起こる美学的概念を指摘、研究している。

次の、弦に関するグループでは楽器の類似している性格 -- 打楽器的、爪弾き、又残響を含むニュアンスや音色の変化などを取り上げている。ピアノ（明治時代の最初の輸入期に西洋琴と銘された）もこのグループに含んでいる。マーティー・リーガンは＜二十絃琴のための作曲について＞で、クロス文化アンサンブルグループ（西洋楽器と邦楽器混合のアンサンブル）の為に作曲する時の問題を含め論じている。作曲家でありチェロ奏者でもあるヒュー・リヴィングストン Hugh Livingston は、＜近世日本から現代チェロへの演奏形態の適応について＞で、黛敏郎作曲＜ BUNRAKU ＞で、擬似的に使用されているナレーション（義太夫）、三味線、ドラム（鼓）の音響を例にとり、現代のチェロで、伝統的なアジアの楽器の音響を表現する為に彼が発展させた様々なテクニックを紹介している。ヴァイオリン奏者吉岡愛理の＜作曲技法としての ' 間 ' ＞では、細川俊夫と田中カレン、石井真木作曲における、多様な ' 間 ' の例が指摘、論じられている。ピアニスト田野崎和子は、湯浅譲二の＜ピアノの為の内触覚的宇宙 II トランスフィギュレーション＞に投影された、彼の時間性と宇宙観について論じている。

第3部の最後に、クラリネット奏者 E. マイケル・リチャーズ E. Michael Richards が＜ 21 世紀のクラリネットと日本人作曲家による最近作＞と題し、（演奏家である）彼と日本人作曲家たちのコラボレーションについて詳細を述べている。彼はどの様にここに挙げている現代音楽が、延長された様々な伝統の結合であるかを顕示している。クラリネットの最近の発展したテクニックの研究と、伝統的な邦楽と文化から借りてきた隠れた音楽的語法や美学がどの様に結びついて曲に表現されているかの研究発表である。

第4部は、キャリア中期にある日本人のコンピューター音楽の作曲家に

ついて述べたものである。彼らのうちのかなり多くは、日本で生まれても教育または職業をアメリカやヨーロッパで受けたもので、ここに挙げた作曲家は河本英子氏のテープ音楽、田中カレンのヴァイオリンとテープ、アタウ・タナカの演奏家とコンピューターが相互に反応しあうInteract曲、後藤英の＜ロボットの為の音楽＞等。二番目のグループの作曲家（安藤大地と今井晋太郎）は東京の国立音楽大学の音響デザイン学科で、莱孝之とアメリカ人ゲスト教授のコート・リッピCort Lippiに指導を受けた。最後に、主に日本で教育を受け日本でコンピューター音楽を作曲している作曲家は山本裕之と小坂直俊である。

　第5部は、2つのサブグループの音楽社会学的研究である。デイヴィッド・ヒーバートDavid Hebertは彼の論文＜ブラスバンドの錬金術＞で、ブラスバンドというジャンルが日本に適応する過程で文化的な範疇を超える際、その音楽が音響的にどのように変化したかの詳細な研究発表をしている。フランス人民族音楽学者で人類学者でもあるヤン・レブランクYann Leblancは、東京でのアヴァンギャルド音楽コミュニティーのサウンドアーティストたち—角田としや、中村としまる、M.さちこ等の活動において音響と人間、音響と空間についての関連を、論文"音響ボディズ"で纏めている。

　この本で議論されている音楽について、読むだけで聞く機会を持たなければ理解が十分には至らないであろう。この点に関しては、まだ録音されていない曲も多く又小さなレーベルだったりと、特別な問題がある。この点に関しては本後方の目録を参照されたい。ウェブサイト、取得可能な楽譜や録音などを表示してある。加えて、定期的に更新されるウェブサイトのアドレスを下記に記す。サウンドクリップ、取得可能なレコーディング等が入っている。

　私たちはこの"Music of Japan Today"が、21世紀の音楽、日本、アジア、そして世界の文化に関する大学／大学院レヴェルのコースの副読本／サブ教科書として活用される事を願っている。そして、この本が何らかの形で、ここに挙げられた論題他の将来に亘っての研究、作曲家／演奏家／学者のコ

ラボレーション、芸術創造、日本音楽の演奏が広範に広まっていく刺激になる様、願っている。

〈注 釈〉
（注1）MOJT は、ニューヨークで有名なコンサートシリーズの Music from Japan(学術発表は含まない)と、違う様に構成されている。

（注2）議題は、西洋音楽の伝統的な記譜法による音楽のみならず、ポピュラー音楽や邦楽にも及ぶ。
講師、概念、コンサートのプログラムについては
http://home.sprintmail.com/~emrichards/musjapan.html を参照されたし。

（注3）協力者一覧で、過去の参加者、講義題名、演奏された曲名をご覧になれます。又は http://userpages.umbc.edu/~emrich/MFJ2003.html を参照。

（注4）'邦楽' は、伝統的な日本の音楽とも定義されるし、邦楽器の為に書かれた '伝統的な' 音楽からもたらされた音楽ともとれる。リチャーズと田野崎は1999年にニューヨーク州クリントンにあるハミルトン大学で 'アメリカにおけるアジア音楽' シンポジウムを開催した。

（注5）http://userpages.umbc.edu/~emrich/tanosakirichards.html 参照。

（注6）Galliano2003 参照。これは19世紀の明治開国後から20世紀終わりにかけての芸術邦楽の発展についての詳細な歴史的学術研究である。Galliano の本は、音楽の美学的また理論的な側面にも触れている。また Everett と Lau2004 も参照有りたい。これは理論家、音楽学者、作曲家、民族音楽学者による、アジアに影響を受けた西洋音楽と西洋音楽に影響を受けたアジア人作曲家の比較研究である。

〈文 献〉
Everett, Yayoi Uno and Frederick Lau.2004. Locating East Asia in Western Art Music. Wesleyan U. Press.
Galliano, Luciana. 2003. Yogaku:Japanese Music in a Twentieth Century. The Scarerow Press, Inc.

# 第 1 部
## ゲスト作曲家の講演とディスカッション

日本人中間キャリアの作曲家たち（原本時 2007 年に於。1960 年代生）は戦後の芸術文化の変革と西洋芸術の吸収や消化をする橋渡し的な位置にいる -- 第二次世界大戦後のアヴァンギャルド運動に参加するには若すぎるが、これらの戦後第一世代の作曲家に師事できる年代に達している。

　愛澤伯友（1962 生）、伊藤弘之（1963 生）、山本裕之（1967 生）は国際的ステイタスを持ち三つの異なる経歴と美学的音楽的背景を表す作曲家たちである。

　愛澤伯友 -1962 年生まれ。東京藝術大学音楽部作曲科卒業、同校音楽研究科大学院修士課程作曲専攻修了。安宅賞受賞。1999 年国立劇場作曲コンクール佳作入賞。ウィーン夏期講習会「指揮」ディプロマ賞受賞。幼少より箏曲を習い、大学時代には、雅楽を学び、洋楽の作曲だけでなく、邦楽や邦楽器を使った作曲にも使命感を持つ。作曲を野田暉行・三善晃・鵜崎康一の 各氏に師事。この他、篠原眞に師事を仰ぐ。和声を島岡譲に師事、ピアノを植田克己・丸山修司・岡野寿子他に師事。指揮を F・トラビス、J・カルマーほか 諸氏に師事。ベルリン芸術週間「指揮」参加。邦楽器又は西洋楽器と邦楽器混合の室内楽も作曲し指揮者でもある。2018 年現在はデジタルハリウッド大学客員教授。彼の音楽は、多音楽システムを融合しようとする探求から来る、微妙なスペクトルの合流に依っている。

　このミュージック オブ ジャパン音楽学会 2007 年では、愛澤の二曲が演奏されている。クラリネットと打楽器の為の"時の時"では ---「金属製打楽器の和声的倍音と、クラリネットの重音と微分音が重なり、強調される。このアイディアはこの曲で初めて試したのだが、前に用いていた邦楽器と洋楽器を同時使用する方法に（年代的にいって）取って変わったものである。」

　愛澤の"デポジション Deposition"尺八とクラリネット、ヴァイオリン、チェロ、ピアノ、打楽器の為の - は、武満のノヴェンバーステップスや篠原、Boulez、Grissey、Murail、Webern 等の影響を受けており、繊細な音色の

二つの音響システムを注意深く配置する事により、各楽器の倍音が上手く溶け合う様になっている。'蒸発する'という意味の曲名は、このフュージョンのやり方の比喩である。

彼のエッセー「異文化の融合したアンサンブル」では、邦楽器と西洋楽器を同時使用し作曲する際の、記譜法や独自の特別な影響における、問題点と可能な解決策を論じている。

伊藤弘之は 1963 年生まれ。カリフォルニア大学サンディエゴ校音楽学部博士号 (Ph.D.) 取得。湯浅譲二、池辺晋一郎、ロジャー・レイノルズ、ブライアン・ファーニホウに師事。受賞歴にヌオヴェ・シンクロニー国際作曲コンクール第 1 位 (1995 年ミラノ)、シュティペンディエン賞 (1996 年ダルムシュタット)、芥川作曲賞 (1998 年) 他。サントリー音楽財団、いずみホール、紀尾井ホール、横浜市文化振興財団、埼玉県立近代美術館、クラングシュプーレン音楽祭 (オーストリア)、ミュージック・フロム・ジャパン ( 米 )、リューム リンゲン音楽祭 ( スイス ) 他から作曲委嘱を受けている。新日本フィル、東京シティフィル、神奈川フィル、いずみシンフォニエッタ大阪、東京混声合唱団、東京シンフォニエッタ、アール・レスピラン、アンサンブル・コンテンポラリーα、ネクスト・マッシュルーム・プロモーション、クァルテット・エクセルシオ、クラングフォルム・ウィーン、ニュー・アンサンブル、アルディッティ弦楽四重奏団などの演奏団体により、ISCM World New Music Days (2000 年ルクセンブルグ、2004 年スイス、2009 年スウェーデン )、ルツェルン音楽祭、ガウデアムス国際音楽週間、ダルムシュタット国際現代音楽 夏期講習会、ルーマニア国際音楽祭、ジューン・イン・バッファロー、ミュージック・フロム・ジャパン、ミュージック・オブ・ジャパン・トゥデイ、秋吉台国際 20 世紀音楽セミナー＆フェスティヴァル、武生国際音楽祭他、国内外の多くのフェスティヴァルやコンサートで作品が演奏されている。リコルディ、日本作曲家協議会、アインシュタイン・レコーズ ( ニューヨーク )、ミュージックスケイプ ( 自作集 CD の MSCD-0019 を含

む)、ALM レコードから楽譜や CD 録音が出ている。ケンブリッジ・スカラーズ・パブリッシング等論文出版。武生国際作曲ワークショップ「新しい地平コンサートシリーズ」ディレクター、JML 音楽研究所でレクチャーの企画・運営、アンサンブル・コンテンポラリーαの作曲家メンバーとしての活動なども行っている。日本大学芸術学部音楽学科教授。「揺れ」に四分微分法を使用した顕著で独自な作曲法を持つ。彼の音楽は大変にヴィルティオーゾ的で、早い時期の幾つかの作品は、複雑で詳細な記譜法で表現されたアイディアと共に、電子音も音源に使用している。

山本裕之は 1967 年山形市生まれ、主に神奈川県で育つ。1992 年東京藝術大学大学院作曲専攻修了。在学中、作曲を近藤譲、松下功の両氏に師事。これまでに第 58 回日本音楽コンクール (1989)、フォーラム 91( カナダ /1991)、ガウデアムス国際音楽週間 '94( オランダ /1994)、現音作曲新人賞 (1996)、BMW musica viva 作曲賞 ( ドイツ /1998)、ISCM 世界音楽の日々( ルクセンブルク /2000、横浜 /2001)、武満徹作曲賞第 1 位 (2002)、第 13 回芥川作曲賞 (2003) など、様々なコンクールや音楽祭に入賞、入選している。作品は Le Nouvel Ensemble Moderne、Ensemble Contemporain de Montreal、Trio Fibonacci( 以上モントリオール )、Nieuw Ensemble( アムステルダム )、バイエルン放送交響楽団 ( ミュンヘン )、ルクセンブルク管弦楽団、東京フィルハーモニー交響楽団、東京交響楽団など、世界各地の演奏団体により演奏され、またラジオで放送されている。演奏家や演奏団体等からの委嘱を受けて作曲を行っている傍ら、1990 年より作曲家集団 "TEMPUS NOVUM"（東京）に参加、2002 年よりピアニスト中村和枝氏とのコラボレーション "claviarea" を行いコンサートの企画を手がけるなど、様々な活動を展開している。2002 年第 51 回神奈川文化賞未来賞受賞。岩手大学を経て現在、愛知県立芸術大学准教授。彼の作風は、音のコアをシフトする事に拠る音楽創造を追求する - それは日本的（テヘロフォニー）と西洋的（テクスチャー）な要素を融合し、とてもユニークな彼個人のものである。

MOJT2007 では彼の三作品が生演奏された。これらの中で最も早い作品"ソロアルトサクソフォンの為の Relay"（1999）では、普段の演奏では隠しているサックスのキーノイズ音を用い、微妙で曖昧な音に作曲家が興味を示している。

　「サクソフォンのキーノイズは、他の木管楽器に比べて大きい。しかしこのノイズを非常に美しいサクソフォンの弱奏と組み合わせてみると、その独特のコンビネーションは、サクソフォンを特別な位置の楽器へと押し上げる。」(注1)

　"ソロヴァイオリンの為のまつもるふぉしす"(2001) は松平頼暁の 70 歳の誕生日を祝うために作曲された 1 分間の曲である。山本は、多種類の雑音の音響や音の開始・終了等の要素を生むのに、松平の名前のモースコードリズムを使用した。このモースコードリズムは、上記の曖昧な要素の陰に隠れている。最後に、2007 年のミュージック オブ ジャパン音楽学会で初演されたクラリネットとピアノの為の "楔を打てど、霧は晴れず"(2006) は、中心に使用されている音が、二つの楽器の間で変換する様構成されている。クラリネットは微分法の四分音で書かれている。山本は複雑なポリリズムを用い、又二つの楽器がフレーズを決して同時に始めぬ様、ずらしながら重ねている。同時に、クラリネットのポルタメントとピアノ内部奏法のミュート音で（これは時々、クラリネットとピアノ右手と左手の三声で）モノディの中心になる音を変換させ、それによって、通し作曲法 (Through-composed) で作られたこの曲を前に進めている。
　山本は彼のエッセー「音の曖昧性からみた作曲技法と思考」において、2004 年以前の「曖昧さの堆積」と 2004 年以後の「曖昧さを実現する為に使用するモノディ」で、彼の作曲技法について詳細に論じている。

〈注　釈〉
(注1) 山本裕之のプログラムノートより（2007 年 3 月 31 日）

# 第1章 伊藤弘之：揺れるイメージとフラジャイルな美しさ [注1]
## Hiroyuki Itoh

　昨年、日本のミュージックスケイプというレーベルより、私の自作集CDがリリースされた。このCDには、私が1995年から2004年までの間に書いた6つの作品（2つのソロ曲、2つの室内楽曲、そして2つのオーケストラ曲）が収録されている。このCDのタイトル「スウェイイング・タイム、トレンブリング・タイム」は、私の音楽の重要な特徴のひとつを的確に言いあらわしているのだが、この小論は、そこに収録されたものの中からいくつかの作品を例に、私の音楽とそれを支える美学などの紹介を試みるものである。

＊＊＊＊＊＊＊＊＊＊

　まずはじめに言及する作品は、1997年に書いた12人の奏者のための「ミラーⅠ」である。フルート、オーボエ、クラリネット、マンドリン、ギター、ハープ、ピアノ、打楽器、ヴァイオリン、ヴィオラ、チェロ、コントラバスという編成の作品だが、この自作集CDでは、エド・スパンヤールト指揮、ニュー・アンサンブルによるライブ録音（1998年アムステルダム）が収録されていて、演奏時間はおよそ12分になっている。

　「ミラーⅠ」で私は、自分の作曲語法を確立した。そこでは「揺れるイメージ」と「フラジャイルな美しさ」という2つの概念が重要な役割を果たしているのだが、これらは、ここ10年ほどの間に書いた私のすべての作品で、とても大きな位置をしめているものだ。このことは、私が同じような音楽を繰り返し作曲して来たと言うことを示唆しているのではなく、むしろ、それぞれに異なる私のひとつひとつの作品を検証した際に、この2つの概念が、さまざまに異なる形や程度ですべての作品に於いて見いだされるだろうということを意味している。[注2]

木々や水、火や光や影などがさまざまな形で「揺れるイメージ」が、私が新しい曲を書きはじめる際に大きな刺激となっている。「揺れ」は、具体的な音響を生み出す引き金になり、私の音楽を呼吸させ生命を与える。そしてまた、私に、我々の存在そのものを深く見つめさせ、そのうちなる声に耳を傾けさせてくれるのだ。

　実際の作品の中では、絶えず微細にスピードを変化させる素材（たとえばさまざまにスピードが変化する連打音やトリルやトレモロなど）で「揺れ」は実現されている。それらの連打音やトリルなどが連鎖して結果として生み出されるいくつかのライン --- それらはひとつひとつがそれぞれに異なるスピードを内包しているわけであるが --- がさまざまにずれながら重なり合い、寄り添い、絡み合い、せめぎ合うことで、より複雑で多層的な時間の流れの「揺れるイメージ」を作りだしてゆく ( 譜例 1-1、10-11 ページ )。そのようなこともあり、スコアには、それらのずれやスピードの変化が、リズムや音価として細部まで正確に記譜されている。

　「揺れ」は、四分音を多用した音響構造により、しばしば更に増幅される。（今回の自作集 CD に収録された作品でも、最後の 1 曲をのぞくすべての作品で四分音が徹底的に使われている。）どんなに優れた奏者が演奏するにせよ、四分音をこの CD で聴かれるような形で多用することは、必然的に（それは音響スペクトルの複雑さだけでなく、たとえば弦楽器や管楽器でのフィンガリングやアンブシュアなどの特殊性などにもより）フラジャイルでやや不安定な音の質感を生み出す。そして、オーケストレーションや、さまざまに揺れながら作り出される線の複雑な絡み合いなどと相まって、四分音の多用は、この作品の、暗く、陰影をもった、歪んだ、たゆたうような、うつろうような、繊細なニュアンスをもった、万華鏡のような独特のテクスチュアを生み出してゆく。

＊＊＊＊＊＊＊＊＊

「弦楽四重奏曲」は、2002年に作曲され、同年、アルディッティ弦楽四重奏団の演奏により武生国際音楽祭で初演された。この作品は同四重奏団によってこれまでに3回演奏されているが、このCDに収録されている演奏は、彼らによる2度目の演奏 (2004年にスイスで催されたISCM世界音楽の日々でのコンサート) の録音である。(注3)

「フラジャイルな美しさ」は、私のこれまでの全作品の中でも「弦楽四重奏曲」に於いて、最も極端なところまで追求されていると言えるだろう。そこでは、すべての細部が、人間の能力が実現し得る最高度の完璧さで仕上げられた時にのみ初めて、その真の美しさが現れるのだ。そうした意味でも、この作品のこのCDでの演奏に、私が非常に満足感を感じているということを是非付け加えておきたい。

「弦楽四重奏曲」は、いくつかの鋭い洞察眼にもとづく批評を得て来ているのだが、そのうちのひとつを、以下に紹介しよう。

「微分音で基盤を揺るがしながら、和音に全く独自の輝きをもたらす伊藤弘之は、神経をいらつかせるように刺激すると同時に虹色に輝く音言語を生み出した。アルディッティ弦楽四重奏団がピアニッシモで最後の音をかすかにきらめかせた時は、この夜の最もインテンシヴな瞬間のひとつであった。」( ユルグ・フーバー ) (注4)

＊＊＊＊＊＊＊＊＊＊

ここで、私が「日本」の作曲家であることについて、自身が如何に考えているかを述べる必要があるだろう。

作曲に際して私は、日本の伝統音楽の要素を、直接的な形で使用することはない。私の作品の大部分のものは西洋の記譜法で、洋楽器のために書かれていて、邦楽器を使った作品は、現時点では2曲だけ(注5)である。

邦楽器を使った作品も、西洋の記譜法を用いて書かれているし、音楽の形式、音階などの音組織、あるいは音の身ぶりといったものを日本の伝統音楽から直接借りてきているわけではない。だが、どのような編成で音楽を書く場合でも、私は、自分が「日本」の作曲家であると言うことを、常に意識しているつもりである。

　私自身、20代半ばから30代半ばまで、米国に10年ほど住んでいたのだが、その経験から、人種の違いに関わらず私たち人間が共有する普遍的なものがたくさんあることは強く感じている。しかし同時に、細部にわたる深い理解ということになった場合には、言語が極めて重要な働きをすることにも気づいている。例えば、二つの異なる言語間で訳しにくい言葉や表現に出会うことはよくあることだし、あるものを見て言語の違いにより異なる反応をすると言うようなことも、我々がしばしば経験するところである。文化は言語によって強く規定されているのである。

　作曲の際、私は、もちろん日本語でものごとを考える。そして、その際に、日本語や日本の文化の中に見いだされる中核的なもの、特に、感性やものの見方や論理や嗜好などのフレームワークを、抽象的なかたちで、自分の音楽の中に、取り込みたいと常に思っている。

　日本の作曲家たちの第二次世界大戦以降の活動を振り返ってみると、日本の伝統に、よりシリアスに向かいあった一群の作曲家たちがいることに気がつく。松平頼則 (1907-2001) は、《ピアノと管弦楽の為の主題と変奏》(1951) のような作品で雅楽の要素をみごとに使用している。黛敏郎 (1929-1997) は、チェロ独奏曲《Bunraku》で、人形浄瑠璃の太棹三味線の音と義太夫の語りを効果的にチェロに置き換えている。武満徹 (1930-1996) は、尺八と琵琶がフル編成のオーケストラに対峙する記念碑的な作品《ノヴェンバー・ステップス》で、邦楽器と洋楽器をまったく異なるやり方で扱い、それらを混ぜ合わせるよりは、併置することで音楽をつくった。この曲で

の邦楽器は伝統的な日本の音楽のように響くし、オーケストラは西洋の現代音楽風に響く。湯浅譲二 (1929- ) は、世阿弥、芭蕉、蕪村などの書いたものをしばしば発想のよりどころにし、あるいはテキストに用いながら、能や謡や俳句との直接の関連を感じさせつつ、かなり抽象的にも響く音楽語法をつくりだすことに成功している。湯浅はかなり多くの作品をこのような語法で書いていて、オーケストラのための《芭蕉の情景》(1980) などが、その例として挙げられる。

1980年代以降、細川俊夫 (1955- ) や西村朗 (1953- ) と言った作曲家たちが、日本の伝統文化（西村の場合はアジアのそれ）に基づきながら従来の作曲家たちよりも抽象的なやり方で、彼ら自身の音楽語法をはっきりと打ち出し、それを長期に渡り一貫して用いている。一聴して伝統との関連が強く感じられるが直接的なモデルがはっきりとわかるようなものではないことが特徴である。細川や西村が、他の作曲家たちよりも、芸術文化のアイデンティティと言う点で、より成功しているのは、彼らが、伝統の核となる部分をしっかりと自身の内で消化した上で、それらを独自で説得力のあるやり方で使うことができているからである。

自分自身の音楽の話に戻るが、私は自作に於いて、時間が伸び縮みするような感覚、ゆがみ、フラジリティ、不安定さ、デリケートなもの、微細なもの、曖昧なもの、暗いもの、併置を主体とする形式などと言った、日本の文化の中に頻繁に見られる特質をなるべく「抽象的な形で」取り込もうと、強く意識しているつもりである。しかし究極的には、私にとって、日本的に聴こえるかどうかはそれほど重要な問題ではなく、真に自分らしい独自な音楽、自分にしか書けない音楽 --- そこでは、深さや多面性、気品や豊かさや美しさ、そしてどれだけ聴く人の心を動かすことができるかなどが極めて大切なものになっている --- をつくりだすことに、より大きな意義を感じながら作曲している。

〈注　釈〉

（注1）この小論は、メリーランド大学ボルティモア・カウンティ校で催された「ミュージック・オブ・ジャパン・トゥデイ」でのレクチャー (2007年3月31日) をもとに構成されている。また、このレクチャーのある部分は、自作集CD『HIROYUKI ITOH Swaying time, Trembling time』（ミュージックスケイプ、MSCD-0019、2006年）のライナー・ノートを発展させたものである。この小論のもとの文章は、2008年にケンブリッジ・スカラーズ・パブリッシングより出版された英語のものなのだが、今回の日本語版は、日本語らしさを優先して作成していて、直訳にはなっていない。多少の追加や訂正も行われている。

（注2）その後、2枚目の自作集CD『伊藤弘之作品集 スウェイイング・イントゥ・ダークネス (Swaying into Darkness)』（フォンテック、FOCD2569、2010年）がリリースされている。

（注3）その後、日本のクァルテット・エクセルシオやフランスのディオティマ弦楽四重奏団などもこの作品を演奏している。

（注4）2004年11月13日、スイスの新聞、ノイエ・ズルヒャー・ツァイトゥング紙 (Neue Zürcher Zeitung、チューリッヒ) に掲載された批評記事より引用。原文はドイツ語。日本語訳は伊藤弘之による。

（注5）現時点での邦楽器を使った作品は、20絃箏のための《秋の暮》(2002) とリコーダーと笙のための《冬の庭にたたずむ時》(2003) のみである。

例 1-1 Itoh Mirror I (m.10-15)

## 第 2 章　デイヴィッド・ペッカン David Pacun
伊藤弘之の《弦楽四重奏曲》：形式と様式、そして意味するもの (注1)

　第 1 章にあるように伊藤弘之の《弦楽四重奏曲》は、「安定性を目指し構造化を目指すさまざまな要素」と「揺れやフラジリティといった不安定性を指向する要素」(注2) を並置させた、彼の最も先鋭的な探究を表した作品である。複雑なポリリズムのテクスチュアと 4 分音のハーモニーが「暗く陰影を持ち、歪んだ、デリケートなニュアンスに富んだ、万華鏡のようなテクスチュアが生み出されていく」一連の出来事を微妙に作り出してゆく作品である。単一楽章からなるこの作品は、伝統的な様式を多く用いながらも、四重奏の世界に驚くほど新しい様式を加えることになった。

　この弦楽四重奏における主要な概念は、「ゆがんだ時間の流れ」である。いみじくも伊藤が述べているように、「繰り返される音、繰り返しにおいてコンスタントに変るスピードがラインになる」と、今度は「お互いにスーパーインポーズし、絡み合い、または干渉しあい、摩擦と闘争を引き起こす」。(注3) 譜例 2-1 に、そのようなラインの 1 つであり、展開部の主要部の 1/4 に相当する部分を抜粋した。(注4) リズムは複雑で、4 分音は変質するが、この抜粋部分は、おおまかに 2 つの平行する 4 小節間のフレーズに分けられる。このフレーズ間のパラレリズム ( 平行 ) は、特にフレーズ 2 がフレーズ 1 の E+-G+ を転回し移調し 1/4 音ずつ変化しながら終曲感を消された終曲部に明らかである。(注5)

譜例 1：伊藤弘之《弦楽四重奏曲》第 1 ヴァイオリン（54 小節から 60 小節）

それぞれのフレーズはリズム感の衰退という原理のもとにつくられた、2

つに数えることのできる一組、すなわち、はじめの速度がより長い音価へと移るように細分化される。つまり、5連音符は16分音符に、16分音符は三連音符に、三連音符は8分音符に、そして付点4分音符といったように。これらは(音符として描かれた)リタルダンドで、それにつれて強弱も段々弱くなる。メロディーはリズムの減退を鏡像しながら、表面的にはかなりセクエンツィア的な装いで徐々に楔を打ってゆく。上方と下方の音高差は絶えず、G+-G（1/4音）、G-A（1全音）、A-F+（少し狭い長3度）、E+-G+（短3度）と、音程の幅を広げてゆく。(注6)

　伊藤が記しているように、ある音高が反復することが、これらの線の構成においてきわめて重要な役割を果たしている。音高の変化はリズムの変化（リズム分割や細分化）と関連するが、より多くの場合、このふたつは見事にお互いを補いあっている。54小節から55小節がその例である。伊藤は、5連音符から16分音符へと移る音の上に3音の反復というパターンをスーパーインポーズさせている（テヌートのアーティキュレーションが3つのグループのそれぞれの始まりの音にかすかに比重を与えている）。(注7)この3音のグループは、拍子の基礎となるというよりも、繰り返されるアタックポイントを強調することによって、リズム感を変えている。したがって、耳が捉えることは、音程の間隔が等しい3音（G+G+G+ と、最後の1音Gの幅が少し広いGGG）の2つのグループである。もうひとつの音程の間隔が等しい3音をもつ2つのグループ（AAA と F+F+F）が後を追うものと、それらが1/5遅いものである。シンコペーションされた音価は終曲に向けて顕著になっていくので、それぞれのフレーズは休止点まで結句するというより衰退するように感じられる。この四重奏曲は標題音楽ではないが、こうした身振りは非常に喚起的で、絵のように美しい。

　先にあげたことの類似点は、この四重奏曲の全般にわたりみられるが、少し意外なことに古典的な様式と一致している。たとえば17小節から27小節の第1ヴァイオリンのメロディーは、ハイドンのようなセンテンスのラインで構成されている（譜例2-2では、フレージングとアーティキュレーションマークは略した）。ここでは基礎となるモチーフ（17小節から19小

節）は、最初、拡張された形で繰り返される（19小節から20小節）。次に断片化され、2段階のプロセスを経て（21小節から23小節と24小節から27小節）、C#6の頂点に帰結してゆく。上に抜粋して論じたように、この最後のC#は、構造的にフレーズが解決する終止地点というよりも、その内的なプロセスが自然ななりゆきを採り終わる様になっている。

譜例2：伊藤弘之《弦楽四重奏曲》第1ヴァイオリン　簡略譜（17小節から27小節）

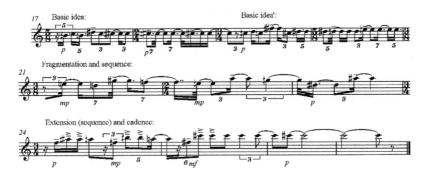

テクスチュアについて見るとこの四重奏曲は、楽器の組み合わせを様々に工夫することで探究されていることがわかる。しばしば一つの楽器が、伝統的な弦楽四重奏曲における第1ヴァイオリンの役割のように、「同一楽器の中の第1のもの」の役割を果たす。しかし4つの独立したラインを持つような複雑なパッセージも見られる。このことに当てはまる二つの例、そこではひたすらリズムがユニゾンで動くのだが、それについては後で論じたい。多様性に富んではいるが、この顕著なテクスチュアは、二つの速いユニゾンで動くリズムという意味においてこのアンサンブルを二分割する。もっともゆっくりとしたラインが平行した動きで登場するときは（各パート間は1/4音、音程差がある）、局所的な効果として、4声のアイソリズミック・モテットに見られるカントゥス・フィルムスのテクニックと類似している。内声で反復されるため、自由なパッサカリアのような形式を

示すことがある。

　こうした形式とテクスチュアは、オープニングのフレーズに見ることができる。譜例2-3に示したように（各小節の下に記したローマ数字は筆者によるものであり、以下に説明する）、高音弦における比較的速くて自由に流れるように進むラインは、ゆっくりとした"カントゥス"の動きをする低音弦と対照的に置かれている。ここでもメロディーは1/4あるいは半音ずつ音程を狭めながら（A+-A、B-A#+、C#-C）、ゆっくりジグザグとした反復進行で展開する。これは表向きは徐々に楔を打つようであり、それぞれ全音、少し狭い短3度と、少しずつ音程幅を増やしながら移高している。最初のメロディーに頂点となる2.5小節目のC#5を構築するために、リズムはまずわずかにはずみをつけ、そして身振りが休息に至る地点で長い音価に落ち着く。(注8) 複雑なことを書いてきたが、ある意味、2つの低弦がおおまかに平行状態で下行してゆくというシンプルなアイディアである。低弦の"カントゥス"が勢いのあるとき（3小節目）、第1第2ヴァイオリンは、2小節目で結句的な2つの音をオクターヴ高く、そして第1ヴァイオリンは1/4音変えて（C+）奏す。

譜例3：伊藤弘之≪弦楽四重奏曲≫1小節から9小節

　興味深いことに、楔を打つような動きは伴奏をともなってテッシトゥーラ（tessitura：最高音と最低音を除いた声域）をコントロールしてもいる。重要なことは、2小節目の終わりまでに外側の声部の音程が徐々に広めに、短6度（半音8.5個）から長2度を合成したもの（14個の半音）へと広がっていることである。しかし第1ヴァイオリンと第2ヴァイオリンはこの二組の楽器間の音程も、長2度（G+-A+）から短3度（G#-B）へ、次に長3度（A-C#）、少し狭い完全5度（半音4.5個のG+-C）、そして最後に広めの完全4度（G-C+ もしくは半音5.5個）へと広がっている。低弦ははじめおおまかに平行移動しているが、楽器が広い音程がとれることを反映して、その間隔を広めの完全4度（G+-C# もしくは半音5.5個）と、ヴァイオリンと同様に終結部で広めてゆく。

　以上のことから明らかになってきたように、24個の音空間にあるもかかわらず、この弦楽四重奏曲はいまだ音高中心にある——冒頭のフレーズにある結句の役割をするC#（+／-）はおそらくもっとも明白である（第1ヴァイオリンの第2、3、19、25-27小節目とヴィオラの第3、8小節目、第2ヴァイオリンの第16小節目を参照されたい）。(注9) さらにメロディーで使われている音は、概して伴奏の音高にとどまることなくぶつかりあう（すなわちBに対してC+、A#+に対してB+、C#に対してD+、C+に対してC#）。このようにヴァイオリンのラインは、決して解決することのない探究を示している。あるいは始まりほど不協和でないとしても、同じように

休止し終わる。

　たとえ文脈によくあてはまりかつ、フレキシブルな方法であってもこの音高に中心性をおくことは、ふたつの音の間に関わりがあることを示している。たとえば、上声部と下声部が異なるリズム・ラインによって発展したとしても、音高空間はおおまかなパリンドローム（回文）を示している。ここで第1小節目のC#-G+ と C-G+ というふたつの音（チェロと第2ヴァイオリン）は、第2小節（第1、第2ヴァイオリン＝C-G+）、第3小節（ヴィオラとチェロ＝C#-G+）と逆の順で応じる。（注10）最後の和音はこの音高を合成したものの上に、すなわち第2ヴァイオリンとチェロが奏するバルトークのような広い完全4度と1/4音離れた構造を作る最初の2組のふたつの音（C#-G+ と C+-G）を積み重ねたものの上に構築されている。この見解を支持するかのように、チェロのC#-C+C- は、第1ヴァイオリンの結句 C#-C-C+ として手が加えられている。

　上に見られる 'C' ／ 'G' というアクシス（軸）は、2番目のフレーズにも影響を及ぼしている。このフレーズは冒頭で変形されて繰り返され（テイセット［休止］したチェロとともに）、第1ヴァイオリンによってだんだんと上行し8小節目でC+5（第2ヴァイオリンのGに支えられて）に達する形で発展する。第1ヴァイオリンの結句、1小節目では音高は短3度移高されているが、音程に関して厳格な（1/4音下で1全音上がその後に続く）パターンを描く。その下声部であるヴィオラは、最初のフレーズ（F+-Cに対するF-C#）にみられるのと類似した下行形をパッサカリアのような構造で描く。裏づけするようであるが、第2ヴァイオリンとヴィオラの結句的な音高であるF# と C#+ は、冒頭のヴィオラとチェロの音程をほんのわずかに1/4音高く移高してエコーされる。

　上にあげた音高に中心性をおくことは、可能な1/4音のハーモニーという探究によって、バランスが保たれている。マイルズ・スキンナー（1/4音空間の探究に詳しい数少ない学者の一人）は、可能な1/4音の和音の数は計り知れないほど多く、352,671 ものセットにのぼると記している。従って、12音空間ではたった12の可能なトリコルド（3音列）だが（フォートのセッ

33

ト・クラス 3-1 から 3-12)、24 音（1/4 音）空間には 48 ある。そして合計としてはそこから発展するだけとなる。テトラコードに移行すると、1/4 音空間には 12 音空間における可能な和音全体の合計よりも多く、256 の可能なセットが起こる。(注11)

　これほど広範に及ぶ可能な和声を考慮すると、伊藤が 1 つのフレーズの中に可能な 1/4 音のセット・クラスについてひとつの小さな断片だけを探究したことは驚くことではない。(注12) 下の図は、1 から 4 小節目と 5 から 9 小節目のセット・クラスを分析したものである。ローマ数字は譜例 3 に対応する、各フレーズに特有のものである（すなわち 1 小節目の (i) = C#、F+1、G+、A、(ii) = C#、F+、G、A、など）。0 から 23 の数字は 1 オクターヴに 24 音があてはまり、オクターヴ空間の 12 音におけるセット・クラスと同等ではない（セットが減少するところではすべての数字に均一なのだが、12 音に相当する音についてはカッコに入れて示した）。下記の各段には、すべてのフレーズの音程についてのベクトル合計 (a = 10、b = 11、c = 12) を付け加えた。これも 24 音空間（Ic24）におけるものである。その他のマークについては、以下で説明する。

セット・クラス 1 小節から 4 小節まで　　セット・クラス 5 小節から 9 小節

| | | | | | | |
|---|---|---|---|---|---|---|
| i | = | 0,4,8,15 | i | = | 0,3,9 |
| ii | = | 0,3,7,15 | ii | = | 0,2,8 (01,4) |
| iii | = | 0,5,9,16 | iii | = | 0,4,9 |
| iv | = | 0,3,9,16! | iv | = | 0,5,12 |
| v | = | 0,2,8,16!! (0,1,4,8) | v | = | 0,6,15 |
| | | | | | (sym.) |
| vi | = | 0,3,9,16! | vi | = | 0,6,13 |
| vii | = | 0,2,8,16!! (0,1,4,8) | vii | = | 0,5,14 |
| viii | = | 0,5,8,13 | viii | = | 0,3,13 |
| ix | = | 0,2,8,11 | ix | = | 0,2,11 |
| x | = | 0,5,9,14 | x | = | 0,3,12 |

```
xi      =     0,1,11,12 (sym.)      xi     =     0,1,9

Ic24    1,2,3,4,5,6,7,8,9,a,b,c
        1,2,3,4,5,6,7,8,9,a,b,c
totals: 2,3,5,5,5,5,5,15,9,4,7,2
        1,2,3,1,3,4,2,2,8,2,3,2
```

　制限があり仮説的な分析に基づいてはいるが、いくつか明確な点もある。第1に、伊藤は1/4音の和音を最初に用いていることである。このことはすなわち可能な22の和音の中のたった3つしか12音のセットにすることができないことを意味している。（注13）第2に、ほとんどの和音は異なることである。（注14）それは2番目に登場するフレーズにとくに当てはまることであるが、最初のフレーズにおいてさえ、和音の反復は和音ivとviiの間に見られる短いセクエンスに限られている（見よ！そして！！）。第3に、当然のことであるが、ゆっくりと展開してゆくテクスチュアにおいて、明確な［(0、1、11、12) と (0、1、9)］というセットが見られる最後の結句まで、ほとんどの和音は似通っている。最後に、可能な1/4の音程はすべて用いられる一方で、単一な音程は各フレーズを支配する傾向にある。1小節目から4小節目の長3度（(Ic24 '8')、5小節目から9小節目の広めの長3度（Ic24 '9'）がその例である。このことは、低声部がカントゥス・フィルムスのように平行に移動することが予想されるが、主旋律の音程はしばしばメロディーを担う声部でも繰り返されている。例えば、Ic24 '9' は、第1ヴァイオリンとほかの2つのパート——メロディーとほかの2声部——のそれぞれ最初の4組の最初の和音に現れる。広めの長3和音は第2ヴァイオリンとヴィオラ間に現れ、それによって最後の3つの和音を支えることになる。したがって5小節目から9小節目のIc24 '9' を次のように分離して考えることができるであろう。

| 第1ヴァイオリン： | A+ | A | A#+ | B+ | | |
|---|---|---|---|---|---|---|
| 第2ヴァイオリン： | | | F#+ | G | F#____ | |
| ヴィオラ： | F | Ek+ | | | C#+____ | |

| （和声） | I | iii | v | vi | ix – x – xi |
|---|---|---|---|---|---|

　このような分析は仮説で推論にすぎないが、これは先に論じた音高に中心性があることと広範囲にわたって一致する音高と音程を注意深く操作したものであることを示唆している。

　この弦楽四重奏曲は、多くの相互に関連しあうパッセージと部分とともに流動的に発展しているが、7つのセクションに分けることができる。各セクションは一つの主となるテクスチュアを精巧に作り上げ、そして曲が終わる地点を示すというよりも、休息を表わす長く伸ばす和音で締めくくられる。各部分のテクスチュアに筆者が感じたことをもとにタイトルをつけてみた——"ダンス"では、二組に分けられた弦楽四重奏が奏でる音楽、カデンツァはより激しく、より独奏的手法によるエネルギッシュな音楽。それに対して間奏は、ゆっくりとしてより内省的な曲調である。図2-4が示しているように、全体的に流動感が漂うが、それぞれ個々の部分は似ている。その上、4つのパートを結合したものであることを暗示している。すなわち、短い序章とコーダによって縁取られた、二つの三部形式である（ダンス—間奏—ダンスと、カデンツァ—間奏—カデンツァ。最後のカデンツァはこの曲のクライマックスを含む）。

譜例4：形式外観
全体
（タイトル）　序章　ダンスI　間奏I　ダンス2
セクション
小節
テクスチュア

カデンツァ　間奏２　カデンツァ２　ダンス３　コーダ

Figure 1: Formal Overview

| Overall | ‖ | 43 | ‖ |  | 74 |  | ‖ |
|---|---|---|---|---|---|---|---|
| (Title) |  | Introduction | Dance 1 |  | Interlude 1 | Dance 2 |  |
| Section: |  | I | IIa |  | IIb | IIa' |  |
| mm. |  | 1-43 (43) | 44-84 (40) |  | 85-96 (11) | 96-119 (23) |  |
| Texture |  | vn solo (& vc solo) w/ vn 2 & vla | Pairs: Repeated note mel. |  | Chordal Melody (interactive) | Pairs: Rep. note melody |  |

| ‖ | 70 |  | ‖ | 53 |  | ‖ |
|---|---|---|---|---|---|---|
| Cadenza 1 | Interlude 2 |  | Cadenza 2 | Dance 3 | Coda |  |
| IIIa | IIIb |  | IIIa | IIa' | IV (I'?) |  |
| 120-132 (12) | 133-162 (29) |  | 163-192 (29) | 193-226 (34) | 227-246 (19) |  |
| vn 1 & vla Rhythmic canon w/ double stops | vc solo w/ vn & vla chords |  | Build to tutti rhythmic **Climax** | Pairs: Rep. note melody | mini-cadz, w/ sus. chords. |  |

　概観すると、２つのパッセージが独特できわだっている。クライマックス（カデンツァ２）とコーダにおいて、４つの楽器がリズム・ユニゾンに辿りつく（譜例2-5と2-6）。クライマックスで４つの楽器は、fffとffffで厚いクラスターのセプタコード（C＃は第２ヴァイオリンとヴィオラが奏する）を何度も繰り返すパッセージである。上の図例にあるように、リズムは徐々に減退してゆくが、概して基本的な拍に対してアクセントが切り込みを入れてオフビート（うら拍）を強調する。最後のパッセージはさらに衝撃的である。ここでは、最終的に響きが保持されるというよりも和音が徐々に音程を広めるので（それぞれ5-6-6-7-8-8と8分音符で）、ヴィオラとチェロによる下行する平行５度（C#-G#、B-F#）は'Eトニック'を示唆する。事実上、最終的な和音からはずれている音はEとBである。しかし、それぞれの５度はそれと同じく優勢な２つ１組の1/4音によって切り落とされる。最終和音では、完全５度のA#+-F+は完全５度のE-Bをかき消すとと

もに安定したカデンツァを乱すきらきら光る効果が得られている。そのため、解決感は薄弱する。和音は動かないが、1/4 音の和声は内なる「揺れ動き」や「そよぎ」といった感覚を生み出す。

　伊藤が述べているように「木々や水、火や光や影などがさまざまな形で「揺れるイメージ」が、私が新しい曲を書きはじめる際に大きな刺激となっている。「揺れ」は、具体的な音響を生み出す引き金になり、私の音楽を呼吸させ生命を与える。そしてまた、私に、我々の存在そのものを深く見つめさせ、そのうちなる声に耳を傾けさせてくれるのだ」[注15]

譜例 5：伊藤弘之≪弦楽四重奏曲≫第 188 から 192 小節

譜例 6：伊藤弘之≪弦楽四重奏曲≫第 236 から 246 小節

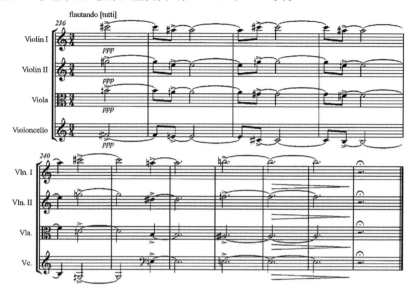

〈注　釈〉

（注 1）イサカ大学数学科修士課程在籍中（イサカ音楽大学で副専攻学生でもある 2007 年）の Lara Hoover 氏に感謝したい。彼女が理論的成果をあげたオクターヴ音程内における 24 の音についての取り組みに助けられた。1/4 音を理論的に包括したものとして、Myles Skinner 氏の論文 Quarter-Tones（2005 年の論文）がある。これはオンラインで閲覧できる（http://www.tierceron.com/diss/index.php）。とくにこの論文の第 1 章を参照されたい（伊藤のスコアの性格からいうと、筆者が分析で用いた用語と分析上の記譜法はスキンナーのこの論文とはいくつか異なる点がある）。そのほか、微分音についての論文に Contemporary Music Review 22 no.1 と no.2 (March/June 23) がある。そのなかでも Daniel James Wolf 氏による "Alternative Tunings, Alternative Tonalities" は必見である (p.3-15)。Contemporary Music Review 25 no.3 (June 2006) にある Robert Hasegawa 氏による "Tone Representation and Just Intervals in Contemporary Music", p.263-281 も参考になろう。

（注 2）伊藤弘之 CD『ミラー II、弦楽四重奏曲、夜の影 ほか = Swaying time,Trembling time』(Music Scape: MSCD 0019, c.2006) で伊藤は「≪弦楽四重奏曲≫は、私のこれまですべての作品の中で、フラジリティに関してもっとも極端なところまで追求しているも

のなのだが、そのようなぎりぎりのバランスの上に成り立つ音楽の美しさは、曲のあらゆる細部が、人間がなしうる"究極の精度"で達成された時にのみ初めてその完全な姿を現すことができる」と述べている。

(注3) 伊藤弘之『弦楽四重奏曲』楽譜の前書きより。この場をかりて、スコアを提供くださった伊藤氏に感謝する。

(注4) 伊藤の手書きスコアをできるだけ再現するよう努めた。しかし、スコアが複雑でソフトウェアの限界もあり、ヴィブラート、スラー、アーティキュレーションやダイナミクなどの記号を簡素化する必要があった。譜例の見出しに簡素化した旨を記した。

(注5) 小論のなかで用いた「＋」の記号は、1/4音上げた音の意味である。すなわち、C＋はCより1/4音上。C#＋はC#より1/4音上。あるいはCよりも3/4音上である。伊藤は楽譜に1/4音下げる記号は用いていない。

(注6) ここで、「狭い (small)」「広い (large)」という形容詞は、1/4音の変形を指している。すなわち、半音と1/4音は「広い半音」で、短三度より1/4音低いものは「狭い短三度」という。専門用語としては、広い短三度は狭い長三度と異名同音である。この音程はしばしば「中立的三度 neutral third」といわれる。これは長短のちょうど真ん中に位置するものである。しかし弦楽四重奏という相対的な音高を中心に考える分野を扱うため、音程のサイズや質について言及する余地のあるほうを用いた。

(注7) 伊藤はセリー的なグラデーションをもつアクセントを記している。しかしアクセントはセリー的操作の対象とみなされていない。

(注8) 専門的にいうと、リズムの記譜法は、演奏家が音価にたいする正しい幅を見分ける必要がある。たとえば、21 (3×7) という共通要素を使うとすると、冒頭のヴァイオリンのリズムが14、13、そして15と、21番目の音まで一続きになるだろう。伊藤はたいがいセリーをリズムにあてはめない。むしろプロポーショナルなリズムを立ち上がらせている。7小節目から9小節目の後半部のヴァイオリンのフレーズは、前半部の速度の2.5倍のリズムの逆行形である。30の1/4で割るという共通要素を使うとすると、音価は15-15-20-25であったものは10-8-6-6、もしくは (3-3-4-5)×3の逆行形で (5-4-3-3)×2となる。

（注 9）楽譜の前書きに伊藤が書いているように伊藤の 1/4 音の使い方は、全音階や半音階（1 オクターヴに 12 の音という音階）を活用したものとしては理解されていない。1/4 音は 1 オクターヴ枠内に 12 個の音があるという標準的な考えで解明されるのではなく、作品全体に偏在していて、どのフレーズでも少しの和音だけが、1 オクターヴ空間につき純粋に 12 個の音にフィットする。純粋な半音階に支配されていると音高はしばしば半音階の枠組みを隠すようにしっかりと形作られたクラスターになる。論じたように、伊藤は完全協和音（5 度やオクターヴ）について注意深く扱っている。

（注 10）この回文はチェロと第 1 ヴァイオリンによるおおまかな声部交代を表わしているようである。冒頭の C♯4 が C5 へ上がるとき、A＋4 は A♯3 へと下がる。

（注 11）スキンナー論文 Quarter-Tones, p.30。スキンナーは、転回形に関するセット間の等価性を考慮しているフォートの理論を全面的に用いている。伊藤の《弦楽四重奏曲》を音高中心の面からみると、転回形で等価性をもつものが存在しているのか擁護されているのか定かではない。しかし、このことに関する本格的な検討は、現行の考察の範囲を超えている。

（注 12）この点において伊藤は、エリオット・カーターの《弦楽四重奏曲第 3 番》をモデルとしているだろう（この曲では個々のパートに別々の音程が考えられている）。

（注 13）たとえば、もし 1/4 空間を 1/4 音離れた 2 つの半音階に分けるとすると（chr.0＝C-C♯-D-D3、そして chr.1＝C＋-C♯＋-D＋-D♯ など）、ほとんどの和音は双方の音階からの音と混合する。冒頭（1 小節目から 4 小節目）がシステマティックではないが、高弦と低弦は chr0 と chr1 の間を行きつ戻りつする。一方が chr.1 か chr.0 になると、もう一方は純粋な半音階的な空間感覚を打ち消すように場所を譲る。

（注 14）続く 4 小節のフレーズ（10 小節目から 13 小節目）は、より注意深く選ばれている（2 度、三和音を繰り返し、2 音の和音を持続させている）。そして別の音程（Ic24'11'）に焦点をあてている。全体的にセグメント（3 音のセットで計 23）は、可能な 48 の 3 音のセットのうち 18 を、37 個の 1/4 音（12 音ではない）のセットの半数以上を提供する。

（注 15）伊藤 CD『Swaying time』p.6

# 第 3 章　山本裕之：音の曖昧性からみた作曲技法と思考
## Hiroyuki Yamamoto

山本裕之 Hiroyuki YAMAMOTO
作曲家。これまでに武満徹作曲賞第 1 位 (2002)、第 13 回芥川作曲賞 (2003) 等を受賞。作品は日本、ヨーロッパ、北米等を中心に演奏されている。現在、愛知県立芸術大学准教授。

　長い西洋音楽の歴史において作曲家あるいは音楽家たちがその存在に気付きながらも、主要な関心事として扱ってこなかったことに、「音の曖昧性」がある。たとえば音楽が楽譜に書かれると、音は紙の上で記号化され、その記号は次に楽譜を読む人によって音として再現される。しかし目に見えない聴覚現象である音を記号化すると、紙の上で何らかの簡略化が行われているはずであり、音に含まれる様々な要素の一部分は記譜され得ないことになる。これは単に音のニュアンスなど表現上の問題だけではなく、物理的、あるいは人がどのように音を聴くのかといった認識論的な側面からもいえるだろう。たとえば楽譜に書かれている記号ひとつをとっても、その音が鳴らされて消えた時に、どの瞬間に消えたのかという認識は、人によって少しずつ違うのではないか。
　そのように音の曖昧な要素は、記号化の過程でそぎ落とされているのではないかと考えることができる。記号化による音の簡略化は、人々が「音の曖昧性」を重大なこととして取り扱ってこなかった一つの現れだろう。そして「音の曖昧な要素」を自作品の中で意図的に拡大させることが私の作曲上の興味である。1995 年以来私は、音楽が本来持っている「音の曖昧さ」という現象を、物理的あるいは心理学的な見地などから拡大させることによって、面白い音楽が書けるのではないかと考え続けている。
　2003 年までは、「曖昧に聞こえる音」を意図的に作り出し、それを音楽の素材として用いる、という方法を積み重ねてきた。たとえば聞こえるか聞こえないかの境目の音を楽譜上で頻繁に指示したり、とても速いパッセージを用いることによって書かれている音を聴き手に認識しにくくしたり、

特殊奏法を用いてノイズを発生させるといった手法を多用していた。

　その結果、私の作品は曖昧さの集積のような音楽となった。サクソフォンと9楽器のための《私に触れてはいけません》(2000) では、ソリストとアンサンブルの曖昧な関係を作り出すことが目指されているが、それとは別に、楽器の特殊奏法によるノイズのみならず、ポルタメントによって引き起こされる音高のゆがみ（これは西洋音楽が、数による支配の発想に基づいて歴史的に重要視してきた「音高」から逃れるための手段である）なども、曖昧性を増幅させている。さらに不安定な音色を作り出すために、金管楽器で多種類のミュートを使い分けている。リズム的な側面においても、各楽器のアタックをずらすことによって、聴き手にとって拍やリズムの認識がぼやけるように施してある。このように様々な方法で曖昧性を多層的に作り出した。

譜例 3-1　in C で記譜

この作品に限らず、当時の私の音楽にはこのような手法が貫かれている。そしてこの方法を追求していく限り、曖昧さの集積は限りなく深化し、音楽のテクスチャーは複雑化していく。
　確かに複雑になればなるほど音楽は曖昧になるが、ただ混沌としているだけでは聴覚的な曖昧さは実現できても、それがそのまま音楽的な面白さに繋がるかどうかはまた別問題だろう。そのためにはさらにコントロールされた曖昧さというものが必要になってくる。当然ながら、「曖昧とは何か」を思考するためには、「明確とは何か」も同時に考えなければならない。
　2004年以降からは、自作品に「モノディ」という概念を反映させはじめた。17世紀のいわゆる「モノディ様式」は、それまでのルネサンス音楽の複雑化したポリフォニーを整理した、と解釈することが出来るが、この発想は問題を解決する必要に迫られていた当時の自分の音楽に非常に有用だった。実際にモノディ様式が音楽史上において音楽表現の大きな転換を促した事実は、作曲上の転換点を必要とする自分の音楽にとっても魅力的に思えた。
　また、2003年までの自作品の構築法は、諸々の曖昧な素材を横や縦に組み合わせたものであり、これはメロディとコードを組み合わせる古典的な作曲法と実はあまり変わらない。そこで音楽にとって最低限必要な要素である「時間」を表すための、単純な横の線だけを残したところから作曲を試みようという考えもあった。このことも「モノディ」という古来の考え方に合致していると考えられる。
　いうまでもなく、自作曲における「モノディ」とは、必ずしも17世紀以降のモノディを様式的に真似たものではない。まず横のラインを表すメロディのようなものとなる、何らかのピッチを基にしたコア（核）となる音を設定する。逆に「曖昧さ」を表現する手段としての「明確さ」を確保するために、とりあえず特殊奏法は作曲上の重要な座から脇に降ろすことにした。
　コアを形作るピッチはメロディのように様々に移り変わっていく。と同時に、コアのピッチが変わるタイミングやリズムが楽器によってずれたり、コアから少しずれた他のピッチの音がぶつかってコア自体が二重になった

りすることなどにより、コアは次第に曖昧にされていき、次第にその輪郭だけが残るようになる。

　聴いている人にとっては何らかの中心的な音があるように聴こえるが、それがもともと何のピッチだったのか、どういうリズムだったのかを正確に把握することは難しくなってくる。つまり曖昧さと明確さをピッチという同じ要素あるいはパラメーターの中でコントロールする、という考え方である。

　コアによる作曲方法をリズムの面からも複雑にするということは、一般的なモノディの考え方とは相反するといえなくもない。コアは、単にその中でリズムをずらされたりするだけでなく、同じコアを元にした別パート（楽器）による異なるリズム－それはアクセントだったり、別の流れだったり、別のキャラクターだったりする－も随時加えられる。すると、同じコアを元にして作られている音であるにもかかわらず、それらはお互いぶつかり合ったり、競合したりするように聴こえ、興味深いことにそれらは対位法的にさえ聴こえる。すなわち、モノディであると同時にポリフォニーでもあるのだ。

　Music of Japan Today 2007で世界初演されたクラリネットとピアノのための《楔を打てど、霧は晴れず》にも、この方法は明確に使われている。例えば（譜例3-2　クラリネットは in B♭記譜）では、コアの音はA♭、G-A、E-F……というように変わっていく（「G-A」というのはこの場合、GとAの二つのピッチの同時存在によって音がぶれていることを意味する）。コアに基づいて二つの楽器のピッチがおおむね決められているが、リズムはかなり自在に書かれている。

譜例 3-2

　クラリネットの上声部とピアノの下声部は、それぞれ自由な流れを作っており、対位法的に揺れ動いているが、同時にクラリネットの下声部とピアノの上声部は、3連符で全く同じリズムを刻んでいる。これら3つの声部は共通のコアを元にしたモノディでありながらも、それぞれ独立した動きを持つ対位法的な音楽にもみえる。これがホールで演奏された場合、残響や演奏者によるアーティキュレーションのコントロールなどの要素が加わり、実際には楽譜以上に複雑な印象を持って聴かれることになるはずである。

　このように、曖昧性を実現するためにコアを用いたモノディ作法は、現在の私に対して様々な可能性を示唆している。今後この方法がどのように展開するかは未知数であるが、作曲家として用い続けるに値する一つの方法であると今は考えている。

# 第4章　異文化の融合したアンサンブル　愛澤伯友
## Shirotomo Aizawa

　作曲家、指揮者。東京藝術大学ならびに大学院作曲専攻修了（国立大学全額学費免除）。安宅賞。国立劇場作曲賞。パナマ運河返還功労賞。ウィーン国立音楽院・高等音楽院指揮ディプロマ（アクティブ）賞。ベルリン芸術週間（指揮）参加。デジタルハリウッド大学教授、他講師。

質問：作曲する上で、邦楽器と西洋楽器の違いは何でしょうか。

　現代音楽では、どの楽器を用いる場合でも特殊奏法を使うことが多くあります。したがって、使用する楽器の新しい可能性やアンサンブル方法を常に研究し、導入する必要がある点では、西洋楽器と邦楽器の作曲上での違いはないと考えています。

質問：なぜ西洋音楽を勉強したのに邦楽器を作曲に使うのですか。

　母が箏を習っていたので、幼い頃から邦楽は近くにありました。こうした理由から、大学時代には作曲の授業と同じく邦楽に関する授業を選択し、そして、邦楽作品の委嘱を受けるようになりました。

質問：邦楽楽器を作曲に用いるようになって、何かが変わりましたか。

　何も変わっていません。
　確かに、邦楽器は自分に近い楽器です。しかし、誰もが作曲するときには、それが邦楽器に限らず深くそれらの楽器について研究するはずです。こうしたことは、西洋楽器でも、民族楽器でも、電子楽器でも代わりはないはずです。

質問：邦楽器を西洋楽器と一緒に演奏する際に、どのような難しさがあり

ますか。

　邦楽器と西洋楽器を同時に扱う場合、邦楽の束縛の少ない拍節感を西洋音楽の等間隔の拍節感とどのように一致させるかは、いつでも難しい問題です。

　次の例は、武満徹「November Steps」からの例です。

例4－1

©Edition Peters No.66299

　指揮者の「丸2」のサインで、邦楽とオーケストラは同時に動き出します。その後、邦楽群（琵琶、尺八）は独自の拍節感で進み、オーケストラ群は、指揮者のタクトにより精緻な拍節感で進みます。したがって、冒頭の部分

から2つの楽器群は、拍節という点で、それぞれに別な道を進んでいき、次ページにある「丸3」の位置で再びスタートが仕切り直されます。

こうした拍節上の遊離問題を解決し、より複雑なリレーションが取れるように、私は、発音の間隔（リレーション）を示す2種類の矢印とその傾き、それと同時発音を示す点線を使い記譜しています。

たとえば、「蘇芳Ⅱ」（1998年改編：2本の尺八、箏、十七絃、声、ナレーション）では、その記譜法が使われています。

例4－2

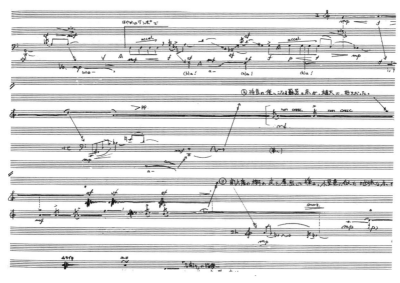

©Aizawa「蘇芳Ⅱ」Su-Ohu　国立劇場創作

また、米国メリーランド州立ボルチモア群大学（UMBC）より委嘱された作品「Deposition」（尺八、Cl.、Vn.、Vc.、Pf.、perc.）では、また別の記譜法が使われています。尺八は太線でグラフィカルに示していますが、音の変更点は、スコアで見れば西洋の拍節の中に正確に記譜されているこ

とが分かります。ただし、お互いの自由度と正確性を両立させるためには、指揮者またはリーダーが必要となります。

例4-3

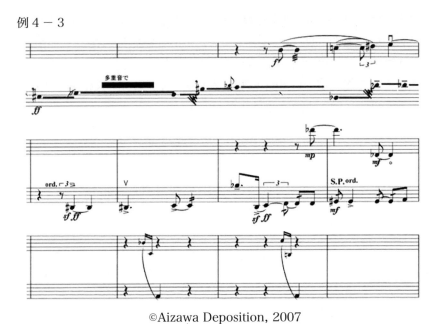

©Aizawa Deposition, 2007

　もうひとつの重要なテーマとして、邦楽器の発音する微分音や、上部に発生する多重音のコントロールがあります。このことは、私の他の作品にも共通して言えることで、邦楽器の上部音の解析を通じて、スペクトル楽派と同じような領域にたどり着いたと言えます。

例4-4

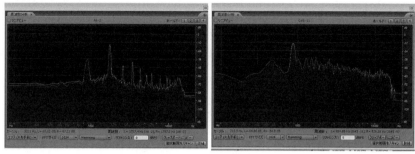

©Aizawa, 2007

　スペクトラム分析をすると、このことはより明白にわかります。左のフルートの周波数分析では、等間隔で高い周波数に至まで高次倍音が出ているのが明確にわかります。それに対して、右の尺八の周波数分析では、高い周波数全体が盛り上がり、のこぎりの歯のように、いくつもの細かな倍音が含まれていることがわかります。

　邦楽器では、こうした複雑な上部倍音を息づかいや、指使いなどの少しの違いにより変化させることができます。訓練をすれば、それらを多彩にコントロールすることもできます。

例4-5　倍音の実例

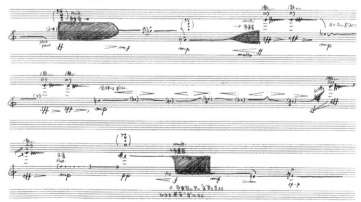

上の楽譜は尺八独奏曲「黄櫨染（こうろぜん）」（1991年）の冒頭の部分です。

　冒頭の「Ab音」は、D管の尺八には本来ない音で、奏者は他の音からアンブッシャーを変化させたり、指穴を1/4開けるなどして、「メリ」音として作り上げます。したがって、この音は結果的に微分音となります。

　楽譜の中には、多重音の指定が何カ所かあります。しかし、具体的な上部構成音（倍音など）の指定はしていません。それは、邦楽器は、ひとつひとつの楽器の個体差が大きく、同じ多重音をすべての尺八で再現することは不可能だからです。そこで、多重音の発生し易い「替え指」だけを記譜し、実際の音はグラフィカルに示してあります。また、すぐれた奏者の場合には、多重音の中でモジュレーションを連続的に変化させることも可能です。

質問：作品の中でどのように邦楽器と西洋楽器とのバランスや音量を保ちますか。

　邦楽器のダイナミックレンジは、西洋楽器と比べて非常に大きなものがあります。

　また、倍音による特別なスペクトルを持つことも特徴です。したがって、邦楽器を書くときに西洋楽器の音によって、邦楽器の音や倍音がカバーされないかソフトに、注意深く書く必要があります。また、邦楽器の大きな音量が西洋楽器の音をかき消さないかと言う点にも、注意を払う必要があります。

　もうひとつ、バランスにおいて注意を払うのは、邦楽器の調律です。
音のダイナミックにおいてと同様に、西洋楽器と邦楽器が一緒になった場合の、音律の不一致からくる奇妙な感じを避けることに注意を払います。もし、そうしたことに注意を払わなければ、西洋楽器と比べ、邦楽器はいつも調子が外れたように聞こえるでしょう。

質問：日本人の作曲家として、どのような影響がありましたか。(注1)

　私が普段、作曲しているのは、西洋楽器を使い、西洋音楽を書いています。邦楽器を使うことで、日本の（同時に東洋の）人間であることを強く意識します。そのことで、あらためて東洋という領域にある自分（地理的にだけではなく、文化、思想、遺伝子）を再確認し、西洋とのそれらの違いを認識し、作品の中に「自分」を込める事ができます。

　「グローバル化」という事が言われていますが、移動や通信の距離が短くなっただけに、すべてが平滑化されていくのではなく、個々が明確に特徴を持ちながら独立し、その上で、全体としての融和が必要になってくるのではないでしょうか。

　作曲においても、邦楽（または、日本、東洋）という特徴を強く認識し、それを西洋楽器や西洋的なスタイルにとけ込ませる必要があります。明治期から昭和期までの邦楽（または、日本古来の音楽）と作曲家との偽装的な関わりではなく、そうした真のグローバライズな視点の上で作曲をする必要性が、そして責任が、現代の作曲家にはあると思います。

　邦楽を使う経験による自分自身の再確認は、あらためて、普段の西洋楽器の作曲にも、逆流した形で活かされるようになりました。

質問：西洋の作曲家または作品から「Deposition」にはどのような影響がありましたか。また、他の作品ではどうでしょうか。

　Deposition についていえば、Boulez の多くの作品や Gerard Grissey の多くの作品。そして、篠原眞からの影響。他の作品としては Webern（特別な作品というよりは作曲に対するアプローチで）。

　当然ですが、「この作曲家のこの曲の、この点（技法）を・・・」というような単純な影響ではありません。目次的に表現すれば、Boulez の音の細部までの統制。それと同時にライブ性（含、即興性）、などを Deposition では取り入れています。トータルセリエリズムは、そのまま曲の中に取り入れてはいませんが、根本的な音楽の考え方として使っています。

例4−6

　まず、和音設定の際に、和音を構成する個々の音の選択にセリエルな考え方を使い、音を選択しています。また、そうした選択と同時にあるもうひとつの流れは、伝統的な和音、たとえば、笙の「合竹」などです。

　この2つにマッチした音を選択し、基本的な和音設定をしています。また、この和音は曲の中では、笙の「手移り」のように、個々の音は収束して和音が構成され、構成された後は、再び離散していきます。(注1)

例4−7

雅楽「越天楽」の冒頭。笙の和音と実際の奏法

　こうした音の出入り、つまり、音価とリズムの選択に、やはり、セリエルな考え方を応用しています。
　また、ライブにおける即興性は、やはり統制された即興性として楽譜の中に記述されています。これは、演奏家から見た楽譜ではわからないほどに、普通の音符として定着されています。また、ライブエレクトロニクス的なものは、次の「音響」的な考え方の中に、即興的なモジュレーションの形で導入されています。(特に、全てに渡って尺八パート) こうして選択された和音を実際の楽器に配置する際に、「音響」という視点を持ちます。たと

えば、尺八を他の西洋楽器の倍音の中に、どのように浮かせるか、または、沈めるかを考え、和音を楽器に配置していきます。その効果を作るため、西洋楽器では倍音を多く発生させる「sul ponticello」「トレモロ」「ペダル効果」などが取り入れられています。

　また、尺八は、注意深く聞くことをトレーニングした演奏家（田辺洌山のように）では、比較的自由に倍音を発生させたり、不必要な音を排除したりできます。倍音の互いの効果は、微細な音程や強弱によっても大きく影響を受けます。今回、UMBCならびにワシントンDCでの初演では、私自身が指揮を担当できたので、練習中に自由にそうしたコントロールの「つまみ」を設定することができました。

　これらの音響的な効果を実証するために、基本的な音に対しては、録音し、音響解析のアプリケーションで倍音を視覚的に、数値的に確認しています。こうした、倍音同士の効果に着目した音響体の制作はGrisey、Murailらの提唱するスペクトル楽派に共通するものがあります。

　ここでひとつ、まだ取り残された問題として、記譜法の問題があります。西洋楽器と邦楽器とのアンサンブルの記譜法は、すでに、篠原眞らによって確立されています。しかし、倍音や微分音のコントロールなどの記譜に関しては問題が残っています。邦楽器の場合、西洋楽器と違い、楽器ごとの個体差が大きく、同じ指使いをしても、同じ倍音が出るとは限りません。しがって、指使いを指示する方法も、出てくる多重音を指示する方法も適当ではありませんし、再現性がありません。

　このことは、音響体を意識した作曲家（微分音や多重音の問題も含めて）の今後の課題となるでしょう。

〈注　釈〉
(注1) 愛澤は「収束」を「数や振動数が限界に近い状態」になり、「離散」はその「反対の動き」と定義している。

# 第 2 部
## 現代日本の音楽に関するエッセー

## 1. 政治と音楽：日本、第二次世界大戦と終戦後

　この部では第二次世界大戦をめぐる日本の国粋主義と軍国主義における音楽と音楽家について述べる(日本帝国時代と戦後)。この調査は、1945年の終戦後から明白な変遷を遂げた日本の政治的・社会的複雑さを強調しており、終戦後は多数の作曲家が過去の音楽から離れ、1950年代初頭に前衛的なアイディアが生まれる為に道を開ける事となった。

　この時代の日本の西洋音楽界で、最も成功し力のあった一人が山田耕筰で(1886-1965)、多産な作曲家としてのみならず、重要な指揮者、オーガナイザー、指導者でもあった。(注1)東京に生まれ幼児期の一時期を横浜で過ごし --- 東京の西南にある軍港都市で、そこで彼は頻繁に行進する軍楽隊を見聞きした。又、山田は（母に依る）プロテスタント教会の讃美歌や、両親が持っていたハーモニウムの和声にも親しんだ。火事で全てを消失し、すぐ後に父が亡くなり又彼自身の病気もあり、山田は14歳の時に姉の住む岡山に移り住んだ。姉は英国人のエドワード・ガウントレットと結婚しており、彼は高校の英語教師のみならずアマチュアの音楽家で、耕筰の西洋音楽への興味と成長を（感情的にも経済的にも）奨励した。山田は東京音楽学校に歌手として入学し（作曲科は1930年代まで無かった）ドイツ人音楽教授ヴェルクマイスターにつき、この師が1910年にベルリンの音楽学校に留学させた。ベルリンでの教授の一人はマックス・ブルックである。ベルリン時代に、山田は交響曲、交響詩、フルスケールのオペラを作曲した（このスケールでの西洋オペラは日本人として初）。ドイツでは演奏される機会はなく、帰国後、彼の作品を演奏する為に短期の交響楽団を設立した。1918-9年後の合衆国への旅では、カーネギーホールでの自作品の２つの演奏会の指揮をし、ラフマニノフとプロコフィエフとも出会った。彼の名声は高まり、1920-30年代にかけての彼の活動はベルリンフィルやレニングラードフィルの指揮、東京での交響楽団設立も含まれ（これは後にNHK交響楽団となる）、そこで彼はモーツァルトやベートーヴェン等スタンダードの西洋音楽のみならず、若い邦人作品、自作品、又ワーグナーのオペラ等

も指揮した。この時期に彼は、詩人北原白秋と共に《からたちの花》や《この道》等おびただしい数の歌曲も作曲した。

　山田は次第に、歌舞伎や能に親しんでいる日本人には交響曲よりも音楽ドラマが向くのではと考え、彼の作曲をオペラに向けていった。山田の ---

"--- 夢は第二次大戦終戦に向け、大きくなっていった。中国史に基づく「香妃」グランドオペラの作曲と、これを日本統治下の北京で中国人演奏家とのコラボレーションで上演する事を考えた。彼の目的はアジア音楽家の質の高さを世界に知らしめる事であったが、日本は戦争に負けてオペラは完了されなかった（これは彼の弟子の團伊玖磨により作曲され、初演は1981年）"。(注2)

　山田が活動していた1930年代の日本の音楽環境は、軍国主義と最右翼の勢力拡大で歳々束縛が強くなっていった。政府は国粋主義様式の音楽を奨励し（ガリアーノ 2002,116）それは"西洋音楽の魅力的で大袈裟な点を取り、日本の民族音楽の味付けで香らせる"。検閲は芸術を含む全領域に及んだ。歌謡曲は"勇気を鼓舞する"宣伝にとって代わり、1940年の紀元2600年記念行事の新曲が（イベール Ibert, R・シュトラウス、山田を含む他の作曲家に）委嘱された。このプロジェクトからの山田の交響詩　神風　は戦争の美を称賛した。

　デイヴィッド・ペッカン David Pecun の論文 (1917-1950年に作曲された山田耕筰の歌曲の様式と政治性) は山田の4つの作品群における編曲の研究を通し、彼の日本歌曲に於ける様式とリズムの繊細さがどう成長するかの軌跡を追っている。ペッカンは当時の山田の活動と作曲において"1920年代の'文化的'編曲から1940年代の'政治的'編曲への暗喩的道を確立する"という繋がりも付けている。

〈注　釈〉
(注1) 実際山田は、西洋音楽が日本に根をおろすのに重要な役割を果たした。
(注2) 片山社秀　山田耕筰の伝記　http://www.naxos.com

〈参　照〉

ルチアーナ・ガリアーノ　Galliano, Luciana。2003 洋楽　20 世紀の日本音楽 Yogaku: Japanese Music in the Twentieth Century.　スケアクロウ出版 Scarecrow Press

片山典秀 2007　山田耕筰伝記

デイヴィッド・ペッカン Pacun、David。2006" この様に我々は自身の世界を形造り、この様に他と共有する Thus we cultivate our own world, and thus we share it with others"1918-1919 年の山田耕筰の合衆国への旅。American Music24:1、67-94

# 第 5 章　デイヴィッド・ペッカン：1917 年から 1950 年に作曲された山田耕筰の歌曲、そのスタイルと政治性について
David Pacun

　山田耕筰(1886-1965)は、1917 年から 1950 年の間に日本の民謡を 27 曲、声楽とピアノのために編曲した（器楽伴奏付を含む）。山田が作曲した膨大な作品（1500 曲あまり）からするとわずかであるが、1920 年代後期のとりわけ洗練されたかなり様々な様式と形式で編曲されている。この編曲作品はコンサート、ラジオ、映画音楽で人気があった上に、さまざまな様式上の変化が見られる。このことには山田自身の作曲が円熟期を迎えていたことなど、多くの要素に起因するように思われる。しかし、東と西、"正統（オーセンティック）"な根拠、"普遍的"なテクニックといったそれぞれの局面からすると、民謡の編曲にはイデオロギーの要素を多分に含みながら発達してゆく可能性があった(注1)。例えば、1920 年代後半から 1930 年代の日本において、急進的な民族主義運動が、いわゆる「日本魂（日本的なるもの、日本人論）」(Harootunian 1990a, 1990b) を直接的に具現化したものとしてしばしば民俗音楽を含めた民俗文化に取り入れていた。そして山田は、政治的業務とはかけ離れた存在であったが（『ニュー・グローブ』にそのように書かれている）、日本の軍部を早い時期から積極的に支持する人であった。(注2) この小論では簡単にではあるが、山田が日本の民謡の研究を深めたことと、彼自身の軍国主義を強めたこととの相互作用について考察した。そしてこの小さなレンズを通して戦時期の日本における文化的ナショナリズム（民族主義）と政治的ナショナリズム（国民主義）の複雑な相互作用に光を当てることを試みた。(注3)

　譜例 5-8 に示したが、山田の編曲はおよそ 4 つのグループに分けられる。分類と年代は均一ではない。(注4) たとえば太平洋戦争中に編曲された 4 曲のうち 3 曲の原曲は（グループ 4 参照）、1920 年代の終わりに作曲された大曲である。また、山田は 1932 年から 1943 年という、日本社会に急進的な国粋主義が強い影響を及ぼした時代に、声楽とピアノのためには編曲を

していない。従って、この編曲がなされなかった空白時期が様式とイデオロギーの断絶を表わしているのかどうか、あるいは何らかの隠された道がこの分類の穴を埋めるのかどうかはわからない。この疑問に答える前に、4つのグループを詳細にみることは不可欠であろう。

１）フィッシャー社のための編曲作品（1927-1918）

　別のところで論じたが、山田がカール・フィッシャー社用に編曲した作品は、アメリカで流行のジャポニズムを踏まえて"正統"な日本音楽を望む -- といっても"文明化"された西洋の形式で書かれたものであるが -- アメリカのアマチュアの聴衆を対象としていた。(注5) 山田は編曲作品それぞれに「民謡を採譜し、モダンにした」と副題をつけた。これは２つの美学的意味目的を示している。国際的にみると、第１次世界大戦がヨーロッパで勃発したとき、山田は日本の同盟国の文化大使としてしばしば軍服を着てポーズをとった。(注6) 当然ながら、批評家は山田の編曲は正統な日本音楽を表わしているものとみなし(１つ目の意味)、同盟国間の文化的差異に架け橋となる音楽(２つ目の意味)と位置づけた。

　《かぞえうた》は、山田の初期の作風がよくわかる曲である（譜例5-1)。作りはいたってシンプルである。有節形式で書かれた子供の唄は、旋律は音節が明瞭でリズムもわかりやすい。伴奏は簡潔に対応している。オクターヴを弾く左手に右手が優しくシンコペーションされた和音を添えて始まり、そして箏のように転がる音形に移行してゆく。和声をみると、ii06/5-Iの進行は「日本的」な雰囲気を喚起するが、山田は旋律の「最後の」Gを、フリギア旋法に基づくトニックよりむしろ、ヘ短調の音階の２度とみなすことによって旋律と和声がぶつかるのを避けている。(注7) モダンなオスティナートが山田の円熟期の編曲様式を予見させる「漁師の唄」を除き、６つの編曲はすべて西洋の山田の同時代人と共通するものであった。

譜例 5-1　山田耕筰《かぞえうた》5 小節から 10 小節目

2)  三浦環のための編曲作品（1922-1924）

　ソプラノ歌手である三浦環が欧米ツアーから戻ったころ 4 曲が編曲されたが、そこには激しさと豊かさが込められている。(注8)《姫松小松》では、密集したヘテロフォニーの効果が支配的であり、《来るか来るか》ではさらに、不規則にシンコペートされた旋律が、堅固で密度の濃いオスティナートの上に、優しく漂う（譜例 5-2）。テクスチュアは境界を定めて有節的に扱われて、賑やかさを添えている。現代的な感覚を持った玄人とプロの歌手のために作曲されたこの曲は、不安に思うことなく、公に演奏される作品として作られたようだ。事実、三浦は生涯を通して山田の編曲作品を歌い続けたのだった。

譜例 5-2　山田耕筰《来るか来るか》3 小節から 8 小節目

3) "藤原"のための編曲作品（1927-1931）

　三浦よりも長い期間にわたって書かれた第 3 のグループは、日本の民謡

をより深く徹底的に扱っていることが明らかである。山田は複雑な「追分節」を用い、2つのいまだ記録されていない旋律を採譜し -- それは民族学者の役割を果たしたともいえる --、そしてさらに個性的な伴奏部分を作曲した。例えば《忍路高島》での、右手のトレモロと響き渡るオスティナートは、多く装飾された旋律の誇張された緊張に合わせる事を、明確に目的としている。

譜例 5-3　山田耕筰《忍路高島》5小節から9小節目

それに対して《中国子守唄》では、精巧に作られた主題と変奏の中に慣習的な様式（"西洋"）と旋法的（"日本的"）和声が気まぐれに混在している。それぞれの新しい詩の連は、フレーズ構造の中で激しい不協和音や少しずつ変化を加えられた和音で豊かに表現される。ここではそれらが本来の旋律に隠れた暗さを創造し、子守唄　が芸術歌曲に変えられている。おそらく山田のもっともすばらしい編曲である《箱根八里は》では、2つの身振り、すなわち上行する上拍と iv-I（ii06/5-i）の終止法が自由に発展（する形で繰り返される）し、繰り返される。控えめな和声の流れ（構造的にドミナントはない）と急な声域の移動によって、時間よりも空間感覚を示し、象徴的な意味と実際的な意味と同時に、箱根という広大な自然と広々とした景色を見ながら歩を進める旅を喚起させる。(注9)

64　第2部　現代日本の音楽に関するエッセー

譜例 5-4　山田耕筰《箱根八里は》1 小節から 11 小節目

4）太平洋戦争中である、1943 年の編曲作品（1929-1943）

　太平洋戦争中に最初に出版された 4 つの編曲作品は、規模の大きな作品のなかで平易な音楽的な身振りとして使われている。1943 年に山田は先に触れた《忍路高島》にヘテロフォニー的なフルートの対位法をつけた曲を作曲し、そしてよく練られた序章と仰々しく悲しげなコーダを加えた（譜例 5-5）。1940 年に作曲された《黒船》を編曲した《舟歌》では、旋律は長いワーグナー的な半音階の上に流れる。この身振りは山田が手がけたどの民謡の編曲にも見られないものである。ここで伴奏は独立した音楽的な風景として機能している。

譜例 5-5　山田耕筰《忍路高島》編曲版、コーダ（休止している声楽パートは略した）

　同様に、新たに改訂された《鴨緑江節》の、単純なオフビートの和音の伴奏は、1918 年の《かぞえうた》（譜例 5-6）を想起させる。もとの旋律は、韓国と満州の間を流れる Amnok-kang 川を歌った日本語の舟歌である。詳細に見ると、この地は日本の工業化が著しく行なわれ、日露戦争時にいくつかの有名な戦いがあったことで知られる。山田が 1943 年の編曲集にこの旋律を入れることにしたのには、日本が東アジアの文化的な征服を果たしたことのシンボル的な意味があったと思われる。

譜例 5-6　山田耕筰《鴨緑江節》1 小節から 8 小節目

　もし、最初の 3 つの編曲グループが来る 1920 年代後期に向けて、山田自身のオリジナル作品に豊富で内容の密度が濃い発展をもたらしたと考えるなら、太平洋戦争期の編曲が -- そのいくつかは 1920 年にさかのぼるとしても -- さらにそれを深めるものであったかどうか。その足跡をたどり判断することは難しい。新しい対位法、劇的な身振り、そしてオペラを通して中期のスタイルを広げたといえる一方で、たとえば《忍路高島》のありふれた趣向を凝らしたコーダで、よくあるリズムと民謡という別の文脈から持ってきた素材の使用を通し、表面上や構造を簡素化している。

　然しなお、4 つの編曲作品グループは、おおまかではあるが、それぞれ音楽的スタイルを政治上の解釈学になぞらえるような歴史的事柄と関連している。アメリカで出版された編曲集は本質的に、当時西洋文化に流行していた"異国趣味に合わせた"というパラダイムに当て嵌まる；三浦環が初演したポピュラーな旋律をとりあげた進歩的な編曲集は、何か「大正時代的」なものを具現化したものである；1920 年代後期にさかのぼる、情熱的で表現力豊かな編曲集は、当時が日本の古代や民族の伝統を深く見つめ始めた黎明期である事を反映している；最後のグループの特徴があまり明確でないのは、戦時中という事実に最も帰するであろう。

　次に、こうした関連付けはさらに、主に演奏家のために作曲したものと

いう主観的な２つのグループと、社会的／政治的という文脈からその存在理由がある、２つの客観的なグループに分けられる。それはフィッシャー・セットにおける西洋の異国趣味、そして太平洋戦争中の文化的優越感を扱った編集である。他の説明を否定せずに、主観的な編曲を文化ナショナリズム（民族主義）、そして客観的な編曲を政治的なナショナリズム（国民主義）の例として特徴づけることは可能であろう。

　この分析は、間違いなく総論的であり、おそらく安易に"社会"と"音楽"を同等に扱いすぎている。(注10) しかし、山田自身の活動と作曲は、1920年代の"文化的"編曲集と1940年代の"政治的"編曲集との間に暗示的な連関がある。例えば、1927年から1931年に編曲されたものの周辺では、目的と数を増加しながら山田は次々と日本古来の文化を掘り下げて行った。新作歌舞伎のために音楽を書き、歌舞伎を下地としたオペラ《堕ちたる天女》を初演し（オリジナルの作曲は1913年）、山田の作品で最も？有名なオペラ《黒船》（お吉という波乱万丈な人生を送った人物を描いたもの--御茶屋の娘でアメリカ／日本間の初めての通商条約の交渉（1854-1856）をしたタウンゼンド・ハリスの"看護婦"として雇われた）の作曲を開始している；山田がこのオペラのために書いた《舟歌》を編曲したものは、1943年の曲集に収められている。(注11)

　山田は1931年に、オペラ／バレエである舞踊《あやめ》に、新内と歌舞伎の『アケガラス夜明け烏』を取り入れた。このスコアには二つの民謡（「箱根八里は」と「お江戸日本橋」）が用いられているほか、歌舞伎の道行きが扱われている。パリで進歩的な音楽監督であるミシェル・ブノワとフォダル・コミッシャチェフスカイのために作曲されたにもかかわらず山田は、三味線の音色とイントネーションに影響を受けて作曲した。そして「ピアノの12音という音の制限によって（中略）西洋音楽では日本音楽の深くて微妙なものを表現することができない」と記している。山田の次の言葉はもっと辛らつである「すべてのピアノを壊して二度と取り入れないことだ（中略）。だがピアノ製造者はこのことに同意しないと思うが」(注12)

　反動的なスタンスは、1940年の《黒船》の初演より少し前に出版された

山田の言葉にさらに明白である。特に山田は《蝶々夫人》のような東洋趣味の作品に「長年、不満足で怒りすら感じている」と矛先を向ける。そして《あやめ》は、「いままでのオペラでの誤りを正すことになるような日本をテーマとしたオペラを私自身が書く責務があると確信するようになった」ことを記している。(注13) 実際《黒船》は、意識的に国民のために犠牲となったシンボルとして侍のようなオーラでお吉を包むような努力がなされている。お吉が日本とアメリカの平和を嘆願する注目すべき結末では、文化的、政治的側面が混ぜ合わされている。(注14) そのような文脈では、民謡は強いイデオロギー的意味を含むようになっている。(注15)

　そのすぐ後に山田が作曲した《あやめ》では、とくに政治的な関連がある、同時代の出来事を描いており、軍国主義的音楽であることを明白に表した曲である。「上海事変」の勃発した1932年に3人の農家出身の軍人が自爆する事件があった。(注16) 1930年代にはメディアは国民の英雄的行為を大量に取り上げるようになり、山田は短い曲である「軍歌」《肉弾三勇士》を作曲することによってそれに応え、1932年に朝日新聞社から出版された。(注17) この詩は（中野力）は、典型的な英雄を扱ったバラードで——日本においても西洋においてもそうだが——、山田の旋律は瀧廉太郎の《荒城の月》という、技術的には古曲（リート）で、民謡（フォークソング）とも思われる曲と非常に似ている(注18)（譜例 5-7a と 5-7b）。軍歌は、公的に制限された西洋音楽の要素を部分的に含むものであるが、演歌歌手のスターである古賀政男によって録音された山田の《肉弾三勇士》は、かなり強い衝撃があったようだ（Young 1998, 77-8）。(注19)

譜例 5-7a　山田耕筰《肉弾三勇士》（旋律のみ）1 小節から 4 小節目

譜例 5-7b　滝廉太郎《荒城の月》（旋律のみ）1 小節から 4 小節目

《肉弾三勇士》に続いて山田は、近代的なメディア、すなわち映画のために作曲するようになってゆく。そして溝口健二監督『満州の夕焼け』（現在紛失）やアーノルド・ファンク監督『侍の娘』といったプロパガンダ映画のために音楽を書いた。(注20) これらの作品で山田は、あらゆるスタイルで音楽を書いている。風景には印象主義的な音楽を、ヒロインにはポピュラーな曲を伴奏につけ、工場のシーンには行進曲、そしてもちろん民族音楽も用いた。映画の結末で桜がオーヴァーラップされ、失恋したヒロインが自殺を心に決めて火山に降り立とうとするシーンでは、子供の歌う《さくら》がバックに流れている。フィアンセが彼女を救ったあと、二人は満州という重装備した日本兵の監視がおかれた日本の植民地へ移り、この地に落ち着くのだった。

　メロドラマはさておき、山田はかなり国家主義的な活動を行なった。政府と結びついた音楽連盟で重要な役割を果たしたのである。そして日本の東アジア植民地にむけた作家旅団の中の「音楽大使」として太平洋戦争中に満州へ行った（従って1918年には彼には二重の肩書があった。それがたとえ「反対」側のものであったとしても）。(注21) 1943年にフィリピンから帰国した山田は、フィリピンの民間伝承「サンパグイタ」に基づき、日本の「偉大な東アジア」イデオロギーに合わせて改作し（下記参照）、オペラを作曲することを発表した。次の「ジャパン・タイムズ」の記事によると、山田は特に日本の帝国主義イデオロギー、国民のアイデンティティに根ざす音楽のアイディアを用いることを楽しんでいる。

　「『サンパグイタ』の物語の中には、愛国心と国民的特徴というロマンティックな特性が理想的に織り交ぜられている。首長のラカン・ガリンと王女リウェイウェイの愛は『ラカン・ガリ』が白人に侵略された国のため

に戦う名誉を授かる［ママ：多くの場合、対立する種族同士の争い］。ラカンは戦いで命を落とす。彼の後を追ったリウェイウェイの墓には白い花が咲いた。それがサンパグイタである。この物語を選んだことは、かなり重要であることは確かだ。なぜなら、新しい文化である偉大なる東アジアの創造に作曲家が貢献するからである。（中略）もし、日本の第一線で活躍する作曲家がフィリピンの口頭伝承を主題としたオペラを両国の音楽家と芸術家の共同作業で作曲したら、そのこと自体がすでに日本とフィリピンを文化的に互いに結びつけているが、このことは疑いなく、両国間を強く結びつけることとなろう」(注22)

　山田が「正真正銘の」フィリピンの民族音楽をスコアに用いようとしたかどうかはわからない。もし彼がそうしたとしても驚くことではないが、文化的ナショナリズムを政治の中に変換したという直接的な証拠としてスコアを読むことは確かに難しい。(注23)

　山田が1920年代後半に編曲した民謡の中に、プロパガンダ的な軍歌、映画音楽、オペラとして書かれることが予定されていた作品があることは、まだいくつもの解釈があることを示している。では、ダレル・デイヴィスが「モニュメンタルなスタイル」と名付けたもの、すなわち、「過去に神聖な光を当てるために日本の伝統を扱い、現在の人々に感動を与えたこと」、「《忍路高島》は、たしかに「日本魂」のありがたみを感じさせるものである。《箱根八里は》は、かなり宗教的である。」(注24)と述べたものはどのように後期の編曲作品に展開していったのだろうか。

　H・D・ハルーツニアンは、さらに鋭く、文化的ナショナリズムをその裏返しとして政治的ナショナリズムに変換することについて述べている（下線部は筆者）。

　「文化的ナショナリズムと政治的ナショナリズムの違いを考察する際に大いなる助けとなるのは、民族の特異性という神話と単一民族であるという推測に基づく唯一の文化的アイデンティティを熱心に支持するという言説である。強制的に記憶されたものを再び置きたいという欲望によって明るみに出た経験というものが公的な記憶にあてがわれそうになったとき（例

えば民謡の編曲を通して)、経験は反作用のように思われる現実的なものとして扱おうとする過程を滑り落ちる恐れがある。悪いことに、それは文化的排他主義とファシズムというイデオロギーのブロックを積み重ねることになる。」(注25)

おそらく、この種の裏返し、あるいはそれが行なわれる意味は、山田自身の作品リストの中にある。日本の戦時中には多くの異なったジャンルの歌曲があるが、その境界線には浸透性がある。唱歌は軍歌の中に紛れ込み(山田は《肉弾三勇士》のほんの少し前である1931年に、教育的歌曲集を出版している)、また、先に触れたが、《肉弾三勇士》はモダンなものではあるが、民謡からとられた作品《荒城の月》と旋律的に似ている。(注26) 山田のもっとも知られている歌曲 (《からたちの花》) は、やはりポピュラー・ソング (歌謡曲) とリート (歌曲) の境界が曖昧なところにある。端的にいうと、山田は唱歌、軍歌、歌曲、民謡を「民族的」な音楽として同等に扱っていた。民謡の編曲はその間に理論上は位置することとなる。(注27) いずれの場合でも、目的は抽象的である。近代的な映画のようなメディアだけにこうした音楽が用いられたのではなく、戦時中はしばしば演奏会で日本の民謡の編曲が演奏されていた。従って山田は、作曲家、聴衆、演奏家と日本の過去を共有し、架空のものを本物のようにまとめる人という、生き生きとした共同体をもう一度作り直すことを体現させたのだった。(注28)

山田の民謡の編曲集には、もうひとつ別の意味がある。日本がナショナリズムを深める前触れである。先に述べたように、1920年代後半と1930年代の前半において山田はさかんに民謡を作曲に用いるようになる。そのことは、1930年代後半と1940年代のファシスト政治形態のもとで書かれた多くのプロパガンダ的なオラトリオ、カンタータ、交響詩に表われている。これらの作品で扱われている民謡やテーマは日本的内容をもっていながらロマン主義的に書かれており、様式は情感に訴える強さをもつ。規模は大きくないとしても、山田が1940年代に編曲したものは、わかりやすく壮大で、日本的な美学を現そうとする類型にぴったりとはまるものであり、完全にナショナリズムの枠に入るものであった。(注29)

まとめとして、限られた紙面ではあるが小論の目的よりも仮説を提示したい。分析によって一人の作曲家がどのようにその時代の錯綜した政治と美学を統一したものを描いたのかを深めることができた。あるいは、どのように山田が音楽を通して統一感を創造してきたのかを示したといったほうがいいかもしれない。山田自身の様式が多様であることは、日本のファシスト政治の理想化された美学とをはっきり仕切るものではないことはやっかいであるが──伝統的ではないという意味では民謡の編曲はほとんど純粋性がない──、恐らく軍国主義へと簡単に通じてしまう出口をもつ概念であることはかなりはっきりとしている。山田はしばしば時代に影響を受けないと述べていたが（ハリッヒ・シュナイダー、1973、545）、実際は時代に漬かっていた。こうした山田という作曲家の船は、荒れ狂う海が待ち受ける塩気の強い浅瀬にたどり着くという考えに思い悩むことなく、時代の状況とともにあった。倫理的な難問から山田のすばらしい編曲集を離して、時代とすぐれた作曲作品について論じることはできるが── 1928年は1943年と異なるが、ある意味似ている──、過ちを繰り返すことなく、過去の成果を楽しむことができることを望む。

譜例5-8　山田耕筰が声楽とピアノ（および器楽伴奏を含む）のために編曲した民謡一覧。
（出典：後藤暢子編『山田耕筰作品全集 第9巻』、小学唱歌のための編曲、古曲の編曲より。《荒城の月》の編曲を含む滝廉太郎の編曲作品は省いた（この版の表紙は竹久夢二が描いていた）

タイトル／作曲年代／出版年／ジャンル／原曲／備考
カール・フィッシャー社用（編曲もしくは現代化したもの）
「Cradle Song」（揺りかご歌長持唄のこと）／1918年3月4日／1919年／子守唄
「さくら　さくら」／1918年3月4日／俗謡／収録されず
「Flower Song」／1918年3月14日／1919年／三味線

「Fisherman's Song 舟唄」／1918年3月15日／1919年／舟唄（追分節）／各曲に Fred.H. Martens による英語と日本語のテキストがついている
「かぞえうた」／1918年3月23日／1919年／子供の歌（Children's song）
「今様」／1918年3月23日／1919年／お経（Buddist chant）
「Song of the Pleasure Seekers」／1918年3月23日／1919年／Pleasure quarters song

三浦環のための作品
「姫松小松」／1922年6月20日または7月20日／1922年／子供の歌（2つの異なった版有）

〈注　釈〉
（注1）Richard Taruskin「Nationalism」、『オンライングローヴ音楽辞典』。しかしタラスキンは日本のナショナリズムについて扱っていない。Robert F. Waters の "Emulation and Influence: Japanese and Western Music in fin de siècle Paris,' The Music Review 55 no.3: 214-226 も参照のこと。

（注2）日本の軍事政権を支持する動きはインテリの間に多かった。Keene 1984; Mayo, Rimer, and Kerkham 2001 を参照のこと。音楽については Herd 2004 と Galliano 2003 を参照されたい。

（注3）「民族主義」と「国民主義」についての参考文献に、ルチアーナ・ガッリアーノ著 Yogaku: Japanese Music in the Twentieth Century、Asian Music, Winter/ Spring 2006: 139-140 に掲載されたヤヨイ・ウノ・エヴェレットのレヴュー、および Kevin M. Doak, "Building National Identity Studies 27, no.1: 1-39 そして "Ethnic Nationalism and Romanticism in Early Twentieth-Century Japan", Journal of Japanese Studies 22, no.1:77-103、ヤノ 1998 がある。一般的な事柄については H.D.Harootunian 1974、Shillony 1981 がある。

（注4）山田の編曲にたいするアプローチは、彼の師であったマックス・ブルッフの影響があるかもしれない。Christopher Fifield, Max Bruch: His Life and Works, (The

Boydell Press, 1988), 48.

(注 5)"従って、我々は我々自身の世界を開拓することで、ほかの国々の人々と共有することになる"と山田耕筰は Koscak Yamada' Visit to the United States, 1918-19, American Music 24, no.1: 67-94 で述べている。山田は訪米の資金を得るために編曲を引き受けたが、著作権はわずかだった。

(注 6) 山田は次のように述べている (いくらかぎこちない英語で書かれている)。「いま、世界平和を実現させるために、日米間がより親密になり、偉大なる国家が熱望するアイデンティティを確立することは、それぞれの文化にも相互利益をもたらすことであると約束する」"Koscak Yamada Talks of Japanese Music and Musical Conditions (Frederick H. Martens によるインタビュー)、The Musical Observer 紙、1918 年 12 月号掲載。これと関連して、葛西重治氏が休憩時間にしたスピーチ"Japanese Conducts Own Native Works", The New York Times, 1918 年(?) 10 月もある (ニューヨーク市図書館のファイルより)。

(注 7) David W. Hughes, "Japanese 'New Folk Songs' Old and New", Asian Music 22, no.1: 1-49.

(注 8) 三浦は"蝶々さん"の演技で国際的に有名だった。吉原真理"The Flight of the Japanese Butterfly: Orientalism, Nationalism, and Performances of Japanese Womanhood," American Quarterly Volume 56, no.4: 975-1001 参照。

(注 9) この小論を発表した当初、筆者は山田の空間利用は戦後の"間"の美学を予測しているとした。しかし西洋の本質主義によってしかけられた罠にかかるかのように日本の音楽が日本的に響くか日本的に聴こえなければならないとされていたのではないかと疑問に思っている。原コックウェル・由美の発表が示しているように、日本人の作曲家は本質主義から期待され続けている。そして山田はキャリアの早い段階でその種のことを体験する運命にさらされていた (fn.6 参照)。筆者は"間"というものは、山田の「箱根」という設定に無視できないメタファーがあると思うが、筆者に"間"について議論する余地があるかどうかわからない。

(注 10) 諸井三郎の《交響曲第 3 番》はそうした関連を示した例である。1944 年にさかのぼると、この交響曲のロマンティックな語法は、戦時中のレンズを通してたやすく読むことができるかもしれない。しかし片山杜秀が述べているように (Naxos 8.557162 ライ

ナー・ノート)、この交響曲は（おそらく）、より普遍的なテーマで、国民の死亡率が増加している意識を反映しているかもしれない。

（注11）ハリスの役職は、アメリカの領事である。一方で彼は自信過剰に描かれている。実際には彼の立ち振る舞い（看護婦を求めることをヴェールでつつみ、愛人または娼婦を求めた）と交渉という彼の職務は、日本の民族主義をさらに燃え上がらせるようなやり方だったかもしれない。

（注12）"Koscak Yamada's Views on Music Told: Declares Western Music is Restricted by Notes on the Piano", The Japan Times (hereafter TJT), 1931年3月24日付、第1面。

（注13）山田耕筰 "The Opera 'Dawn' or 'Black Ships,' Contemporary Japan 9, no.11: 1432. 山田の不平は1918年に遡る (H.E. Krehbiel, "Music: A Revelation of Japanese Music at Carnegie Hall," New York Tribune, 1918年10月17日付)。《黒船》は「日本の視点から見た《蝶々夫人》」と言われることがあるが、構想と性格描写はかなり異なる。お吉は、ハリスを誘惑しろと言った知事だけでなく、ハリスを暗殺するように頼んだ侍の恋人、吉田にも抵抗した。

（注14）お吉の最後の台詞は、1930年か40年に付け加えられたものと思われる。"The Opera 'Dawn' or 'Black Ships'",1437-1438、山田耕筰とともに（ママ、Noel Percyとオペラ《夜明け》と《黒船》の自筆台本と比べた（日付は不明である恐らく1920年代か1930年代初期であろう）。

（注15）山田の交響詩《神風》には明らかに民族主義的が息づいているが、作品にはそれを意図するような効果はない (I.J. Fischer, " Symphony Concert is Great Success,", TJT, November 27, 1940:8)。

（注16）Peter High(2003, 37) は、「最近、映画について調べているヤマモトキクオは、肉弾三勇士の神話は日本市民のイデオロギーに重要な役割を果たしたという興味深い論を展開している。3人の兵士はいずれも貧しい家の出身者であった。3人の兵士は、真の人間の美徳は貧 - 孝 - 忠の組み合わせから出るという伝統主義者のもつ理論の縮図だとしてとみなされていた。」と述べている。

（注17）朝日新聞は、このことを題材とした詩を募集した。最初の一節は次のようなもの

である。「戦友の体の上で／彼らの祖国のために、その目的のために／天皇陛下に捧げられた彼らの命／あぁ、忠義な心、爆弾をもった三人の英雄。'爆弾をもった3人の英雄'の優勝曲の作曲者には500円を贈呈。」TJT, March 17, 1932:1.)

（注18）山田は小学唱歌のために1924年にこの曲を編曲、「古曲の言葉を活性化させる」として出版した。

（注19）初期の軍歌については、Dorothy G Britton の訳した、團伊久磨『日本の伝統音楽が西洋音楽の発展に与えた影響』(Transactions of the Asiatic Society of Japan 8:211)、および John Dolan 訳、中村とうよう『初期のポップ・ソング・ライターとそのバックグラウンド』(Popular Music 10, no.3:271.) 参照のこと。

（注20）溝口は自らの映画を「悪夢は芸術的なことよりも政治的な思想から生まれる」と回顧している（High の記述 Imperial Screen 34 より）。

（注21）たとえば、次の文献を参照されたい。"Iguchi Outlines Vital Role of Japan in Musical World; Japanese Music is Spreading to the Southern Regions, and It Is Nippon's Duty to Lead the Peoples There to Find and Create Their Own National Music," TJT, July 14, 1943:5.

（注22）「サンパグイタ、フィリピンの古典に基づく山田耕筰による新作オペラ」TJT, December 23, 1943:3. 興味深いことに、この伝説はスペイン支配下にあるフィリピンでフィリピン人がナショナル・アイデンティティを模索して創作したものと思われる。

（注23）そして、西洋で行なわれた異国趣味と本質主義のほのかなエコーが響いているものとして読むことも難しい。

（注24）日本映画における魂や精神の問題については、High の Imperial Screen, 198-99, 382 を参照。

（注25）Harootunian は、伝統と近代の間に根強くある「矛盾」と「動揺」を強調している（p.300-2）

（注26）唱歌と軍歌の関係については、Ury Eppstein の "School Good Child"

Monumenta Nipponica 42 no.4: 431-447 を、ポピュラー・ソングについては Yano の " Defining a Nation" を参照のこと。

(注27) しかし、David Hughes は、日本が 1930 年代において芽生えつつあるナショナリズムに対して新しい民謡（新民謡）が終焉することを読み取っていた ("Japanese 'New Folk Songs,'" 5.)。

(注28) Percy Noel (《黒船》の脚本家) による以下の論文も参照されたい。When Japan Fights, The Hokuseido Press, 1937, 235.

(注29) 明治時代にあって明治時代の教育に関わる者として山田は、自身の音楽を国家の進歩という理想に基づく音楽と考えていたかもしれない。それがどんな進歩であったとしても、山田の初期の交響詩はそれを示唆するタイトルがつけられている。

〈参考文献〉

Davis, Darrell W. 1996. Picturing Japaneseness: Monumental Style, National Identity, Japanese Film. New York: Columbia University Press.

Galliano, Lucianna. 2003. Yogaku: Japanese Music in the Twentieth Century. Scarecrow Press.

Harich-Shneider, Eta. 1973. A History of Japanese Music. London: Oxford University Press.

Harootunian, H. D. 2000. Overcome By Modernity: History, Culture, and Community in Interwar Japan. Princeton: Princeton University Press.

__ . 1990a. Figuring the Folk: History, Poetics, and Representation. Mirror of Modernity: Invented Traditions of Modern Japan. ed. Stephen Vlastos. Berkley: University of California Press. 144-62.

__ . 1990b. Disciplinizing Native Knowledge and Producing Place: Yanagita Kunio, Origuchi Shinobu, Takata Yasuma. Culture and Identity: Japanese Intellectuals During the Interwar Years. Ed. J. Thomas Rimer. Princeton: Princeton University Press.

__ .1974. Between Politics and Culture :Authority and the Ambiguities of Intellectual Choice in Imperial Japan. Japan in Crisis: Essays on Taishô Democracy. Ed. Bernard S. Silberman and H.D. Harootunian. Princeton University Press.

Herd, Judith Ann. 2004. The cultural Politics of Japan's modern Music: Nostalgia,

Nationalism, and Identify in the Interwar Years. Locating East Asia in Western Art Music. Ed. Yayoi Uno Everett and Frederick Lau. Middletown: Wesleyan University Press. 40-56.

High, Peter. 2003. The Imperial Screen: Japanese Film Culture in the Fifteen Years' War, 1931-1945. University of Wisconsin Press.

Keene, Donald 1984. Dawn to the West: Japanese Literature in the Modern Era. New York: Henry Holt and Company.

Mayo, Marlene J. and J. Thomas Rimer, H. Eleanor Kerkham eds. 2001. War, Occupation, and Creativity: Japan and East Asia 1920-1960. Honolulu: University of Hawaii Press.

Shillony, Ben-Ami, 1981. Politics and Culture in Wartime Japan. Oxford: Clarendon Press.

Staaler, Oliver R. 1969. Shimoda Story. Random House.

Yano, Christine R. 1998. Defining the Modern Nation in Popular Song. Japan's Competing Modernities: issues in Culture and Democracy, 1900-1930. ed. Sharon A. Minichiello. Honolulu: University of Hawaii Press. 247-266.

## 2. 伝統を超えて：武満徹の音楽における最近の動向とその遺産

　死後十年以上経過しても、武満徹 (1930-1996) の音楽とかれの概念は、世界中の音楽家と学者の注目を引き続けている。彼の音楽の質の高さと共にもう一つの理由は、多分に読者の解釈に任せる様な、彼自身の音楽を語る詩的で隠喩的な文章にある。あと一つは、彼が達成したほぼカルト（宗教的）とも言えるステータスで、特に海外でまだ保持されている。

　彼の音楽キャリアの最初の部分では、武満は、日本の邦楽と美学を公然と参照したり影響を受ける事から遠ざかっていた (Galliano2003)。然しながら、湯浅や福島などの"実験工房"の仲間と共に、彼も、日本の文化全般が彼の思考にどれほど深く関わっているか意識する様になった。新しい音楽の模索をする途中で武満は"新しく違う作曲技法、構造やジャンルの芸術を見つけるのに、彼独自の日本的なアプローチを使用した"（Galliano、160）。最初はフランス印象派に影響を受け、そこから繊細で洗練された音の使い方を受け入れたが、彼は又日本の文化や芸術の美学基本からも受け入れた。その基本の一つは、自然の音のそれぞれの美に集中するというものである。武満が述べている (1995,56-7)

　"一音成仏の概念が発達した民族として私が思う事は、音を、表現する為に用いるよりも、日本人は、音の内的な質にもっと意味を見出した、と思っている"。

　人間は自然を征服するより自然の一部として存在するべきである、という考えにより、日本的美学では、雑音を含む自然の音も芸術として鑑賞する。西洋の芸術音楽における音色に対する態度は伝統的に、純粋で固有でむらの無い音色が良いとされていた。邦楽で雑音も音色とするのとは、まったく対照的である。日本人は音色を、時間的に変化する現象 --- 変化する音、動的な状況と観ずる。複雑な、短音ながら多上音（と雑音）を含むのを説明する語彙をさわりという。一琵琶や三味線に一般的に聞かれる音色現象である。（西洋音楽で和声を強調し雑音を排する以上に、邦楽ではさわりを大切にする）。

小野光子は武満自身の、又彼に関する沢山の書物を英訳している音楽学者だが"武満徹と日本の音さわり"で、武満が彼の作品でさわりをどの様に使用しているかを論じている。この論文で彼女は、武満のさわりの使い方が邦楽器のレパートリーとどの様に違うか、又、西洋楽器を使用しさわりと類似しているが既にさわりでは無い、武満作品でのユニークな音色の例を示している。

　ピーター・バート Peter Burt は"バスタブの音楽〜西洋の批評から武満の音楽を読む"で、ヨーロッパで戦後最も有名になった日本人作曲家武満の、ステータスの発生や起源に於ける、報道の役割について論じている。バートはヨーロッパでの報道の、ある種の否定的な受け取り方が（それは彼らが間違い、歪めて言明したものであるのだが）、かえって武満作品の肯定的な質を強調する役割を果たしたのではないか、と発見している。

〈参　照〉

ピーター・バート Burt, Peter　武満徹の音楽 The Music of Toru Takemitsu。2001 年　ケンブリッジ大学出版 Cambridge University Press

ルチアナ・ガリアーノ Galliano, Luciana　2003 年　洋楽　20 世紀の日本音楽 Yogaku: Japanese Music in the Twentieth Century スケアクロウ Scarerow 出版

ティモシー・クーズィン Koozin、Timothy　2002 年　距離を旅する：武満徹の後記の曲のピッチ構成、ジェスチャー、イメージ。現代音楽批評 Traversing Distances: Pitch organization, Gesture, and Imagery in the late works of Toru Takemitsu Contemporary Music Review 21:4．17-34

外務省。2007 年　日本の庭　講談社 International.Ltd
　　http://www.soundintermedia.co.uk/treeline-online/gardens.html

スティーヴン・ナス Nuss, Steven　2002 年　武満を聞く、'日本人'を聞く。現代音楽批評 Hearing 'Japanese', hearing Takemitsu. Contemporary Music Review 21:4、35-71

大竹紀子　1993 年　武満徹の創造的源泉。学者出版

グラハム・パークス Parkes, Graham．　1995 年　日本人の考え方　日本の美学と文化（論文集　ナンシー　G．ヒュームによる編集）NY 州立大学オーバニー出版 Ways of Japanese thinking: Japanese Aesthetics and Culture: A Reader, Ed. Nancy G. Hume. Albany　St.　University of　NewYork Press

武満徹　1995 年。Confronting Silence。カリフォルニア、バークレー。Fallen Leaf Press

武満徹と Tania Cronin, HilaryTann。1989 年 Perspectives of New Music 後記 27:2、205-214

武満徹 (安達須美と Roger Reynolds 翻訳)　1992 年 Mirrors：Perspectives of New Music 30:1, 36-80

__．(Hugh de Ferranti 翻訳 )1994 年 One Sound Contemporary Music Review 8:2、3-4

__．1989 年 Contemporary Music in Japan。Perspectives of New Music vol.27:2、198-204

# 第6章　伝統を越えて——日本の音「さわり」と作曲家・武満徹
小野 光子　Mitsuko Ono

## １．武満と日本の音「サワリ」

　日本の多くの作曲家は、ある者は能に、またある者は民謡に題材を得るなど、自国の音楽と向き合ってきました。武満徹（1930-96）も伝統音楽と向き合ったひとりでした。そのなかで武満に特殊なことは、音色に関心を抱いたことです。

　武満には、確かに日本の楽器を用いた作品があります。けれども、武満が書いた200曲近いコンサートのための作品のなかで、日本の楽器のために作曲されたのは、わずか7曲だけです。(注1) むしろ武満が創作に力を注いだのは、西洋の楽器を用いた作品でした。武満は映画やテレビ、舞台のための音楽も書いていますが、ここではそうした脚本の内容に左右される音楽を除き、コンサートのために書かれた作品のみについて言及したいと思います。この小論では、私は武満が関心を抱いた日本の伝統的な音色について、そして伝統音楽と武満の音楽の違いは何か、そして武満がサワリをどう考えていたかを論じたいと思います。(注2)

## ２．サワリとは何か？

　武満が関心を抱いた音色とは何だったでしょうか。それは、サワリと呼ばれています。サワリは、繊細かつ複雑な音です。日本の伝統的な楽器のひとつである三味線は、3つの弦を撥で演奏します。演奏者に近いところで聴くと、1つの音を撥で弾いても、それは1音でなく、複数の音が同時に存在する響きであることに気付きます。私はラジオや劇場で三味線音楽を耳にしたことはありました。けれども、間近で聞いたとき、その音に気づいたのでした。さらに、三味線の音の倍音は、複雑です。なぜなら、3本の弦が同時に共鳴することによって、調弦されていない音のようにノイズに

近い音になるからです。

　この複雑な音は、日本ではサワリと言われています。サワリという言葉は「触る」という日本語からきています。英語に直すと touch でしょうか。サワリは、倍音と関係しているため、調弦するのに便利な仕組みとなっています。もし上手に調弦されていなければ、サワリの音を得ることができないからです。そのため、演奏家の間では「美しいサワリがとれれば、一人前だ」と言われます。このような音響装置は、三味線と同じ日本のリュートの一種である琵琶にも見ることができます。琵琶も三味線も、中国から来た楽器です。しかし中国の琵琶と三味線には触りがありません。日本の音楽学者である吉川英史は、「サワリを得たことで日本的完成をした」と考察しています。(注3)

　サワリは、日本音楽の用語として、大きく分けて、次のような3種類の意味で用いられています。
1) 琵琶と三味線にみられる、特殊な音響現象。
2) 義太夫節で、他の流派の旋律様式を取り入れた部分。そこから派生して、曲の聴き所。
3) 銅を主とし、錫、鉛（銀）を加えた黄白色の合金。胡銅器、響銅。
3-1) それで作った椀形の器。水差し、建水、花器とする。叩くとよい音を出すので、仏教では祈りの鐘として用いる。
3-2) それを用いた雅楽の楽器、笙のリード部分。

　いずれも、美的な意味をもつ言葉としてとらえられています。サワリについて、美的考察を加えた研究者に、日本音楽の研究家、吉川英史（1909-2006）がいます。吉川は、1933年、「一見些細と見えるサハリママの問題のごときに対して、筆者が憂き身をやつしている」(注4)と断りながら、サワリについて興味深い論考をしています。すなわち、聴覚芸術の中に、日本の俳諧や美術などでいう「さび」（寂び）という美的範疇が取り入れられた一例である、と。(注4)

3．寂び

「寂び」は、日本の詩形のひとつである俳句や芸術で使われる用語です。この発想は、時間の経過とともに変化し退化することに美を見出すことにあります。それと同時に、自己の意思を取り去り、自然と同一する感覚のことを言います。英語の例でいえば、緑青がそれに相当するでしょうか。

ところで、なぜ、吉川はサハリの論考を始める際に、「一見些細と見える…」と非常に謙虚にはじめたのでしょうか。それは、琵琶や三味線にサハリがついているのは、演奏家にとっては自明かつ慣用のことだからです。伝統音楽のなかで琵琶、三味線が用いられる場合、声楽が主です。楽器は伴奏であり、なおかつサワリは陰で音楽を支える音響として機能しているのです。そのため、伝統的な音楽には、純粋器楽曲はありませんでした。それが1960年代、日本の西洋音楽の領域で活躍する作曲家が盛んに日本の楽器の作曲を試みるようになり、また、その影響を受けて伝統音楽の演奏家であり作曲家が純粋器楽曲を作曲するようになりました。。諸井誠の尺八の作品《竹籟五章》(1964)、や武満徹の《蝕》(1966) が書かれました。1960年代に、西洋の領域の作曲家が日本の楽器のために作品を書いたのは、アメリカの作曲家、ジョン・ケージの不確定性の音楽という思想がもたらされたことと関連しています。西洋に眼を向けていた日本の作曲家が、ケージの提唱する不確定な要素と日本音楽に共通項があることに気付き、今までよりも真剣に自国の音楽に向き合うことになったのです。

4．伝統と武満

武満は、どのように伝統と向き合ったのでしょうか。武満の重要な作品として、琵琶と尺八、オーケストラのための《ノヴェンバー・ステップス》を見てみたいと思います。この作品は、ニューヨークフィルの委嘱を受けて作曲されました。《ノヴェンバー・ステップス》の作曲の一年前に、武満はエクリプスと呼ばれる琵琶と尺八のための作品を作曲していますが、こ

のような琵琶と尺八の組み合わせは、武満独自のアイディアで、伝統的音楽にはありません。

《ノヴェンバー・ステップス》で武満は、伝統楽器をオーケストラと交互に登場させました。私たちは、オーケストラの音に邪魔されることなく、琵琶と尺八の音を聴くことができます。琵琶と尺八も図形楽譜に書かれており、どちらも演奏法に細かい指示があります。しかし、リズムとテンポは記されていません。ひとつの音と次の音の時間は、演奏家に任せられています。

琵琶のパートをみてみると、伝統的な琵琶音楽には主であるはずの歌と語りが取り除かれています。その結果、サワリのついた琵琶の音は、たとえ一音であっても目立つようになります。そのほか琵琶の演奏法で特徴的なことは、たとえば、打楽器的な音を出すことです。「楽器をバチや手で叩くこと」あるいは「バチで軽く叩きながら弦を上にはじくこと」などです。

そのほかは、トレモロの指示によって微分音を出すようになっています。

尺八のパートを見てみましょう。ノイズに近いと音をだす指示があります。たとえば「声とともに演奏する」「勢いよく、極端に上下の音を吹く」「指でつよく指穴を叩く」「ムラ息という尺八の息を多く吹き込む奏法」などです。

琵琶と尺八という組み合わせは、伝統音楽にありません。このアンサンブルは、武満が、弦楽器と管楽器の双方から、サワリのような複雑な音を出したいためのものでした。

別の言葉でいうと、伝統音楽の使い方は、武満の目的を教えています。武満はオーケストラの楽器がもたない音を伝統音楽の楽器で示したかったのです。しかし、それは武満が伝統音楽に満足していたことを意味していません。武満は現行の伝統音楽を厳しく批判していました。彼の視点は根本的であり過激でもありました。武満は「伝統音楽は堕落している」と言ったのです。今日、琵琶は一般的でなく、その継承者も減りつつあります。また、琵琶のようにサワリのある三味線は歌舞伎の伴奏として用いられるか室内音楽として技巧が多くなっています。また三味線音楽はサワリは当

たり前のものとなってしまっているのです。尺八は人気がありますが、西洋風に雑音の少ないフルートのように演奏される傾向があります。

　フュー・デ・フェランティが指摘しているように、確かに武満は創作段階で琵琶と尺八のための音符を五線紙に記しました。(注5)しかしなぜ武満は、一般に広まるものである出版譜に、多くの人がすぐに理解することのできる五線の記譜ではなく、図形楽譜の方を掲載したのでしょうか。それは、サワリのある音が、西洋の伝統的な記譜法に記すことが不可能な音であり、演奏者には記譜された音を楽譜どおりに出すことよりも、音そのものを聴くことに重きを置いたからではないでしょうか。

## 5．伝統を越えて

　《ノヴェンバー・ステップス》のアメリカにおける世界初演は、センセーションを巻き起こしました。翌年、オランダとフランスで相次いで演奏され、ヨーロッパでも評判となりました。しかし《ノヴェンバー・ステップス》で得た高い評価にもかかわらず、武満はその後、伝統楽器のために作品を書くことよりも、西洋の楽器のための作品を創作することに力を注いでいきます。

　70年代、80年代、90年代の西洋の楽器を用いた作品を見て、次第に顕著になっていったことがあります。それは、50年代、60年代の作品より、積極的に余韻を生かそうとしている箇所が多く見られることです。使用頻度が増えた表現は、dying away（同じ意味で al niente）です。(注6)音を響かせるフェルマータと異なり、ディミヌエンドとともに用いられ、時間とともに音の減衰を意識的に聴くことを要求した表記です。私たちは音の減衰とともに身のまわりにある自然の音と一体化してゆく音の行く末を聴くことになります。ある音楽家は「どこで音を切ったらいいのかわからない」と言いました。それは西洋音楽の教育を受けたものには、もっともなことです。しかしこの表現は、曲の終わりだけではなく、作品のそこかしこに登場します。武満の作品に見られるそうした音の余韻は、作品のテンポ、

ひいては作品全体の仕上がりに影響する重要な要素です。音は湿度や会場の広さにのって変化します。演奏家は、演奏をするたびに、音を聴くことが必須となります。演奏した音を聴くことは当たり前のことですが、そうした繊細さは忘れられることもあるといえるのではないでしょうか。武満は、サワリのついた日本の楽器を用いなくなりましたが、武満の音楽には、サワリの美学が重要な要素として生きているといえましょう。すなわち、余韻を聞き、時間の経過とともに音の変化を聴くという美学です。

先に紹介したように、サワリは日本音楽では大きく分けて３つの意味があります。しかし武満はサワリの語源に近い意味まで遡って考えたようです。武満はエッセイで次のように語りました。「その語源は、本来、他のものにさわるということから来ているのであり、さわりの当初の意味の一つは、他の流派の優れて目覚しいものを自己の流儀にとりいれるということであった。（中略）さわりということばの有つ意味は、ほんとうは今日想像しえないほどに、むしろ激しく動的な姿勢ではなかったろうか。それは固定された美的観念ではなく、行いのなかに、つまり生活のなかに求められた態度ではなかったかと思う。」(注7)

武満がドビュッシーやメシアンの音楽からアイディアを継承し、ジャズを愛し、ケージの思想など様々な音楽に影響された作曲家であることを考えると、サワリの概念は武満のすべての創造に当てはまる思考だと思います。

武満は、他人と"触れあう（touch）"機会を大切にしていました。"触れあう（touch）"ではなく、別の言葉で言うべきでしょう。武満はコミュニケーションを考えていたのでしょう。武満は多くの映画監督、画家、詩人と交流しました。多くの音楽祭に参加したり、音楽監督として携わっただけでなく、出席者と交流しました。さらに、日本では音楽祭を企画、構成するほか、雑誌の監修者としても読者へ意見を発しました。

武満の作品に日本の伝統と関連する美学を見つけることはできます。しかしその美学は音そのものを批判的に考えて導かれたものであり、日本という概念から導かれたものではなりません。そこには、伝統で用いられる

言葉の意味を越えて、あるいは言葉の根源の意味に近い概念として武満徹という作曲家の生き方にも通じる独自の世界があるのです。

譜例 6-1　武満　"雨の呪文"- フルート ( 又はアルトフルート )、クラリネット、ハーウ、ピアノ、ヴァイブラホンの為の　"dying away" の例

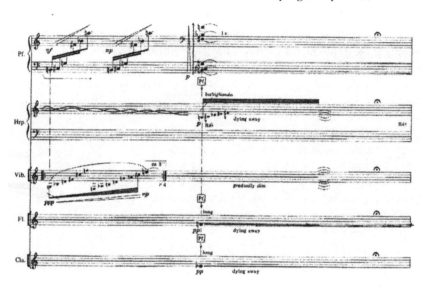

〈注　釈〉

(注 1) 琵琶と尺八のための《エクリプス》i(1966), 琵琶と尺八、オーケストラのための《ノヴェンバー・ステップス》(1967)、オーボエと笙のための《ディスタンス》(1972)、雅楽のための《秋庭歌一具》(1973/79)、琵琶と尺八、オーケストラのための《オータム》(1973) , 3面の琵琶のための《旅》(1973)、笙とオーケストラのための《セレモニアル》(1992)

(注 2) 実際の発表では、音源を豊富にかけることで音色を体感していただいた。三味線を調弦する音は、長唄の今藤政太郎先生の音を使わせていただいた。この場を借りて、御礼申しあげたい。

(注 3) 吉川英史「三絃の日本的完成」、東京：『日本諸学振興会研究報告』21 編、1943年所収

(注4) 吉川英史『東亜音楽論叢』東京：三一書房、1943年。サワリはサハリとも表記する。

(注5) Ferranti, Hugh de" Takemitsu's biwa"; in A Way a Lone, Akademia Music Ltd., Tokyo, 2002

(注6)《閉じた眼》(1979)「Let ring」／《閉じた眼II》(1988)「al niente」／《雨の呪文》(1982)「dying away, very spatially」／《リヴァラン》(1984)「dying away, let ring」／《巡り》(1989)：al niente《ヴィジョンズ》(1990)「al niente」／《エア》(1995)「al niente」など。

(注7)『草原の鏡、樹の鏡』東京：新潮社、1975年、104頁。

# 第 7 章　ピーター・バート：バスタブの音楽：西洋の批評を通して武満徹の音楽を読む Peter Burt

"日本の作曲家のなかで、おそらくもっとも有名でもっとも優秀な人物"——1981 年にジョン・ロックウェルがこう記したとき、誰のことか分からない読者は少なかっただろう（Rockwell 1981）。多くの西洋人にとって今も、武満徹は単なる"もっとも有名"な人物だけでなく、日本の作曲家といえば多かれ少なかれ、武満徹のことを意味している。ユン・イサンが韓国、タン・ドゥンが中国の象徴であるように。筆者は何年かにわたって武満を研究してきたが、どうしてこうした単一の受け取られ方が生じることになったのか、ということに興味を抱くようになった。音楽の質が自ずとその答えを物語ってはいるが、武満が飛びぬけて知られるようになった事には何か別の要因があるに違いないし、この事を調べることによって興味深い領域が浮かび上がってくるであろう。

　この研究にたずさわる事になったのはまったくの偶然で、私にとって幸運なできごとだった。何年か前に東京の出版社である小学館が『武満徹全集』という CD 付き書籍を刊行する際に、編集者から"西洋"世界から見た武満についての批評を探すよう頼まれたのだ(注1)。武満の楽譜を扱う日本ショット株式会社が何年にもわたって集めた新聞・雑誌批評を、厚意により参考にすることができたので、これから言及する記事のほとんどはそれに基づいている。もちろん、一次資料には限界がある。ここには出版社が集めた資料だけという自然の選択があり、初期のものについては明らかに洩れているものがある。記事の質もロックウェルのような博識な専門家から、手元のプレス・リリースを頼りに書いたであろう専門でないジャーナリスト（こうした人は、作曲家の名前の綴りを正確に書くことさえ一苦労している(注2)）による記事まで、差が激しくある。たしかにこうした資料に注意して接する必要がある一方で、数年来にわたって西洋で武満がどのように受容されたかについて、多くの面を明らかにできると筆者は信じている。この小論ではそれらの中で私が最も大切だと思う事の要約を述べ

こととする。

　最初に判る事は、年を経るにつれて、様々な国が武満を取り上げるようになる事である。充分明確に判る最初の点は、年を経るにつれて、アーカイヴの資料が来る所の出版の源が、徐々に増えていくという事である。この事はもちろん、単に武満の資料を持っているこの出版社が能率的に収集するようになったのかもしれないが、とりわけ年号を追ってみていくと「武満のクレッシェンド」とある批評家が述べた事は（Winters, 1969）、年代順だけでなく地理的にも、武満という星が"西洋"のあらゆる国々にむらなく同じようなペースで昇ったわけでは無いと考えるのが妥当だろう。簡略化して考えてしまう事の危険性はあるが、武満の音楽が受容されるその＜名声の＞広がりを、10年ごとに段々地球上に広がる同心円の連続として想像する事は可能だ。

　例えば1950年代と1960年代は、西洋は武満の存在を"新世界"のものと限定して気づいたようだ。ショット社にある最初期の資料は、アメリカだが（著者不明、1959）、これはこの国が武満を盛んに取り上げる事になるまだ数年前のことだ。1960年代にカナダが、1969年にはオーストラリア「ムジカ・ヴィーヴァ」の「キャンベラ・スプリング・フェスティヴァル」に武満はコンポーザー・イン・レジデンスになっている。ヨーロッパの批評には、1970年代になるまで現われない。ヨーロッパで先頭を切ったのはフランスのようだ。武満は1963年と1965年にパリで行なわれた国際現代作曲家会議に作品を提出しているが、フランスの報道機関に注目されるようになったのは、1971年にパリ国際音楽週間（SMIP）「現代音楽の日々」音楽祭でフランスに滞在したときである。ヨーロッパの他の国では、1973年に開かれた「ロンドン・ミュージック・ダイジェスト」というモノグラフによる夕べというべき武満だけを特集した先駆的コンサートが開かれたが、これは一時的なものであって、イギリスは80年代までは"武満のいない土地"のままだった。武満がこの地で永久的な基盤を築いたのは1984年にレジデント・コンポーザーとなるオールドバラ・フェスティヴァルからである。

　そして1980年代、90年代というのは、武満は地球の4大陸すべてから

報道されているように見える。すなわち、西欧の残りの国というだけでなく、オーストリア＝ドイツを象徴する中心地域、西欧の東のブロックであるポーランド、チェコスロヴァキア、ハンガリー、そしてロシアや南アメリカでさえもである。

　武満の音楽がこれほど激増した事について、次なる考察をしたい。すなわち、熱狂的に武満を支持する人物——それを「武満大使」と名付けよう——が武満のためにそれぞれの国で「旗を立てた」事と関係するのではないか、ということである。(注3) たとえば、これは意外な事ではないが、最初に批評を取り上げたのは、アメリカである。ストラヴィンスキーが1959年に「偶然にも」武満の《弦楽のためのレクイエム》を聴いたということで武満の器楽作品が広まることになったのだが、ストラヴィンスキーを通してアーロン・コープランドも影響を受けていった。正確に言えないが、トロントの報道に武満の名が現れるのは1960年代半ばで、これは武満の仲間である小澤征爾がトロント交響楽団の指揮者になった後の事である。

　実際、小澤はこの「大使」的な役割を度々果たした人物なだけでなく、武満作品の演奏においても真心を込めて尽くした演奏家であった。実際小澤は、沢山の演奏で武満作品への愛情と武満個人への深い忠誠心とを一緒にする事によって、「大使」的な役割を度々果たした。ある批評家は武満の追悼演奏会の記事に「武満の音楽を演奏する音楽家は明確に、義務よりも愛情の為にしている」と記した（コジン、1997）。こうした個人的な友人には、次の様な著名演奏家がいる。ピアニストのピーター・サーキンとそのアンサンブル・タッシ。チェリストのフロリアン・キット。彼は《オリオン》を献呈されている人物で、1984年にウィーンで初めてのオール・タケミツ・プログラムを企画しコンサートを開いている。サー・サイモン・ラトルは、最初アメリカで熱心に武満作品に取り組んだあと（たとえば《リヴァラン》のニューヨーク初演）、イギリスへ行った。それから、ロンドン・シンフォニエッタの音楽監督であったマイケル・ヴァイナー。彼は1982年に《雨ぞ降る》を委嘱している。オリヴァー・ナッセンは《雨ぞ降る》の初演で指揮を務めたほか、1998年にロンドンで開かれた「スピリット・ガーデン・フェ

スティヴァル」の「発起人であり実行」人物であった。武満が《ユーカリプス》《声（ヴォイス）》《エア》を献呈したフルート奏者のオーレル・ニコレ。ピアニストのロジャー・ウッドワードと作曲家のバリー・コニングハムはオーストラリアの大使である。そしてアメリカの批評家であるヒューエル・タークイは一貫して惜しみなく武満の音楽に賛辞を送り続けた。

　こうした力強い個人に加え、出版社が果たした役割を過小評価してはならない。初期に武満は日本の音楽之友社から楽譜を出していたが、その後西洋の一流出版社が次々とプロモーションを展開したのである。興味深いことに、武満の作品がグローバルに広まった国は、先にあげた武満を評価した人物のいるところでもある。1960 年代にニューヨーク（ピータース社）、そして 1970 年代に（ウィーンの UE をわずかに経たあと）パリへと移り（サラベール社）、そして 1980 年代にロンドンにオフィスのある出版社（ショット社）が武満作品を扱った。そして最後に、この「武満大使」リストは武満自身を加えなければ完全にならないであろう。武満は頻繁に日本を出て演奏会に出席したりレジデンスを受け入れたりした。こうして武満は他の日本人の作曲家よりも西洋に「物理的に存在」した。それにより疑いなく（以下に示すが）、西洋は武満の容姿と振る舞いを衝撃的で素晴らしい striking と観じ、限り無く魅了された。

　然しながら、おそらくこれらのアーカイヴの資料から顕れる一番明確な事は、繰り返し現れるテーマに支配される西洋の武満の受取り方のサンプルであり、それらは確かに西洋における武満の受け取り方パーセプションを形作る役割を果たしたのである。その初期のものは、すでにこの小論の最初に取り上げた、武満が日本の作曲界の傑出した人物である、という事である。ロックウェルのこの評価には（ロックウェルがそこからは幾分離れた見解をもっていたとしても）、長い歴史がある。早い記事では 1959 年に武満はアメリカに「前衛音楽の第一人者」（執筆者不明、1959）として紹介されている。こうした武満を第一人者とする主張は、西洋の批評には 1996 年に「日本の主要な作曲家」と死亡記事で取り上げられたそれ以後も（リッター、1996）、大多数がそうある。これらの記事では具体的な単語さ

えしばしば驚くほど類似している。例えば、1971年に武満がパリの「現代音楽の日々」に参加したとき、武満は「日本の若手作曲家のリーダー」（カデュー、1971）として歓迎され、このマルティン・カデューの言い回しは、「モンド」紙の追悼記事（1996）でフスナケが「日本の現代音楽のリーダー」と記したところまでフランスの評論に見る事ができる。初期の頃からこんな風に「日本のNo.1」として紹介され続けた事は、武満に害を及ぼすどころでは無かった。それどころか続けて起るこの様な決定的な評判は、この種の"ミーム（生物の遺伝子の様に再現・模倣を繰り返す）"複製によって、それらの評判が実際に実現する予言となるのを、保証するのを確かに助けた。

　第2の武満の西洋での評判は1959年に引用した記事にまさに仄めかされている。「前衛作曲家の第一人者」である。のちに評論家は武満の音楽を「現代音楽を好まない人のための音楽」（ヒューグ、1977）、「暴力的でないモダニズム」、「静かで美しく、理解しやすい」（ミュレイ、1998）といった表現で紹介したように、評論家は武満の音楽がよい前衛であることを発見していた。書き手は読者に、武満の映画音楽を入門曲として述べる事で親しみ易さを強調した。映画『砂の女』を好むのならば、あなたはこの曲を好きになるであろうというのである。もちろんそこには、それほどよい前衛でないさまざまな代表者が避けようもなく、不快な仲間として存在している。たとえばジーン・コット（1971）は武満が参加した「現代音楽の日々」でほかの作曲家（ストラヴィンスキー、エロワ、そしてカールハインツ・シュトックハウゼン）と比較して武満には「健全さ」があると記した。

　この「前衛」というラベルは、武満が1970年代後期に大きく様式を変え粘着質を少し落とした時期でさえも使われ、武満をひどく困らせたものである。《カトレーン》（1977）の初演後、アレン・ヒューズは「前衛の仲間達からその地位を剥奪されるだろうか？」と疑問を呈し、「そうでないならば1970年代中期の前衛音楽の概念を変えなければならない」と記した。然しながら、1970年中期以降は、subsequent events「前衛」という用語それ自体を止めた方が良さそうであるが、武満が「前衛」でないのならば、

彼は何であったのか？ 1971年に作曲家自身が応えている「私はロマンティックです」と（カデュ、1971）。しかし「ロマンティック」は現代音楽界では様式を表す範疇には受け容れられ無い言葉であり、批評家は自分たちの評価基準によって看過してきたものである。例えば、ドイツで追悼記事を書いた記者は、武満の「後期の作風」を「日本の音による新しい単純性、新しいシンプルさ」と要約した（コッホ、1996）(注4)。

しかし西洋で武満について書かれた常套句のなかでもっとも感染力の強かったのは、いくつかヴァリエーションはあるが、武満の音楽には「東と西の出会い」があるというものである（カールンス、1984）。「西と東はけっして出会うことがない」(注5)というキップリングの有名な格言に間接的（ここでも）にせよ、明確に書かれているにせよ、触れられる事が多い。初期において《ノヴェンバー・ステップス》が成功した事は、後々まで武満が「西と東との融合」に関心があるとする神話に、ほぼ確実に極めて重要な役割を果たしたが、この関連で「リベラシオン」紙（ルブル、1990）で武満はこの考えは「（まことに？）大いなる誤解」と一蹴している。さらにこのインタビューでは武満は「ヨーロッパ的日本人」と書かれ、フランスの新聞ではそれと似ているが「日本のドビュッシー」（デュスリン、1990）あるいは「日本のピエール・ブーレーズ」（記者名不明、1996）とさえする記事もあったが、こうした記事は、西と東という地図の上に武満の範囲を1つの極に限定して言い表したものである。意外な事ではないが、それとは正反対の見解もある。それは日本であるが、武満は「作曲家の中で最も日本的」（ウィルキンス、1968）とした「ヨミウリ」英字新聞、そしてドイツ語圏では武満をとりわけ日本的であるとする傾向がある。これまで見てきた様に、しばしば武満の音楽とヨーロッパの交響楽の伝統の間には、明白に正反対の点に光が当てられている。(注6)

先に述べた様に、武満はかなり多くのジャーナリストにとってインタビューしたいと思う魅力的な存在を代表していた事は確かであり、彼の体格 Physical appearance と性格的な特徴 presence が度々引用 reference された。「体格的には繊細だが、人格的には巨人」（プレラウアー、1969）、「身

長 150 センチのザ・作曲家」(ハーティレンディ、1977)、「優雅で、小柄な人」(ハーティレンディ、1977)、「紙のように薄い」(オウレアウアー、1969、モリソン 1991)。人物はしかし、「独特の落ち着きと平静さを持つ人」(デットマー、1969)、「荒波に動じない珊瑚」(タークィ、1968) であった。そして日本という環境に位置するという傾向がある「物静かな人」「大変詩的」で「シャイな人」。(ハーティレンディ、1977) は、「少ない言葉で多くを語る」と言わしめ、「静かで控えめで、繊細な物腰」(ロックウェル、1981)で「西洋人にとって日本という概念の縮図」であった。多くの西洋の人にとってはもちろん、そのような性格をもつ典型的な人物は、仏教の僧侶(彼らの好みでは禅)であり、武満について書いた人は実際幾度となく武満を僧侶と比べた。この点で特に馬鹿げたものでくだらないのが、武満が禅の庭のようなところにしゃがんでいる写真を載せた 1990 年の「フィガロ」紙である。ここには忘れられない見出しがついている「唱道師 (le gourou)、武満徹」、と。

しかし、もちろんすべての記事が武満に好意的なわけではない。次に、武満の音楽に否定的な記事を紹介しよう。「形式も発展もほとんどほぼ almost 全く無い」「西洋の耳には問題だ」(ケニヨン、1984)、といったものは、終結へと向かう動きが欠けていることを指摘している。ドイツの記事で《リヴァラン》は、「水がよどんだ川」(デュムリング、1985)、又「バスタブの中の川」(ガイテル、1985) とまで書いた。武満の音楽には何か商業的なものがあるとした批判もある。「独自の権利をもったブランド」「(武満という) 独占商標」(ドライヴァー、1994)、「仕立て屋で勝手に服をあれこれ試すダンディ (型を無視する又は表面的にのみ色々試す事の暗喩)」と流行を追うものとして批判的にとらえた記事 (ヘナハン、1981)、甘い感傷だとして「和音とテクスチュアのあまりにも美しいヴォイシング」と記したものがある (ドライヴァー、1998)。アルプスの向う側の批評家は特に、あまり意外な事では無いが、武満の音楽を彼らの好みとしては「深みが無く、あまりに綺麗過ぎ、あまりに意味が無い」とした (ウェッバー、1993)。そ

のような文脈において、映画音楽との対比は批判的な意味を含んでいる。(武満が映画音楽を作曲している事から)「ハリウッドのすごい音楽の瞬間」(ガイテル、1985)と皮肉を込めて記した記者もいる。

　武満は、「20世紀のオーケストラ曲という偉大な庭を散策しながら、メシアンの和声という花、ドビュッシーという蔓を採ってきた様なものである」(ドライヴァー、1998)と攻撃的に記されてもいる。ほかの批評家は、作品の違いや区別をあげられずに困り、武満は「あまりに同じ庭を何度も耕してきて、その境界は決して拡げなかった」(クレメンツ、1998)と記した。一方で、ここでも殊にドイツとオーストリアの批評家は、「非ヨーロッパ」という特質は武満を「西洋音楽の訓練を受けた聴衆にはすぐには理解できない」(ブラウアー、1977)としている。

　筆者がこうした否定的な批評のすべてを証左するのは愚かであろうが、少なくともその多くは武満の音楽を受容した我々が故意でなく強めたものであったと示唆し結論付けたい。武満の音楽に無いものを指摘するその様な批評は、逆に、実際に何があるのかをうかつにも知らせている。ドイツの《リヴァラン》の評はすでに紹介したが、それを見てみよう(デュムリング、1985)。

　「私は、ゴールやクライマックスに向かうプロセスを期待するのがヨーロッパの聴衆の一般的態度なのは認める。(中略)曲は単に終わるべきでは無く、(文章等の)論理での結論の様に、結果を表現すべきである」。

　筆者は次の文章を思わず思い出した(アドルノ、1978、171-2)。

　「ドイツ・オーストリアの音楽によって教育を受けたものは誰でも、ドビュッシーの音楽に期待し、失望した経験があるだろう。曲が流れている間、悪気のない耳であれば、『来たるもの』にじっと耳を澄ませる。しかしドビュッシーの音楽ではすべてが音楽的満足を得るはずの『後節(abgesung)』に向かうまでの前奏曲のようで、しかし結局はそれが現れない。ドビュッシーを正しく聴くためには、耳の再教育を受けなければならない。音が堆積し解放してゆく過程を経るのでは無く、絵画におけるように、色彩と面を並置させる教育である。ただ連続して起こることに何が同時にあるのか

を重要なこととしてたださらしておく、すなわちキャンヴァスを前に迷う目を迷わせておく事である。」

「ドビュッシー」を「武満」に、「絵画における色彩と面」を「庭における色彩と形式」、「キャンヴァスを前に迷う目」を「庭を回遊する」と言い換えると、要点が見えて来ると思う。もう少し啓蒙された理解のあるドイツ語圏の人が書いた記事を紹介したい。「武満の音楽は、西洋の耳が慣れていない聴き方を要求する。武満の作品は、緊張と緩和によるドラマツルギーを追求するものではない」(クルツ、1984)。従ってデュムリングのような批評家が武満の音楽に問題があるとしている事は、見方を変えると、実際は武満の偉大な長所のひとつを制定している --- それは偉大な中央ヨーロッパの(音楽)形式に比べ、新鮮な代わりのアプローチであるのだ。武満についての個々の批判に反論しようとは思わないが、批評家が「弱点」と見定めた他の沢山の特徴についてもほとんど同じことが言える。「弱点」とする事で、これらの書き手ははからずも最も価値のある仕事をしている。彼らの誤解は、この大いに誤解された作曲家の、我々独自の理解を明瞭にしているという事である。

図 7-1 「唱道師（le gourou）、武満徹」© Jacques Doucelin/ Le Figaro, 1990

〈参考文献〉

Adorno, Theodor W.　1978. Philosophie der neuen Musik. Frankfurt: Suhrkamp.
Anon.　1959. Programme notes for Le Son-calligraphie No.2. Chicago Pro Musica 10/20/1959.
----.('F.V.').　1996. L'esthétique de la dualité. Liberté dimanche. 10/6/1996.
Blomster, Wes.　1984. CMF concert embraces a century of development. Daily Camera. 7/2/84.

Brembeck, Richard J. 1996. Träume, Wellen, Winter, Nichts. Süddeutsche Zeitung. 2/23/96.

Breuer, Robert. 1977. Neues bei den New Yorker Philharmonikern. Österreichische Musikzeitschrift 32/5-6 (May-June 1977). 277-8.

Buell, Richard. 1984. An enclave of peace and quiet at Symphony. Boston Globe. 11/23/84.

Cadieu, Martine. 1971. Journées internationals de musique contemporaine: Toru Takemitsu. Les Lettres françaises. 11/10/71.

Cairns, David. 1984. East meets West in Takemitsu. Sunday Times. 6/24/84.

Chatelin, Ray. 1992. Takemitsu mixes East and West. The Province. 4/23/92.

Chism, Olin. 1988. Beauty and the East meet in Japanese composer's music. Dallas Times Herald. 4/27/88.

Clements, Andrew. 1998. Cultivating the musical garden. Guardian. 10/30/98.

Commanday, Robert. 1967. Japan, western music marriage. San Francisco Chronicle. 11/13/67.

Cotte, Jean. 1971. Enfin Takemitsu vint aux Journées de Musique Contemporaine. France-Soir. 10/29/71.

Dettmer, Roger. 1969. Takemitsu—a master. Chicago's American. 1/26/69.

Doucelin, Jacques. 1990. Toru Takemitsu, le gourou. Le Figaro 7/13/90.

Drillon, Jacques. 1990. Toru Takemtsu, entre l(Orient et l'Oriccident. Nouvel Observateur. 7/5/90.

Diver, Paul. 1994. Contemporary composers: Toru Takemtsu. Sunday Times. 7/10/94.

——. 1998. Empty Spirits. Sunday Times. 10/25/1998.

Dümling, Albrecht. 1985. Ein Fluß als stehendes Gewässer. Der Taggesspiegel. 12/20/85.

Falck, Jørgen. 1986. Naturens toner. Politiken. 5/16/86.

Fousnaquer, Jacques-Emmanuel. 1996. Le chef de file de la musique contemporaine japonaise. Le Monde. 2/22/96.

Gardner, WilliamO. 1989. An East-West music mix. Columbia Daily Spectator. 11/9/89.

Geitel Klaus. 1985. Fluß in der Badewanne. Die Welt. 12/20/85.

Henehan, Donald. 1981. Strings: Tokyo Quartet. New York Times. 2/24/81.

Hertelend, Paul. 1977. A man in harmony with nature. Oakland Tribune. 12/2/77.

Hughes, Allen. 1977. Concert: Takemitsu, Tashi and Ozawa. New York Times. 3/25/77.

Kenyon, Nicholas.　1984. Aldeburgh Festival. The Times. 6/20/84.

Koch, Gerhard R.　1996. Zauber sanften Klangs. Frankfurter Allgemeine Zeitung. 2/22/96.

Kozinn, Allan.　1997. Tribute to Takemitsu evokes a private world. New York Times 2/11/97.

Kurz, Ernst.　1984. Toru Takemitsu. Falter. 8/84.

Leblé, Christian.　1990. Takemitsu, Euronippon. Libération. 7/21-2/90.

Littler, William.　1996. Japanese composer Toru Takemitsu, 65 won Gould prize. Toronto Star. 2/21/96.

McLennan, Douglas. N.d. A mixed musical marriage. Seattle Weekly. n.d.

Morrison, Richard.　1991. Doing what comes naturally. The Times. 10/10/91.

Oakes, Meredith.　1969 Daily Telegraph (Australia). 10/8/69.

Murray, David.　1998. Takemitsu festival closes with honours. Financial Times. 11/3/98.

Prerauer, Maria.　1969. Banquet of fine music. The Sun (Canberra). 10/9/69.

Rockwell, John.　1981. 2 worlds of Takemitsu, Japan's leading composer. New York Times. 2/13/81.

Shafer, Milton.　1978. New York. Music Journal. December 1978.

Stadlen, Peter.　1984. East meets West at Aldeburgh. Daily Telegraph. 6/20/84.

Tircuit, Heuwell.　1968. A reef unmoved by turbulence. San Francisco Examiner and Chronicle. 8/12/68.

Tošic, Ljubiša.　1996. Toru Takemitsu 1930-1996. Der Standard. 2/23/96.

Weber, Derek.　1993. Die Leichtigkeit des Seins durch Töne. Salzburger Nachrichten. 11/6/93.

Wilkes, Edmund C.　1968. Orchestral space. The Yomiuri. 6/13/68.

Winters, Kenneth.　1969. Takemitsu's crescendo. The Telegram (Toronto). 1/15/69.

Zimmerlin, Alfred.　1996. Vermittler zwischen Ost und West. Neue Zürcher Zeitung (Internationale Ausgabe). 2/23/96.

〈注　釈〉

(注1)『武満徹全集』CD58枚と5冊の書籍からなる（東京：小学館2002年 - 2004年）

(注2) 'Mr. Takamatsu' (Schafer 1978)、あるいはさらに武満にはそぐわないウシを意味する'Toro Takemitsu' (Buell 1984; Falck 1986)、がある。ヴェス・ブロムスターの記

事では、日本のエレクトロニクス株式会社と合わせたような名前 'Takemitsui' (Blomster 1984) さえある。しかし、こうした間違いは、彼ら自身のものというよりタイプした人か校正者に責任があると断るべきだろう。

(注3)「世界の眼に映った武満」という連載は『武満徹全集』のために書かれた。脚注2にあるような記事に関する資料も掲載した。

(注4) Koch, 1996. 興味深いことに、ウィーンの「スタンダード」紙も武満の追悼記事で「日本の方角を向いた"新しい単純性"」と武満後期の作品について記している (Tošic 1996)

(注5) ラドヤード・キップリング『東と西のバラード』。以下の記事を参照のこと。Commanday 1967; Stadlen 1984; Chism1988; Gardner 1989; Drillon 1990: McLennan n.d.; Chatelin 1992; Zimmerlin 1996。

(注6) ドイツ語圏の追悼記事には次のようなものがある。Zimmerlin 1996; Brembeck 1996; Koch 1996.

# 第 3 部
# 日本と西洋の楽器：洋の東西を超えた楽器の使用法（テクニック）

現在日本の社会では大変数多くの、作曲技法によっては洋の東西を超えた文化統合を示すものも含み、様々な種類の音楽イベントが行われている。(伊藤 2007 年)（注1）今や文化的に急速に変化している環境と日本人は（特に東京に於いて）、多種類の音楽や文化交流の繁殖と変遷の過程を示している。

　宇野エヴェレット・やよい Yayoi Uno Everett は、ほぼ 1945 年〜 1998 年に亘る、東アジアと西洋間の東西を超えた文化的芸術音楽を分類した。分類した種類・範疇は 1）移植 Transference、2）同一化 Syncretism、3）融合 Synthesis である。1）の移植 Transference は、音楽や哲学等の文化的資源が"西洋音楽の内容から借用か適応する様に移植された"音楽、と説明される。2）の同一化 Syncretism は、邦楽や邦楽器での特別な音色や音階の種類が、西洋の音色や音階に適合されるか、又は室内楽でアジアの楽器と西洋楽器が一緒に並列して用いられている事、と定義している。3）融合 Synthesis は、文化的語法が東西の区別の付かない程の新しい実体に変形することである。上記三つの範疇の内、特に 2）と 3）がこの部で論じている音楽に良く当てはまる様に思われる。

　この第三部では、邦楽や西洋音楽で通常使われる楽器 - ピアノ、フルート、弦楽器、声楽等の現代邦人作曲家の進歩的な使用法について論じている。これらの使用法は文化的また音楽的に、異文化融合に対しての様々な取り組みを示している。又、これらの楽器に於ける作曲家と演奏家の直接のコラボレーションや調査等の発見結果も書かれている。

　20 世紀と 21 世紀初頭の西洋芸術音楽に於いて、音色とテクスチャー（ここでは多種の楽器を合わせた音色の意）の重要性が大きく増した事は明白である。作曲家と演奏家は伝統的な西洋楽器のほぼすべての組み合わせを試した上に、非西洋の楽器を使用したり又真似をして（それは国際的な折衷音楽の方向へと推移する動きだが）特に打楽器に於いて新しい音響楽器を発明した。又、コンピューターと自然音を録音し変化させたテープ音楽を融合した楽器も創造した。そして"エクステンディッド（拡張された）テクニック"を通し、楽器の伝統的な音源をも拡張した。然しながらこれ

ら沢山の新しい音色は、数百年に亘り、日本の邦楽と美学の一部である事を記しておこう。何故なら邦楽の美学は、楽器の音色は自然界の音の様であり又自然の一部であるべきだから。邦楽の伝統では、自然の雑音の要素に加え、ピッチと音色のニュアンスと変化が重要な音楽的意味を持つ。楽器習得は、細かいニュアンスを学ぶのに限界が有るので譜面からでなく、耳から師の真似を通じて学ぶ。西洋楽器のエクステンディッド・テクニックに対する多くの日本人作曲家が示す興味と繊細さは、しばしば邦楽器の世界に見られる自然音への興味と平行している。

　19世紀半ばから現在まで、西洋楽器のデザインにおける改良は（特にオーケストラ等の演奏に見られる通常の演奏法の様に）全音域を通してピッチと音色が安定する様に発達した。ほとんどの演奏家は、過去の時代からの音楽演奏に要する音色とテクニックを磨く事に満足していた。然しながら作曲家達は、声を含む西洋楽器の新しい音を探求していくうちに、革新的な演奏家は、様々な音域で違った音色を出せるのみならず、各音域内でも顕著な音色のコントラストを出せる事を発見した。数多い例の一つとしては、演奏家の吹き方に依ってはヴィブラートの幅や形も大きく多彩で、ポルタメントも多彩に形造ることが出来る。結果として、今やこれらの演奏家は、以前はオーソドックスでなく通常のクラシック音楽の時代からは一般的に許されないと思われていた音を、わざと創造する様に求められる様になった。"空気の割合が多いカスカスな音"や"不安定なピッチ"、半音より小さい音程（微分音程）や二音以上同時に鳴らす（重音奏法）、等々。レジナルド・スミス・ブリンドル Reginald Smith Brindle (1975、156) は、目を見張る結果を適切に語っている。

　"演奏家は、音色や吹き出し、ヴィブラートの多彩な速さや幅等の素晴らしい方法で音を'彫刻'でき、それにより彼らの楽器は今や、以前は夢にも見なかった豊かで多彩な表現を持つ。"

　1960年代初頭は、これらのエクステンディッド・テクニックによる実験がされた年代であるが、混合の結果が出た。通常のテクニックや楽器を壊してしまうのではないか、という演奏家の恐れや、発音の不安定性が（他

のケースではこれは望まれた結果を生んだのだが）これらのテクニックをもっと発展するのを妨げた。声楽家のカレン・ジェンセン Karen Jensen は声楽家の一般的な反応をこう書いている（1979、13）

　"声楽家にとって、今まで良く解っていた楽器本体がよく解らなくなり、又、安定した声が出せなくなる --- まるで自分の家の中なのに、夜真っ暗で訳の判らない中を歩くような有様だ。なんと危険で恐ろしい可能性！"

　ヨーロッパとアメリカの演奏家に依って書かれたエクステンディッド・テクニックについての文献が 1960 年代後半から現れ始めた。あるものは新しい音をどの様に出すか説明を試みた（バルトロッツィ Bartolozzi 1969；レイフェルト Rehfeldt 1977）。（注2）これらは殆どが、経験から得た演奏法を引用した効果等を集めたものだった。けれども、システマティックに新音響を発見し整理する為に、伝統的テクニックの基本理論と統合された（木管）楽器特有の、音響的基本に基づく研究は、1980 年代までされなかった：その楽器特有の音響デザインに基づく、固有の音響源を拡大する為のものは ( リチャーズ Richards 1984；　ヴィール Veale 1995)。これらの研究結果は徐々に、インターネットの増加のお蔭で日本在住の作曲家にも手に入る様になった。武満は彼のソロフルートの為の " 声 "（1971 年）の作曲中にバルトロッツィの本を参照したし、他の作曲家達も、この著や他著で紹介されているカタログや入手可能な演奏家とのコラボレーション等を参照した。

　エクステンディッド・テクニックがもっと広く行き渡るにつれて、最近の 20 年で整理・融合が成されてきた。数多くの作曲家が、これらの音響をただ新奇な効果としてやステロタイプで用いるよりも、彼ら独自の音楽言語に融合するのに成功してきている。

　それと共に過去 20 年の間に、邦楽に関するシステムや考え、音響や学術的な情報が、ヨーロッパやアメリカの演奏家・作曲家にもずっと一般的に可能になってきた。インターネットや、録音 / 研究出版 / 翻訳という伝統的な方法で拡がる豊かな情報は、以前は日本人のみか、大学の音楽学者に個人的に聞くか、芸術家で日本に移民した者からか、交換留学生や旅行者か

日本在の芸術家など、少ない手段に依ってしか手に入らなかった。加えて幾人かの西洋音楽家で日本にある程度の長さで住み研究した者も、彼らの直接の経験を通し、日本で演奏されているが詳しく書かれていない(邦楽の)研究分析結果を出した（ブレイズデル Blasdel 1988、リーガン Regan 2006）。なぜなら邦楽は師を真似て耳から覚えるべき音楽で、分析や議論や書物に依るべきでない、という考えから来ているので、それまで邦楽は研究分析されなかった。

　それに加え過去30年で、現代音楽を演奏する為に家元システムから離れる邦楽家も増加している。これはかえって、国立劇場や他劇場の委嘱プロジェクト(古楽器再編成)に補助される、邦楽と西洋楽器の混合アンサンブルを振興させることとなった。最後に、ロック・ポピュラー音楽・民族音楽等とミックスする邦楽の新しい波によって、日本人の若い世代がもっと邦楽器を勉強するようになっているのは、異文化混合アンサンブルの未来にとって、顕著な出来事である。2002年に文部省が、公立中学校で邦楽器教育を義務付けたのも、それを後押ししている。(Everett 2006, 141) 邦楽器を使用し作曲をする作曲家が今特別に面している問題・チャレンジは、邦楽器でよく描かれるステロタイプの書き方---これは長い歴史の中で発達した邦楽器の限界と関係しているのだが---をどうやって超えるか、ということである。

=声=

　第二次世界大戦後の西洋芸術音楽の声の部門で、新しい表現の可能性を発展させたパイオニアに、作曲家ルチアーノ・ベリオ Luciano Berio と卓越した声楽家のキャシー・バーベリアン Cathy Berberian がいる。彼らは1950年代初頭にミラノの電子音楽スタジオでの声の即興作品を通じ、探求するのには音色が最も発展性があり興奮する部分である事を発見した（ハルフヤード Halfyard 2004）。声のエクステンディッド・テクニック／声音（こわね）は、後にトレバー・ウイシャート Treveor Wishart により (1980) 吐き出す音と吸い込む音に分類された。発声する声（しゃべり声）と発声しない声（ささやき声）、それから肺からの声（発声中息継

ぎをしない）と肺からでない音（普通に呼吸中に発する舌打ち音）、そして Pseudo Unlunged 声（普通に呼吸しない：発生源は喉頭、舌、唇、口笛等）。後にサンディエゴの声楽アンサンブル他が、声の分類カタログに追加の情報を加えた（ヒギンボーサム Higginbotham 1994）-Monophonics（倍音を強めた発声、WhistleStop, Ululation, Fry《乾いた、舌打ち様の呼吸》、Shake、舌打ちで発声 Flutters、声を出しながらの口笛）、そして 2 音以上同時に発声する重音声（声明、無理に息を吐いて喉から出す声 Forced Blown exhaling、無理に息を吸って喉から出す声 Force blown ingressive、Glottal over pressure、ハチのブンブン音様 Buzz、ひっかき声 Squeaks）等々。（訳者注：Youtube 等で検索可能なもの有）。

　上記のグループの中から、エドウィン・ハーキンス Edwin Harkins とフィリップ・ラーソン Philip Larson の二人の音楽家が、後に実験的な音楽・劇デュオ「ザ THE」を結成した。湯浅譲二はこの「ザ」の為に《天気予報所見》を作曲し（1983）この部の初めの章でコリン・ホルター Colin Holter が「湯浅譲二の《天気予報所見》におけるテレビ的現象との構造的一致」を論じている。この曲はベルカント唱法外の発声法を主に使用している曲である。ホルター は彼の論文で、湯浅の（テレビという）ポピュラーなメディアの見方と、能の時間性の概念（これは能の'あしらい'と'みはからい'の様に、二人の演奏家間の様々なコーディネーションに現れている）という内容を通じ、この曲で使われた多彩な"声"のパレットと演劇的ジェスチャーについて論じている。

　日本の郡山出身の湯浅譲二は、主に独学の作曲家である。子供時代に音楽に興味を持った。東京で慶應義塾大学医学部の学生の時に、作曲家の武満徹、音楽評論の秋山邦晴や他と出会い、後 1952 年に彼らと実験的芸術グループの"実験工房"を設立し、音楽一筋に生きる事となった。それ以来、オーケストラ、声楽、室内楽、劇場音楽、インターメディア、電気や電子音楽等々、幅広いジャンルの作曲に携わっている。クーセヴィツキー基金、ザーランドラジオ交響楽団、ヘルシンキ交響楽団、日本交響楽振興財団、NHK 交響楽団、カナダ評議会、サントリー音楽財団、IRCAM、アメリカ

芸術基金他から、数多くの委嘱を受けている。1981年から1994年の間、湯浅はアメリカのカリフォルニア大学サンディエゴ校（UCSD）で音楽教育と研究に熱心に従事した(現在は同大学の名誉教授)。同時に1981年より東京音楽大学の客員教授と、1993年より日本大学大学院教授も兼任している。

　ステイシー・フレイザー Stacey Fraser は、若い作曲家でアメリカのボストン在住の中野浩二の曲、女声とフルートと打楽器の為の"タイムソングII—時間を超えて吠える"(2006)を分析する。この曲では西洋歌唱法と非西洋歌唱法を合わせて使用している（声のパートは言葉の無い台詞から成る）。中野はこの曲で、エッセンス Essence 同時存在 Coexistence 融合 Fusion と銘する三種類のアプローチを通じ、多種の文化の要素を融合している。この曲は五つの大きな部分に書かれ、中野はそれらを"ステージ"と銘した。「"ステージ"という語は、曲の過程で精神的な又感情的な発展を遂げるという意味を反映している。ステージⅠの"呪文"は魂を呼ぶ開始の儀式で、演奏者全員が仏教の禅で瞑想する様に床に座る。ステージⅡの"過程の舞踏"はステージⅠとⅢの橋渡しの役目だけでなく'声'が登場する始めであり、各演奏家に魂が吹き込まれていく。ステージⅢの"貢ぎ歌"は、曲の'本当'の開始であり、ここでは女声歌手がゆっくりと立ち上がり、夢現でメッセージを届ける。ステージⅣの"古代の声から---"は、雅楽の回盃楽の短い引用から始まり、それはもっと深い夢現へと入る出発点である。最後のステージⅤ"魂の変遷"は全部の魂を還す為の閉幕の儀式である。」

　中野浩二はボストンのニューイングランド音楽院でリー・ハイラ Lee Hyla とジョン・ハービソン John Harbison に師事、カリフォルニア州立サンディエゴ校 UCSD でチナリ・ウン Chinary Ung に師事した。日本とアメリカで数々の賞を受賞。ルイス・アンドリッセン Louis Andriessen にアムステルダムと王立ハーグ音楽院でも師事した。

〈注　釈〉
(注1) 東京では毎日30から40の西洋音楽の演奏会が開かれる。東京は現在7つの交響

楽団を有する。(2007 年記)

(注 2) バルトロッツィ Bartolozzi (Ediziono Suivini Zerboni 出版) 1969 とレイフェルト Rehfeldt (カリフォルニア大学出版) 1974 の両氏の本は、幾つかの楽器の為に書かれた、シリーズの部分である。

〈参　照〉

Anhalt, Istvan. 1984. Alternative voices: essays on contemporary vocal and choral composition. London, Toronto: University of Toronto Press.

Bartolozzi, Bruno. 1969. New Sounds for Woodwind. Trans. by Reginald Smith Brindle. Oxford U. Press.

Blasdel, Christopher Yohmei. 1988. The Shakuhachi: A Manual for Learning. Tokyo: Ongaku no Tomo Sha Corp.

Brindle, Reginald Smith. 1975. The New Music: The Avant-garde since 1945. London, Oxford U. Press.

Dame, Joke. 1998. Voices Within the Voice: Geno-text and Pheno-text in Berio's Sequenza III. Adam Krims (ed.), Music/ideology: resisting the aesthetic. London: Routledge, 233-246.

Everett, Yayoi Uno and Frederick Lau. 2004. Locating East Asia in Western Art Music. Wesleyan U. Press.

Everett, Yayoi Uno. 2006. Review of Yogaku: Japanese Music in the Twentieth Century, by Luciana Galliano. Asian Music, Winter/Spring 2006. 136-42

Halfyard, Janet K. 2004. A few words for a woman to sing: the extended vocal repertoire of Cathy Berberian.
http://www.sequenza.me.uk/Berberian_web.htm

Higginbotham, Diane. 1994. Performance Problems in Contemporary Vocal Music and Some Suggested Solutions. Ed.D. diss., Columbia U. Teachers College.

伊藤弘之、2007 年 メリーランド州立ボルティモアカウンティ校で行われた、Music of Japan Today 国際音楽学会フェスティヴァルのパネル・ディスカッションからの翻訳

Jensen, Karen. 1979. Extensions of Mind and Voice. The Composer 66. 13-14.

Osmond-Smith, David. 1991. Berio. Oxford, New York: OUP (2004)

―――. The Tenth Oscillator: the work of Cathy Berberian, 1958-1966." Tempo 58, 2-13.

Regan, Martin P. 2006. Concerto for Shakuhachi and 21-String Koto: A Composition, Analysis, and Discussion of Issues Encountered in Cross-Cultural Approaches to

Composition. Ph.D, diss., University of    Hawai'i, Manoa.

Rehfeldt, Phillip.   1977. New Directions for Clarinet. U. of California Press.

Richards, E. Michael.   1984. Microtonal Systems for Clarinet: A Manual for Composers and Performers. Diss. University of California, San Diego.

Veale, Peter, et al.   1995. The Techniques of Oboe Playing: A Compendium with Additional Remarks on the Oboe DUAmore and the Cor Anglais. New York: Barenreiter.

Wishart, Trevor.   1980. The Composer's View of Extended Vocal Techniques. The Musical Times 121:1647, 313-4

## 第8章　湯浅譲二《天気予報所見》におけるテレビ的現象との構造的一致について - コリン・ホルター　Colin Holter

　湯浅譲二の音楽に於ける音響的語彙は曲に依って大幅に違うが、その概念的形は比較的限定が可能である。湯浅は彼に関連する音楽的概念の中から特に二つの大きなトピックを記している。第一は"人類共通に見いだせる知覚可能な世界的範疇のもの"。第二は"日本の文化の中で生まれ育ったその人独自のアイデンティティと密接に繋がれた範疇のもの"(1993、216)。これら各範疇は湯浅作品のテーマの特徴に密接に貢献しているが、しかし各"範疇"の中でも一つの概念が全体を通し最も顕著に思われる。

　初めの"範疇"の探求からの可能性については、湯浅はメタコミュニケーション-"言語を介さぬコミュニケーション"それは通常の言葉による意思疎通から離れた世界に存在する（湯浅 1989, 194) - に最も魅惑されている様だ。1973年作曲の《Calling Together》は（私的な、公共的な、省略された）等様々な距離に基ずく即興台詞の、声の抑揚の劇場的研究である。湯浅のメタコミュニケーションへのアプローチは又、完全に身体的な、発音しないジェスチャーのものも含んでいる。:《Inter-posi-play-tion II (1973)》では、湯浅は演奏者に詮索好きに見えるように頭を動かせと指示をし、《Interpenetration for Two Percussionists (1983)》では , 演奏者は指示された瞬間に見つめ合い、互いに合図をする様に撥を上げる（湯浅 1989、180-182)。これら二曲では、言葉を介さないメタコミュニケートの推進力が、通常の楽器演奏法を含む音楽シーンとに合致されている。この並置性は湯浅の音楽に非常に大切である。

　二番目の"範疇"による創造的可能性の範囲では、湯浅の長い人生での能への興味が、時間を異なった方法で経験するという研究に推進した。幼少時から能を学び、その音楽を身内に取り入れて、湯浅は能における多重の時間性に関し、他に類を見ない程深い理解を発展させた。それは互いに無関係で、しかも互いを補足しあう多層のリズムが、同時存在するというものである。Mari Kushida（1998、39-51）は能の多層的時間と、湯浅の

《内触覚的宇宙 II》(1986) の時間構造について特別の関係を観ている。作曲家自身も《Interpenetration for Two flutes I》での、同時存在し常に変化する二つのテンポは、能の二つのテンポと同じだと説明している。特徴的なのは、この複雑な時間概念は、湯浅作品の2パッセージの間でも（内触覚的宇宙 II）又は、1つのパッセージ中にも（Interpenetration for Two flutes I）発見される。言い換えれば水平的にも垂直的にも起こるという事である。

彼の作品で、湯浅はこれらの問題を探求していると断定すると、《天気予報所見》(1983 年、バリトンとトランペットの為の) でもこれらの問題が重きを成しているのは驚くに当たらない。確かにこの曲はテレビの画像とイマジネーションの真似を表現している様だ。《天気予報》は明白にテレビに"関する"曲であるが、テレビ現象の応用のし方については、これらの現象と湯浅の持っている美学の複雑な関係性が明白であるのみならず、台詞から始まり作曲のデザインのどのレヴェルにもその相互作用が浸透している点に於いても、特にこの曲では顕著である。

この曲の台詞は明白に、テレビの天気予報の台本を模している。それを踏まえて更に、幾つか重要な詳細が現れる。曲は両奏者によって"あるはっきりした性格を持って"紹介される。-- この変わったスタイルは曲のプレゼンテーション的型を確立し、初めの題が曲のショー的性格を強調するのと同じ位《天気予報》の曲調を強調する。この提示部で、表現豊かな曲の内部的役割に対し、奏者は"クールで、客観的で落ち着いた態度で"という外部的な様式を確立する様指示されている ( 湯浅 1986, 3)。

提示部の後で、湯浅はこれらの役割を、天気予報の台詞に表現豊かな様式を加える事によって説明している。初めの"朗誦的な"パッセージは"適切な低音で話されるべし --- 客観的な声明の様な態度で、しかし何となく落ちこんでいる感じで"天気予報士の感情的変化を初めに置き、実際の天気予報士が使うようなニュートラルな読み方をする様、指示している（湯浅 1986, 5)。この場面では湯浅は、感情的な発展はヒントのみに留めている(例"何となく落ち込んでいる感じで")。

二番目の台詞ではこれらの可能性が突然花開く。湯浅はバリトンに"抑えた情熱を持って突然感情を噴出させて"、次に来る天気予報を"胸一杯の共感を持って"説明する様に、と指示している。この頁の終りまでには、話し手の噴出する感情は、目に見える"すすり泣き"と"号泣"まで高まる。一方トランペット奏者は、バリトンの自己表現が恥知らずな程自己満足に耽っているのに驚き"バリトン奏者を不思議そうに見つめるべし"(湯浅 1986, 7)。

三番目かつ最後の台詞はバリトンを正反対の感情に導く。湯浅はバリトンに"笑いを抑えて"始めるべし、と指示している - しかしそれはバリトンには不可能である　(湯浅 1986, 10)。この部分の終りには、バリトンとトランペット両奏者は、コントロール出来ない程の超可笑しさに飲み込まれている。この感情的変化の目的は、天気予報を感情抜きで読む役割の天気予報士の内部には、感情を出したいという欲望があるはず、という仮定で始まる。そして天気予報士は、プロの義務としてのリップサービスを果たし、尚且つヒステリックに笑うメタコミュニケーションに彼の仕事のつまらなさを変換する機会を見つけ、解放された事で終わる。

譜例 8-1

Yuasa OBSERVATIONS ON WEATHER FORECASTS
© 1986 Schott Music Co. Ltd., Tokyo
All Rights Reserved
Used by permission of European American Music Distributors LLC,
sole U.S. and Canadian agent for Schott Music

この作品の舞台に関しても特記すべきである。両奏者は聴衆を正面に見て、互いに4フィート離れ (約1.2 m)、舞台右手から"ぎらぎらする照明"

を浴びて着席する。この座り方は、数人のキャスターがカメラに向かい座るニュース放送を想起させるのみならず、演奏者が聴衆に向かって座り、互いの合図は見えない邦楽（例えば能の囃子方）も想起させる。

更に、湯浅は奏者に、互いに又聴衆とも意味のあるアイコンタクト(目線)を避けて"各演奏家の個性を消す為に"スキーのゴーグルを着ける様に指示している（湯浅1986, 3）。ニュース放送ではアイコンタクトは通常、望まぬ編集されたやり取りなしに"ニュースキャスターと聴衆間の私/貴方の軸を設定する"。－しかし西洋の室内音楽では、演奏家の目は、しばしば音楽そのものがもたらす以上に、表現豊かな情報を届けるのに役に立っている(Hartley1992, 76)。湯浅はこの曲で、奏者が目線により聴衆とコミュニケートする可能性を排除し、彼らと聴衆間の"私/貴方の軸"を切り離し、賢くも譜面上の指示のみでのメタコミュニケーションを認めている。

バリトンをニュースキャスターに配する事によって、湯浅は、キャスターの"全て見、全て知っている口"としての役割と、音楽家の室内楽での役割の、興味深い並置を描いている。----ある種の宇宙的真実を表す曲を作曲するのに、又"ユニバーサルな範疇"に関するある種の観方を供給する為に（Morse1998, 42）。その間トランペット奏者は、バリトンの敵対者と、天気予報の伴奏（お天気チャンネルが好むスムーズジャズに酷似する音楽的合図をすることによって）の両方を務めている。

これらの詳細点に加え、《天気予報》の大きな観点からの形式構造も、テレビニュース放送の構造を想起させる。ジョン・ハートレイ(1992, 79)はニュースの内容を"枠にはめ、集中し、現実化し（そして）閉じる"、と説明している。《天気予報》もとても明白に、前述の導入部分で"枠にはめ"ており、又両奏者が自然な声と態度で"また明日"と一緒に言う"放送終了"の類似によって"閉じている"(湯浅1986, 11)。曲の劇的な形は初めの部分に集中しており、それは　天気予報士の"感情的変化"を規定する最初の朗読部分パッセージや、素早く立ったり着席して"身体的ジェスチャーの組合せ"を紹介する形や、トランペットの最初のソロが"楽器的発言"を行う形、である。これらの形は、曲の後半で、台詞がもっと表現豊かに

なり、又狂ったように立ったり着席し、トランペットが空前絶後に爆発的に吹く、等の多様なレヴェルの完成形をとる。しかし特記すべきは、湯浅がこれらのニュース放送の'構造的種類'は保持しながら、この曲に合わせて'目的'を変えている事である。ジョナサン・ビグネル(1997, 21)はジョン・ハートレイの言う4つのテレビニュースの役割は、"漫然とした立場"をサポートし最も説得力のあるやり方で内容を視聴者に届ける事だ、と説明している。湯浅での違いは、4つのニュース内容を構造的レヴェルの要素として使い、それを規定しもっと詳細にしており、放送の内容自体は単にテレビを連想させるのに留めている。

　これらの、テレビニュースの部分やそれらをもっと小さく分けた箇所は、しばしば別のものが次から次へと頻繁に変わる。その様な異なる部分の並置性は、湯浅の音楽ではそれ程不自然ではないが、《天気予報》では特にそんな"飛び部分"が多く、それらは湯浅の他の多くの曲よりも、特別に異なる使用法をされている。例えばホワイトノイズの為の《Projecton Esemplastic》では、劇的効果の為に、凄まじく大きなクレッシェンドの後に予期されぬ沈黙を置いているが、《天気予報》ではその様なサプライズ分断は、大きな劇的形でも（コマーシャルの様な）短い形でも"チャンネルを変える（様に突然変わる）"。

　これらの詳細部分や大きな観点からの特徴は、比喩や直接的表現を通してテレビを想起させるが、湯浅の曲中の興味全般とはたまにしか交差しない。それが起こるのは構造上での中間層（中景・Middle ground)で、テレビ現象と作曲家の創造的興味を繋げる組織の箇所であり、その二つの合体を最も高い内容で表現している箇所である。更に詳しく言うと、この両者を繋げる組織部分は、演奏者と曲の部分間の時間関係を変化させ、個々の演奏者のコミュニケーションのスタイルを変化させている。

　能の影響に関して、湯浅は'みはからい'と'あしらい'について述べている（1989, 180)。彼は'みはからい'は完全にシンクロナイズせずアンサンブルを奏する"演奏家の視点からの方法"だとし、'あしらい'は'みはからい'の結果だと。湯浅は《天気予報》の7頁（私の考える2番目の朗誦

的台詞のパッセージ）が、彼のいう'みはからい'だと断じており、なぜなら"垂直の線は、両奏者が'大体'一緒に奏する事を表しているから"。この様に大体同時に奏するやり方は《天気予報》でかなり普通にあり、全体8頁中の5頁に見て取れる。

　《天気予報》では他の種類の非同時性もみられる。それは両奏者が全く同時に演奏するか歌っている時/場所で、でもジェスチャーは合わせられない箇所である。この種の非同時性は、リハーサル番号Ⅰで両奏者が"San Diego area"のフレーズを、別々に重ならぬ様言う個所で明白である。湯浅は次の小節でこの種の非同時性を、両奏者が熱狂的にしかし別々に立ったり座ったりするという"身体的ジェスチャーの動き"の形に応用している。

譜例8-2

© 1986 Schott Music Co. Ltd., Tokyo
All Rights Reserved
Used by permission of European American Music Distributors LLC,
sole U.S. and Canadian agent for Schott Music

　最後に、曲の重要な瞬間に、両奏者は動きを一緒に自然にする。この同じ動きは、リハーサル番号Bのすぐ前の言葉"Forecasts"やリハーサル番号Hでの同時着席等、フレーズの終りを示している様に観える。

譜例 8-3

Yuasa OBSERVATIONS ON WEATHER FORECASTS
© 1986 Schott Music Co. Ltd., Tokyo
All Rights Reserved
Used by permission of European American Music Distributors LLC,
sole U.S. and Canadian agent for Schott Music

　これら二例のタイミングは両立する様に描かれているので、違うレベルのコミュニケーションでも同時存在が可能になる。この多層性は例えばリハーサル番号Gで、両者が歌と演奏は一緒でなく、しかし腕のジェスチャーは同時に同じ動きをする箇所に観られる。

譜例 8-4

Yuasa OBSERVATIONS ON WEATHER FORECASTS
© 1986 Schott Music Co. Ltd., Tokyo
All Rights Reserved
Used by permission of European American Music Distributors LLC,
sole U.S. and Canadian agent for Schott Music

　多層の反シンクロナイゼーション(非同時性)に関しては、湯浅の能との比較研究の深い理解と、実際のテレビ天気予報で多層の時間/スペースが存在する事が似ている：ニュースキャスターは何日にもわたる天候の変化を、彼の後ろの地図で瞬時に示す。生放送でない限り、視聴者は家で、実際に起きたのとは数時間違うプログラムを見ている。そのような反同時性は、マーガレット・モースがテレビの概念を規定した"一つの画面に多層の場面が映る"のと酷似している。そこには立っているか座っている天気予報士が居り、コンピューター作成された全国の地図が映り、画面の下では株価が横に流れている。《天気予報所見》も聴衆に多層の時間/スペースを同時提供している。(注1)

　テレビ的要素の研究は、音楽的な多層性に酷似しており、《天気予報所見》に特によく当てはまる。モースはテレビの"継目の無さ(全てがスムーズ)"本物らしいが人工的という矛盾する質を記している（例えば、光に当たって銅の様に反射するコンピューター造成の放送ロゴが、画面の隅に重さ無

く浮かんでいる)。バリトンとトランペット奏者が椅子に座るか話すときは何時でも"自然な声と態度で"。湯浅の表現を借りれば、彼らは"継目なく"スムーズに振舞っていて、聴衆は彼らが単に普通の会話をしているのではないと知っているが、彼らの態度の中身は(台詞を除くと) - 完全に真に迫る人工物である。

モースの説明による"構造のヒエラルキー"(階級組織)の再構成はニュース放送の部分間でも、最中でも起こる:それと似た様に、湯浅は《天気予報》でコミュニケーションの度合いとスタイルの間を自由に動かす。ニュース放送の様に、《天気予報》は言語の、音楽の、又(身体的)ジェスチャーの誇張を利用している。この曲では話す、歌う、楽器を奏する、座る、立ちあがる、腕でジェスチャー、泣く、笑う、大きく息をする等々の指示がある。トランペット奏者が"バリトン奏者を胡散臭そうに見つめる"為に突然楽器を捨てるのは、二番目の台詞部分で構造のヒエラルキーの再構成をしているのである。この転換の前は、トランペットはワウワウ弱音器をつけ'みはからい'しながらも、バリトン奏者を完全に無視してAnimatoパッセージを奏している(湯浅1986, 7)。トランペット奏者の(バリトンを胡散臭そうに見つめる)目線は、両奏者が異なる時間性に留まりながらも、コミュニケーション可能な同じ波長を占めている事を意味している。軽率な感じの三番目の朗誦部分から、両奏者の'自然な'笑いがシンクロナイズする最後の"放送終了"への 鋭い変化は詳細(なリズム)に記されており、その"ハ HA's"は、散漫な性格の最後の部分間の、素早い変化の例である。

作曲家湯浅は(個人の)文化的なアイデンティティーと、言語を共有する社会の共通意識の、どちらも意味するのに"コスモロジー"という語を使う(1989, 197)。テレビは《天気予報》でこのコスモロジーを示すためのフィルター(濾過機)である。それは湯浅のコスモロジーの、ある部分を強調し、又ある部分は曖昧にし、時にはすっきりと道筋を示し、時には道筋が曖昧になる事もある。が、このフィルターは湯浅がこの曲で、聴衆に力強い感動を与えずにはいられない音楽を作るのに、必要な複雑さを提供しているのである。

〈注　釈〉

(注1) これらのテレビ的な特徴は勿論 1983 年の曲の構造と完全に同じではないが、著者の 21 世紀の天気予報の観方を伝えている。

〈参考文献〉

Baggaley, Jon, andSteveDuck.　1976 Dynamicsof Television. Westmead: Saxon House.

Bignell Jonathan.　1997 Media Semiotics: An Introduction. Manchester: Manchester University Press

Hartley, John.　1992. Tele-ology: Studies in Television. London: Routledge.

Kushida, Mari.　1998 Noh Influences in the Piano music of Joji Yuasa. DMA diss., University of Illinois at Urbana-Champaign.

Morse, Margaret.　1998 Virtualities: Television, Media Art, and Cyberculture. Bloomington: Indiana university Press.

Yuasa, Joji.　1986 Observations on Weather Forecasts. Tokyo: Shott Japan.

＿＿＿. 1989 Music as a Reflection of a Composer's Cosmology. Perspectives of New Music 27. 176-197.

＿＿＿. 1993.Temporality and I: From the Composer's Workshop. Perspectives of New Music 31. 216-228

# 第9章　ステイシー・フレイザー：時間を越えて吼える：中野浩二《タイム・ソングⅡ》にみられるヴォーカル・テクニック
## Stacey Fraser

　日本の作曲家中野浩二は、多くの若いアジアの作曲家がそうであるように、母国を離れ、西洋の伝統的な作曲様式で作曲をし続けている。中野は子供の頃に様々な日本の伝統音楽に触れて来たが、アメリカへ渡ってしばらくすると意識的に非西洋的な要素を自分の音楽に取り入れる様になった。中野は、自国の文化を再発見した事と作曲家としてどのように影響を受けたかについて、次のように述べている。

　「2003年に日本政府の留学プログラムのアーティストとしてルイ・アンドリーセンの元で勉強した後、私はカリフォルニアへ戻り、博士号を取得する為にUCサンディエゴ大学へ行った。私の指導教官は"君は2つのコップのうちの1つ、即ち西洋の作曲技術は習得した様だね。でも君は、君の全体的なヴィジョンを完成させる為にもう一つのコップを満たす事を忘れている。そう、アジアの音楽的遺産だ"、と。チナリーが私に言った事は、眼が覚める様な経験だった。私はその片方のコップを満たす為に私自身の文化とその他の音楽文化を理解し調査しなければならない事に気付いたのだ」(注1)

　中野は、非西洋の美意識を西洋の伝統的な芸術に統合する前に、異なる文化を扱う際に湧き出る多くの疑問を真剣に考えなければならないと気付いた。それは又、特定の文化の音楽を学ぶだけでなく、音楽の背後にある様々な習慣や精神的な意味を学びながらより深く音楽を理解する試みであった。彼は異なる音楽文化のある要素はよく混ぜ合わさり、あるものはそうではないと考えている。《タイム・ソングⅡ》では、次の3つの異なる意図の基に文化的に異なる要素を並置させている。

1. 音楽文化の'エッセンス'——西洋の作曲言語に日本の伝統楽器を、おおまかに解釈し抽象的にあてはめる。

2. 音楽文化の'共存'――一種の対位法で音楽的要素を重ねる。それぞれ独自のアイデンティティを失う事無く組み合わせる。
3. 音楽文化の'フュージョン'――新しい、一つの（single）、全く別個のものを作る為に２つあるいはそれ以上のものを合わせる。(注2)

## 《タイム・ソング・Ⅱ》の声楽テクニックと美学

　一人のベル・カント唱法を習得した歌手として私は、西洋のオペラやコンサートで期待される美学に対応してきただけでなく、健全な声帯を維持する様な確かな技術を何年にも渡って得て、備えてきた。スタンダードなレパートリーを演奏するが、私は西洋の伝統的な芸術音楽の伝統的な技術を超える曲を歌う事にも、関心を抱いてきた。異なった美学を持つものを集約する事に関心を抱くようになった。何故なら、可動的で劇的な効果をもたらす為に型にはまらない声質を出す事に魅力を感じたからである。これは私の声に害をもたらさない方法でエクステンドテクニックを解釈する方法を発見するという事を意味していた。私は確かな技術的基盤を持っていれば、こうした表現豊かな声質 , 声の音色を開拓できると信じている。

　この曲で私にとって最大のチャレンジは、中野が声のパートに使用しているかなりの低音を受け容れた事である。私はそれが全音域の基礎となると思い、毎日低い声域を訓練した。例えばモーツァルトのアリアの多くは、発声しやすい高音、そして胸からの声域を必要とする。《コジ・ファン・トゥッテ》のフィオルディリージの役にモーツァルトは、声域が12度の音程を飛ぶ指示を書いている。コンサートに於いてこの様な箇所をきちんと演奏出来る様、声楽家は確かな発声技術を持たなければいけない。

　《タイム・ソングⅡ》で私が最初に歌うフレーズは第２楽章の113小節目である。ここで中野は、中央のＣよりも低いＧを、中音域のA4へと動き、再び低いＧへ戻る様要求している。私の声は特に、低い音域で生き生きと響かないし艶が出ない。しかし、作曲家は美しく響く声色よりも、声のジェスチャー(現代音楽での演奏法)や効果を探究したのだと思った。中野はシュプレヒシュティンメ的なものもこのフレーズの終わりで求めている。ここ

は、声帯に過剰なストレスを掛けるのを避ける為、正しい息のサポートを持ってシュプレヒシュテメを演奏する様注意しなければいけない、声のジェスチャーの例である。

譜例 9-1

中野が最初にこの３人の声楽パートを作曲するにあたってインスピレーションを受けたのは、日本の伝統音楽である薩摩琵琶での琵琶唄と楽器の奏法、そして日本の伝統音楽にある様々な民謡の歌唱とヴォーカリズムであった。(注3) 中野は薩摩琵琶の幾つかのテクニックの'エッセンス'(前述の文章1.) を使用する意図 -- 薩摩琵琶は演奏の声部で高音域から低音域へ突然飛躍する -- をこう述べている。「とりわけとても低い声域では、胸／喉から出る深く憂鬱げな音声と様々に変化する音高と装飾音を含む、伝統的な唄い方のある種の特徴を思って書いた」と中野は述べている。

が３人の声楽パートに取り入れたのは、高音域から低音域へ突然飛躍する薩摩琵琶のテクニックであると述べている。「とりわけかなり低い音域では様々に変化する音高、人間の胸／喉から出る、深く憂鬱げな音を伝統的な歌の特徴を思って書いた」と中野は述べている。(注4)

中野は第Ⅲステージ(stage)の 129 小節から 134 小節は彼が用いた'エッセンス'(前述の１) の一つの例だと述べている。声楽の旋律線は雅楽に基づく。こうした原始的な喉声が新しい音楽的なシンタックスとなっている。雅楽の旋律がもつ'エッセンス'に加えて、ボンゴとコンガがおなじ小節内で日本の能で使われる小鼓の'エッセンス'を奏する。こうした雅楽と小鼓の'エッセンス'は、それぞれのアイデンティティを保ったまま層を重ね、そして音楽的文化が共存している状態をつくりだす。音楽文化の'フュージョン'(前述の3) は、フルートが尺八のようなヴィブラトを奏するとこ

ろで新しい層が加わり、アンサンブル全体に尺八の音高は混ざり、そしてこうした素材が一緒になる為の一種の接着剤となる。(注5)

譜例 9-2

ステージⅢで，声楽パートには胸声の下音域から次のパッセージを通り高い音域まで音程が跳躍する様な劇的なコントラストがある。声楽家はこれらの跳躍を、打楽器的に声質を変化させる中音域・胸声で出す音域・高音域のレガートな旋律まで動きながら、たやすくかつ、正確に行なわなければならない。中野は153小節目で声楽家に胸声で低いAを歌い、C#5へ跳躍し、B5へハミングで動くという難問を出している。歌い手は、同じ小節内で低いAにまで胸声で戻って来なければならない。

譜例 9-3

雅楽の旋律と伝統的な語りの様式を声楽に取り入れたことに加えて中野は、日本の伝統楽器から受けたインスピレーションも声楽に反映させている。声楽家には尺八や龍笛の演奏に類似のスタイルの Bend Pitch（ピッチを曲げる事）や微分音が要求されている。これらの様々なピッチの変化に

加え中野は、広い音程間でスライドするグリッサンドを求めてもいる。打楽器的なアクセント、日本の太鼓にインスパイアされた叫ぶような身振り、作曲家がイメージした縄文時代の日本社会、そういったものが声楽の旋律に取り入れられている。声楽家への挑戦は、比較的短い時間の中で、打楽器的なアクセントをつけたりレガートで歌うという、コントラストを表現する事にある。

譜例 9-4

　中野は 210 小節の初めで、更に劇的なタイプの叫びを求めている。二番目のパッセージを通し、ハンドトリル（インディアンの雄叫びの様に発声中に口を手で叩く - 作曲家注）も要求されている。これらのハンドトリルは、ルチアーノ・ベリオが《セクエンツィア III》で用いたのと類似し、手で口を叩いて、2 音間で素早い振動を発するのとノーマルな音とミュートのかかった音を交互に奏する事により、伝統的な声楽のトリルを模倣している。

譜例 9-5

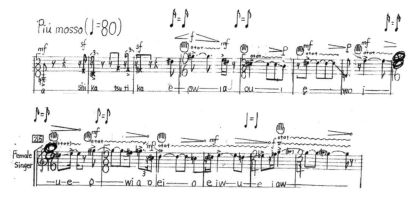

　声楽家にとってもっとも困難な箇所は、301 小節目から始まりこの楽章の終わりまで続く。ここには低い F3 で歌い始め、G5 まで或る種のコロラトゥーラで上がるよう指示がある。曲におけるこれらの次の瞬間は、オペラのカデンツアに見られる様な声楽のヴィルトゥオーゾの表現を歌手が要求されている為、西洋のオペラを強く思い出させる。中野はトリルに Molt Vibrato（ヴィブラートを沢山付ける）様指示しているが、これはほとんど震えるような声を意図していると思われる。こうした声楽のジェスチャーはフルートにおいても求められており、フルートは熱狂的な性質と穏やかで叙情的な気質を交互に表現しなければならない。

譜例 9-6

　このステージ (Stage) は、極端に低い音域からタング・トリルで高い C#6 へと行くコロラトゥーラのパッセージで終わる。こうした高い音でのタング・トリルは効果を上手く出す様にするには困難を要するが、C# を歌うために喉を開いておく必要がある。舌は喉頭につけておき、高い音を歌うために低い位置でリラックスした状態でいなければならない。高い喉頭位置は、声楽家の最高音域を歌う為には、本来の声楽法のほぼ反対である (Simply not Conducive)。タング・トリルを奏する為に、舌は固いパレットの上でヴィブラートさせなければならない。従って喉頭は高い位置にまで引き上げられる事になる。私はタング・トリルで C# の高さまで言葉を発音する解決法を見つけたが、これにはかなりの調整が必要である！

譜例 9-7

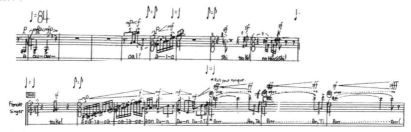

## 精神性と儀式

　日本の伝統音楽の精神性を表現するという作曲家の意図は、この曲の不可欠の要素である。演奏家はこの曲全体を通し、日本の宗教的な儀式に参加する際において髣髴とさせる、様々な感情的・精神的状態の向上をする事が求められている。中野は次の宗教的儀式にインスパイアされたと述べている。1）神道の音楽。これは次の仏教と同じく古代に起源を持つ。2）仏教、3）舞楽、4）太鼓のアンサンブルにみられる儀式的な側面。(注6) これは、中野自身の経験を通し - 音楽の根源は必ず宗教的式典と儀式の一部から来ているという様々なアジアの伝統音楽の観察、そして考察した経験から得たことだった。そうした精神的な影響に加えてテクストには、原始主義のままであることを言語で認識するためにシラブルだけを用いることになった。《タイム・ソングⅡ》は、中野自身が想像した式典あるいは儀式として作曲されたのである。

　筆者はこの曲は日本と西洋の美学が交じり合う事を注意深く目論んだもので在ると思う。作曲家は、各音楽的要素を、又それらを3つの異なったアプローチにどのように組み入れるかを熟考している。彼は又音楽を越えて、様々な形の日本伝統音楽を観察した時に経験したのにも似た、もっと深い精神性によって動機付けられた何かを作曲したのだ。この作品はこれらの音楽（上記の神道、仏教、舞楽、太鼓のアンサンブル）からの直接の引用のみならず、表現豊かで音楽的で強い喚起力をもち、そして最も重要な事に、新しく革新的である何かを創造する為に、様々な美学が混合されている。この作品を演奏する事は演奏家にとって、困難な演奏技術に挑戦

するだけでなく、真の精神的な経験とユニバーサルな普遍的な文化への理解を包括する喜びである。

〈注　釈〉
(注１) 中野浩二による。2007年２月にDr. ステイシー・フレイザーとのＥメールを通して行われたインタビューより。

(注２) 中野はこれら３つの作曲技法を、彼の師であり助言者であるチナリー・ウン教授に学んだ、としている。

(注３) ≪タイム・ソングⅡ≫では演奏家３人全員が各々の楽器を奏するのに加え、歌と打楽器も演奏する様求められている。打楽器奏者とフルート奏者に歌わせるという中野の理由の一つは、種々の邦楽の関係からインスパイアされたものである。"声楽"に関して私の初めのスケッチでは、特に邦楽器の演奏で聞いた色々な声のテクニックを試みるのに集中していた。例えば、薩摩琵琶の演奏家が歌いながら悲劇の物語を語るのから音楽的インスピレーションを受けた。奏者が歌うのと楽器を奏するのをどの様に、交えて又は混ぜて、時には一緒にし又は対照するかに、私は驚愕した。もう一つの音楽的インスピレーションは"鬼太鼓座 - おんでこアンサンブル"からで、彼らは幾人かの太鼓奏者が、違う大きさの太鼓を違う割合のリズムで奏するものである。"鬼太鼓"は特に、太いばちを使用し強く情熱的でヴィルテゥオーゾ的な演奏で有名である。彼らが不規則に言葉や文を叫び、それらがグループとして一緒に演奏するキューのみならず、音楽的に一緒の方向と感情の度合いを計るのと二つの役目をする事により、どの様にコミュニケートするかの点に、私は特に魅了された。"

(注４) 中野浩二による。2007年２月にDr. ステイシー・フレイザーとのＥメールを通して行われたインタビューより。

(注５) 様々なレベルの"エッセンス""共存""フュージョン"があり得る。そして各聴者がこれらのテクニックを、各人異なる層の多文化性をどの様に聴くかによって、違う様に受容する事がある、という事実を記すのは必要である。

(注６) 日本全国で様々な大きさや種類の太鼓が、悪霊を追い払ったり雨乞いの儀式、又年の豊作を祈る等の、宗教的儀式や祭りの際に野外で奏されている。

=フルート=
# 第10章　マーティー・リーガン：尺八の為の作曲テクニックについて　Marty Regan

　西洋の作曲家の間で非西洋の楽器のために作曲することへの関心が高まりつつある。このことは、21世紀の私たちの生活を特徴づけるマルチカルチュアリズム現象を反映して、近年、音楽においても増えつつある世界的な現象の一つである。地球を横断して思想や人間、物質文化が人類史上で先例のないほど流布する一方で、技術の進歩や文化的な資源が増えることは、ある意味で、国家、文化や言語の境界をなくし、地理的な境をぼやかすことになった。(注1) 現在の作曲の分野は、異文化間の音楽の出会いによって実り豊かな状況にあるといえる。作曲家が意識的に非西洋の音楽の要素を探しもとめるか否かは別として、非西洋音楽や楽器に関心を抱く作曲家の数は創造の世界が豊かになっていることを反映している。
　ことに尺八のための作品を書くことは、突出して難しく、厳しい仕事である。尺八が世界的に広まり、何百人もの日本人でない演奏家が世界中にいるにもかかわらず、とくに尺八のための曲を書くための情報や知識は未だに不十分である（Casano 2001）。この小論の目的は、尺八の基礎的かつユニークな特質に焦点を当てることによって、楽器の実用的な扱い方を示すことにある。それと同時に、かなり難しい課題への賭けでもある。西洋人が非西洋の楽器を用いて作曲することは、次のようなリスクがあると論じた研究者もいる（Bellman 1998, xiii）。
　「芸術的にもしくは文化的にいかがわしいと酷評されたり、どこか正統とはいえない作品で特定の土地または異質な文化のもつエキゾチックな刺激から逃れていると言われ、音楽的に低いレヴェルにあるとされる」
　日本の伝統音楽にみられる身振りにまったく頼らずに、尺八に慣用的な特性を使うのは非常に難しい。また、もうひとつの挑戦は、楽器そのものがもつ、とくに抑揚についての限界を克服する方法を見つけることである。非西洋の楽器を必要としているというだけではなく、単に表面的なエキゾ

チックな音色と技術的な探究に終わっているとされるのはどの地点なのか。また、慣用的な作曲で独創性がないとされるのはどの地点なのか。

　尺八は7つの節のある竹の根幹からできた楽器である。4つの穴が表にあり、裏側に穴が1つ開けられている。7つの指穴や9つの指穴のある尺八もあるが、小論では標準的な5穴——これが標準とみなされている——の尺八に焦点を絞りたい。尺八という名は、一尺八寸の長さの楽器であることに由来する。これは約54.5cm (注2) である。尺八には異なった調子にたいし、異なった長さのものがあり、それぞれの長さの尺八については、すべて指穴を押さえてノーマル・ポジションで楽器を吹いたときに出るピッチによる名がつけられている。核音d1の標準的な尺八はd管または一尺八寸と呼ばれる。一方で、長管または長い尺八はaが核音でa管または二尺三寸と呼ばれる。(注3)

　一尺八寸の標準的なd管尺八からすると、一寸ずつ長さが長くなるとおよそ短2度、低くなる。同様に、一寸ずつ長さが短くなると、短2度ずつピッチは上がる。図10-1は様々な長さの尺八と核音の対応表である。プロの尺八奏者は一尺八寸のd管、二尺三寸のa管、一尺六寸のe管、二尺一寸のb管を持っているが、尺八を求めるとしたら、どの長さが手に入れられるか演奏家に相談した方がよい。

図10-1　尺八の長さとその尺八の核音

| Length | Nuclear tone |
| --- | --- |
| 1.1 | a1 |
| 1.2 | g#1 |
| 1.3 | g1 |
| 1.4 | f#1 |
| 1.5 | f1 |
| 1.6 | e1 |
| 1.7 | eb1 |
| 1.8 | d1 |
| 1.9 | c#1 |

2.0     c1
2.1     B
2.2     bb
2.3 (actually closer to 2.4)    A
2.5 (actually closer to 2.7)    G

　dを核音にもつ一尺八寸のd管の場合、d音はすべての指穴をふさぎノーマル・ポジションで吹いたときに得られるが、一番下の穴から親指の穴まで順に右手を離していくと、——指穴のそれぞれ1,2,3,4,5——、マイナー・ペンタトニックのD－F－G－A－Cとなる。この5つの基音に加えて——1オクターヴ上でもだせるが——、唇とマウスピースの角度を狭くしたり、指孔を半分押さえたり歌口を調整して、ピッチを得ることができる。これはメリと呼ばれる技術である。半音下にさがるものはメリと呼ばれ、1全音低いものは大メリと呼ばれる。それに対して、唇とマウスピースの角度を広くすることによって得られるピッチは大きくても半音上がるが、これはカリと呼ばれる。譜例10-2に、簡単に得ることのできる基礎となるピッチ（全音符で示した）とメリとカリで得られるピッチ（黒塗り音符で記した）の一尺八寸のd管尺八の3オクターヴ領域を記した。(注4)

譜例10-2　一尺八寸の尺八の基礎となる音

　基礎となるピッチはどの音域においても豊かな音量を出すことができるが、メリだと音量は自然と小さくなる。そしてメリで出したピッチの音色は暗く、ぼやけてはかなく、はっきりとしていない。一方で、カリによるピッチは明るく、音量も大きい。したがって、尺八のために作曲するときは、どのピッチが基礎となるのか、使っているどの音が特定の長さのために使

われるのかを知ることが重要である。乙と甲の奏法で出す基本的な音は pp から ff までむらのないバランスのとれた音量で出すことができる一方で、とくにメリの強弱に関しては制約があることを知らなくてはならない。

　理論上、尺八は特定の長さをもつ楽器であり、調律されているべきだが、大きな吹き口が外側へ斜めにカットされているためにマウスピースと下唇の間にかかる圧力と吹く角度の下限を強めたり弱めたりすることで――たとえわずかであっても――基音を奏している時でさえ、ピッチにぐらつきがでてしまう。このことは尺八奏者によって不利でもあり利点でもある。演奏可能な音域の中で正確なイントネーションでメリとカリのピッチを出すのは、多くの熟練した演奏家にとってもチャレンジである。一方でピッチやイントネーションを制御するための指穴を押さえるキーなど機械的な装置が付いていないことは、微分音による陰影やポルタメントといった西洋のフルートに挑むような音を容易に出すことができる。尺八は西洋のフルートのように機敏に動くことは敵わないが、私たち訓練した演奏家の手によりこうした"制約"がとてつもなく大きな表現の可能性となる。そしてメリやカリといった音は簡単な民謡をのぞき、あらゆるときに必要とされるので、尺八奏者はみな、楽器の物理的な構造を知らなければならない。譜例 10-3 は、筆者が 2006 年に書いた《尺八と二十一弦箏のための協奏曲》からの抜粋である。ここでは、日本語でスリと呼ばれるポルタメントの効果的な使い方を示した。2 つの音の間に斜線をひき示したところである。

譜例 10-3　《尺八と二十一弦箏のための協奏曲》18 から 44 小節目

　筆者の経験では、尺八のために作曲するとき、楽器の慣用的な性格を最大限生かすこととなる、ある作曲上の方法がある。まず、日本の横笛もそうだが、タンギングは伝統的な尺八では使われない。その代わりに、お腹

からの呼吸は楽器全体を通して吹かれ、アーティキュレーションは指穴を閉じることによって強調される。これを楽譜にすると、早い速度で書かれた装飾音になり、簡単な旋律線を見事な手さばきで演奏されるように聞こえる。慣習的な旋律線を装飾するとき、ある程度、次の音符へ行くまでの準備と回復というべき時間がかかることを覚えておく必要がある。したがって、ほどよく装飾音を加え、パッセージの中の必要のある音だけを強調すればよい。もし作曲家がダイナミックなアクセントを必要とするならば、装飾音には基礎となるピッチと、そうではない音があることになる。譜例10-4は、筆者の作品《尺八と二十一弦箏のための協奏曲》からの抜粋である。パッセージを装飾している箇所を広範囲にわたって示した。

譜例10-4は《尺八と二十一弦箏のための協奏曲》18から44小節目

熟練した尺八奏者は5つ穴の尺八ですばやい音階のような旋律のパッセー

ジも正確に演奏することができる。普通、確かなイントネーションやバランスのとれた音量で演奏することはどの長さの楽器であっても、たとえそれが扱いずらい長い尺八であったとしても、基礎となる音を出すのは簡単である。とくにメリという奏法によるピッチは不安定で音量が減少してゆく傾向にあるが、すばやい動きにはよく注意しなければならない。基本的な規則は、基礎となる音を可能な限り多く使い、基礎となる音とそれに導かれる音との間を交互に動かなければならないようなすばやく半音階で動くパッセージを避けることである。ジェフリー・レペンドルフは次のように述べている（1989、245）。

　尺八は持続する音によるパッセージを奏するのに適しているようにみえるが、さまざまな音階や速いパッセージを奏することもかなり演奏可能である。しかし尺八はキーやバルブが付いていない楽器であることを考慮しなければならない。尺八で半音階を奏することはできるが、グリッサンドを伴わずに演奏することは難しい。

　譜例 10-5 は、二人の独奏者と西洋のオーケストラのために書いた《尺八と二十一弦箏のための協奏曲》のオリジナル・スコアからの抜粋である。ここでは木管楽器は分奏で華やかにしてみた。

譜例 10-5　《尺八と二十一弦箏のための協奏曲》65 から 66 小節目

筆者はこの曲を邦楽器のために編曲するにあたって、木管楽器を3本の尺八と1本の篠笛の組み合わせにしたのだが、これはとくに難しかった。筆者は1つ1つの正確なピッチよりも華やかな音が立ち上がることに興味があったので、それを手際よくするためにいくらか調整した。譜例10-6は《尺八と二十一弦箏のための協奏曲》の邦楽器版のための同じ個所の抜粋である。

譜例10-6　《尺八と二十一弦箏のための協奏曲》65から66小節目

　尺八を奏する場合、タンギングは伝統的に用いないが、作曲家は1960年代から尺八に従来にはない新しい技術を要求をするようになり、ダブル・タンギングやトリプル・タンギング、さらにフラッター・タンギングを含むパッセージが書かれるようになった。尺八でダブル・タンギングをすることは、尺八の旋律線は自然にレガートで吹かれるために、聴き手に強い印象を残す。装飾音のように、適度に使うのがよい。譜例10-7は、《尺八と二十一弦箏のための協奏曲》で用いた効果的なダブル・タンギングを用いた個所である。スタッカートをダブル・タンギングされる音のうえに記した。そうした指示がないと、尺八奏者はたいがいレガートで吹いてしまう。

譜例 10-7 《尺八と二十一弦箏のための協奏曲》254 から 261 小節目

　喉の奥で空気の流れを調整することによって尺八の広い音域にわたる音色の目安を出す。尺八を特徴づけるムラ息と呼ばれる奏法は、マウスピースの中に激しく息を吹きこむことによって"汚い"音を得るものである。乙と呼ばれる低い音域で使うと効果的に使える奏法で、たくさんの倍音が響くこととなる。これは時折使うのがよく、楽譜には"m"と記し、続いて波線を引き、気流の強さを視覚的にも表わした（譜例 10-8、281 小節目）。同様の技法で短い音価の場合はソラネと呼ばれる。それについては"X"印を用いた（譜例 10-8、280 小節目）。
　尺八という楽器は、基礎となるピッチの間で効果的にトレモロとトリルを演奏することができる。しかし、他の西欧の木管楽器のように異なる音域のピッチ（たとえば乙と甲の間など）との間でのトレモロを奏するのは難しい。コロコロは、多重奏法のトリルの一種で、pp から mp の音域でメリの指づかいで交互に C2 の音の微分音を出すことができる。二つの指使いで異なる微分音を出すことに加えて、微妙な音色の違いも生じる。言うまでもなく、コロコロは、瞬間的に微妙な音色や音のヴァリエーションを出せる素晴らしい奏法である。伝統的な古曲のレパートリーでコロコロはたいてい、トリルのような華やかな d1 へ達する最後に使われる。これはある意味、音色においても音程においても解決を生み出す。楽譜には、"koro-koro"、あるいはカタカナで"コロコロ"と音符の上に記す。[注5] 譜例 10-8 は、ムラ息、ソラネ、コロコロを用いたパッセージを示した《尺八と二十一弦箏のための協奏曲》からの抜粋である。

譜例 10-8 《尺八と二十一弦箏のための協奏曲》280 から 283 小節目

　尺八は調子を変えることに関して制限がある楽器なので、半音階の連続を使うような極端なことには注意を払うべきである。筆者が見出したひとつの解決法は、和声と使われている音の集まりやメリではない音の間に共通の音を見つけ、そのピッチを強調することである。尺八が調子を変えようとしているパッセージをアンサンブルの中で独奏する場合、速い音階のような身振りあるいは複雑な指使いよりも、抒情的に旋律線を奏することになる。たとえば、《尺八と二十一弦箏のための協奏曲》の 129 小節から 130 小節で弦楽器は G フリギア旋法の G-A♭-B♭-C-D-E♭-F-G を奏すが、これは一尺八寸の尺八の調子と完全に一致する。131 小節目は、G♭リディア旋法（G♭-A♭-B♭-C-D♭-E♭-F-G♭）に変えたところである。

　こうした和声変換は、弦楽器には特に難しくないが、尺八にとっては困難をきたす。131 小節目の音の集まりの中で尺八がメリ‐カリの技法を使わずに出せる唯一の音は F と C である。したがって、この二つの音は 131 から 134 小節にかけて重要な役割を担っている。

譜例 10-9 《尺八と二十一弦箏のための協奏曲》129 小節から 134 小節目

　筆者は、こうした調子を変える場合に唯一可能な音が G♭リディア旋法で尺八が出せる基礎となる音だと述べたいのではない。むしろ、筆者は新しい音の集まりは作曲家がどの音が強調することができ、どういう旋律線がわざとらしくないかを決めるのに役立ちうると言いたい。メリ‐カリによる音はさもなければ基本的なピッチだけになる旋律線に音色を加えたやすく尺八に尺八らしい特徴を加える。131 小節目で g♭1 へ半音上がり、132

小節目でd♭1に個所で実践してみた。しかし尺八が調子を変える際に困難を伴うため、たとえば、全音階の上行・下行のような非実用的な身振りがあることを理解することは重要なことである。この作品で半音階を多く用いたが、演奏家にたいてい、尺八でできる身振りと音程には制限があるという事実にも関わらず、続けて演奏することができる。こうしたアプローチは、グローバルな楽器として邦楽器を、和声の限界を克服し、西洋の方向へ広げるものだといいたい。邦楽器と西洋の楽器を組み合わせて使うということは、聴覚的幻想をもたらす。それは、日本の楽器は本当に色彩豊かであり、刺激的な音楽の交換と異文化間の新しい表現が生まれる可能性という扉を開けるものである。

〈注　釈〉

(注1) 第二次世界大戦後に西洋とアジアの美学が交わり豊かになった歴史的詳細については、エヴェレットの論文（Everett 2004）を参照のこと。

(注2) 一尺はおよそ30.3cmで、一寸は約3.03cmである。

(注3) この小論でピッチは、ヘルムホルツのオクターヴ・システムを用いた。中間のCはC1と表記し、それより高いオクターヴはそれに対応する上付き数字によって示される。"スモール"オクターヴ（低音部譜表のC3〜B3音）は小文字で表され、"グレイト"オクターヴ（低音部譜表のC2〜B2）は大文字で記される。長い尺八の場合、流派によって理論上の長さと実際の長さについて言及するかどうか意見の相違がある。とくに多くの奏者はａ管を2.4（二尺四寸）と述べている。呼び名に迷ったときは核となる音を参照するとよい。

(注4) 5穴の尺八はf3やb3の音は出すことができない。

(注5) 尺八のための「オリジナル作品」というレパートリーは、禅宗によって500年間伝えられた、「吹くことによる瞑想」の一種で、神聖なものと考えられている。

〈参　照〉

Bellman, Jonathan.　1998. The Exotic in Western Music. ed. Jonathan Bellman.

Boston: Northeastern University Press.
Casano, Steven. 2001. From Fuke Shu to Oduboo: Zen and the Transnational Flow of the Shakuhachi Tradition from East to West. Masters thesis. University of Hawai'I, Manoa.
Cronin, Tania. 1994. On Writing for the Shakuhachi: A Western Perspective." Contemporary Music Review 8:2. 77-81.
Everett, Yayoi Uno. 2004. Intercultural Synthesis in Postwar Western Art Music: Historical Contexts, perspectives, and Taxonomy. Locating East Asia in Western Art Music. Everett, Yayoi Uno and Frederick Lau. Eds. Middletown: Wesleyan University Press.
Lependorf, Jeffrey. 1989. Contemporary Notation for the Shakuhachi: A Primer for Composers. Perspectives of New Music 27:2. 232-251.
Miki, Minoru. 1998. Nihongakkihô (Composing for Japanese Instruments). 3rd ed. Tokyo: Ongaku no Tomo-sha.
Nakamata, Nobukio. 1994. Ways of the Shakuhachi: Exploitation or Creation? Contemporary Music Review 8:2. 95-101.
Regan, Martin P. 2006. Concerto for Shakuhachi and 21-String Koto: A Composition, Analysis, and Discussion of Issues Encountered in Cross-Cultural Approaches to Composition. Ph. D. diss., university of Hawai'i. Manoa.
Samuelson, Ralph. 1994. Shakuhachi and the American Composer. Contemporary Music Review 8:2.83-94.

# 第11章　アントワー・ボイル：模倣を超えて：細川俊夫のフルート独奏曲における拡張されたテクニック　Antares Boyle

　日本人作曲家によるフルート独奏曲は、現代フルート界では重要なレパートリーの一部となっている。20世紀の作品で頻繁に演奏されるのは、福島和夫の《冥》(1962)と武満徹の《声(ヴォイス)》(1971)である。福島(1930- )と武満(1930-1996)は、フルート独奏曲をほかにも作曲しているが、そのほか松平頼則(1907-2001)、湯浅譲二(1929- )、一柳慧(1933- )といった日本の重要な作曲家も、手がけている。彼らはすべて、国際的に活動し認められた最初の世代に属する作曲家である。次の世代には、細川俊夫(1955- )をはじめとした作曲家がフルートのための作品を書いている。

　なぜフルートのための作品を日本の作曲家が書くのだろうと疑問に思う人もあろう。ひとつの明確な理由としては、笛が日本の伝統音楽では重要であることがあげられる。能においては、能管と呼ばれる横笛が用いられる。能管は唯一旋律を担当する楽器であり、謡に対して感情的な効果を強めるために独立して演奏される。雅楽では3種の笛が用いられ、しばしば旋律を装飾する。そして忘れてならないのが本曲とよばれる、尺八のための伝統曲で、これが現代の作曲家の多くが明らかにインスピレーションを得ているものの一つである。

　純粋に旋律を奏する楽器としての、伝統音楽における能管と尺八の重要性は、和声的なオブリガートとは離れて、独奏曲があることである。といっても、西洋の作曲家も第2次世界大戦後にフルート独奏を手がけている。フルートという楽器は、20世紀のランドマークとなるようなシェーンベルクの《月につかれたピエロ》、ブーレーズの《ル・マルトー・サン・メートル》といった作品で重要な役割を果たしている。日本の作曲家が独奏フルートのために作曲した作品もこうした20世紀の作品から離れたものではない。先例としては、戦前のモダニズムの時代に良く似た二つの小品がある。ドビュッシーの《シランクス》(1913)、ヴァレーズの《デンシティ21.5》(1936)である。この作品が認められ、結果として20世紀の規範と

なっていることは重要な作品としてフルート独奏曲が受け入れられる準備があったことを示している。20世紀の重要な独奏曲としては、ルチアーノ・ベリオの最初の《セクエンツァ》、ブライアン・ファーニホウの《ユニティ・カプセル》がある。
　こうした作品は、ポール・グリフィスが言うところの「演奏習慣に革新をもたらした」(1995、191)。作曲家はブルーノ・バルトロッツィが『木管楽器のための新しいサウンド』を1967年に書いたときにすでに演奏テクニックを拡げ始めていた。この"革新"は、日本の作曲に強い衝撃を与えた。武満の《声(ヴォイス)》は、演奏指示にバルトロッツィの本から直接影響を受けたことがわかる。こうした新しい音を奏する演奏家は、新しい音楽シーンにおいては技術を習得し、作曲家に刺激を与えるという両方の意味において重要な役割を果たすようになった。ベリオと福島のフルート曲はどちらもセヴェリーノ・ガッゼローニのために作曲された。のちにファーニホウと細川はピエール＝イヴ・アルトーのために作曲した。
　武満と福島は作曲様式が非常に異なるが、フルート曲についてはともに論じられることが多い。ある質は共通するものであり、おそらく日本の作曲家が遺産として引き継いでいるものにもっとも重要な、意識的な係わり合いがあると思われる。この係わり合いの本質は個々に違うが、作曲家はみな、拡張された技術を革新的にそして巧みに使うことによって作曲の助けとしている。武満と福島はこの領域の初期のパイオニアである。《冥》で使われるグリッサンドと1/4音は、尺八の音色を模倣したものである。《声(ヴォイス)》は、楽器本体の中へ向けて話したり、つぶやいたり、ささやいたりするような何か2つ以上の意味にとれるような曖昧さを表記するかなり独自の効果を用いており、能管の音を模倣したような特殊なアタックが要求されているところもある。福島のデリケートなポルタメントと今でも新鮮な《声(ヴォイス)》の演劇的な要素には、フルートのスタンダードなレパートリーになる確かな要素がある。
　福島・武満以降の作品には、拡張された技術は洗練された新しいレヴェルに達し、作曲家はたんなる模倣を越えて様々な方法で日本の伝統を掘

り下げようとしている。そのよい例が細川俊夫である。細川は《線Ⅰ》（1984-6）、《垂直の歌Ⅰ》（1995）、バス・フルートのための《息の歌》（1997）という３つのフルート独奏曲を書いている。この３曲は、ますます技術が拡張されていることを示している。こうした技術は細川がフルートのための創作の上の作曲言語にとって不可欠なだけでなく、彼の音楽哲学を描くために欠くことのできない要素である。

　細川の最初のフルート独奏曲である《線Ⅰ》でさえ、細川の作曲言語に合致しているがごとくさまざまな技術が用いられ、その多様さは注目に値する。いくつかの20世紀の作品では、拡張された技術はたまに、"ノーマル"な楽器の音色とはっきりと区別するように単なる効果を添えるために使われる。さもなければ、ファーニホウの作品のように、作曲の焦点がそのような音を作り出すことにおかれ、フルート奏者はフルートとの戦いの場に移されたかのような状態で拡張された技術が試される。しかし《線Ⅰ》においては、こうした音は作品の基礎となる言語の一部を成し、フルートの伝統的な奏法を拡張したかのように見えるのである。

　多くの技術が使われているが、細川の楽譜でもっとも独創的なのはノイズである。空気と明確な音との連続は、音に新たなパラメーターがあること、注意深く書かれたダイナミックスと同等であることを示している。こうした可能性を取り入れることによって細川は作品に多次元を加え、音楽に層に対する哲学を結びつけている。細川はこの哲学を「パターンとファブリック」というメタファーを使うことで説明している。この概念は通気性があり分離することのできない前景と背景に関するものである（細川、1994）。武満の《声（ヴォイス）》はかなりバルトロッツィに影響を受けていたのと同様に、細川の《線Ⅰ》は現代のフルート走者イヴ・アルトーが1980年に出版した『フルートの今日』という拡張された技術を要約した本に霊感を受けている。次の譜例（譜例11-1）は、細川がうまく拡張された技術を用いた、《線Ⅰ》の冒頭部である。6小節から8小節目は、さまざまなエア・ノイズがどのように（音符に四角や三角がつけられている）、極端に変化するダイナミック、中心音であるＡの周りに垂直方向の微分音とと

もに使われているかを示している。

譜例 11-1　細川俊夫《線Ⅰ》1 から 8 小節目

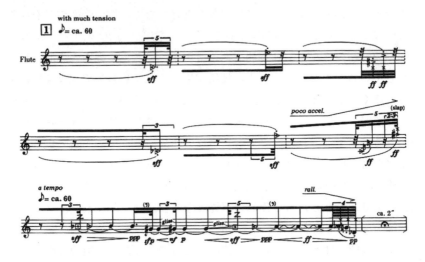

m.1-8
Hosokawa SEN I
© 1993 Schott Music Co. Ltd., Tokyo
All Rights Reserved
Used by permission of European American Music Distributors LLC,
sole U.S. and Canadian agent for Schott Music

　《垂直の歌Ⅰ》は、細川が手がけた 2 つ目のフルート独奏曲であるが、これは最初の曲とは異なる衝撃を受ける作品である。かなり演奏時間が短く、あまりたくさんの素材は用いられていない。この曲を書いたことについて、細川は次のように述べている。「音楽の言葉は表面的な場所ではなく、より深く人間の日常では気付いていないような深みから生まれてくるのだと信じている。(中略) その深層から生まれ垂直的に私たちの生の場所に立ち上がってくる歌を歌いたい」(細川、1997c)。《垂直の歌Ⅰ》で細川は、フルートが用いる技術の幅をひろめた。ここでは表層レヴェルの下でゆっくりと

して落ち着いて、不安の感情を誘いながら畏れを抱くような緊張感で展開する。冒頭部は、1音から次の音へと探究するような動きでゆっくりと始まる。一音一音に音と音との関係性というよりも一個の完結したものとして主眼点がおかれている。しかしこの簡潔さは見せかけだけである。異なったレヴェルにある。エア・ノイズとそのほかの現代的な技術は巧妙に変化を加えられるか、あるいは一見したところ無限のような豊かさを表層に作り出しながら音高をえる。多くの音は、ピッチのないノイズか沈黙から現れ、そこへと帰ってゆく。後半部ではその後1分間続く一つのパッセージ内で1つの音高のあらゆる面を探究するためにあらゆる技術が使われている。

譜例 11-2　細川俊夫《垂直の歌Ⅰ》58 から 72 小節目

m.58-72
Hosokawa VERTICAL SONG I
© 1994 Schott Music Co. Ltd., Tokyo
All Rights Reserved
Used by permission of European American Music Distributors LLC,
sole U.S. and Canadian agent for Schott Music

《垂直の歌》においても拡大された技術は、音楽的なテクスチュアと対照となるものを作り出すために機能している。その例が作品の終結近くである。ここでは特徴ある1/4音の使い方と細川が用いたエア・サウンドの中でももっとも息を使った奏法によって明らかになっている（譜例11-3の最後の小節を参照されたい）。このソフトな微分音は、この作品ではまだ耳にしていないオクタトニックの音高のセットを示唆している。その効果は、すべりおちるようなファジーなオクタトニックの言語で書かれており、音高セットはゆがんだレンズを通しているかのように聞こえる。細川はいまだ使われたことのない技術も用いている。こうしてこの世のものと思えないサウンドが、フルートの高音域に聞かれる。これはこれまでに聴いたことのあるものと類似したものがないような不気味な結末を形作るため、低い音域に新たに登場したテクスチュアと新たな音を合わせていたものである（譜例11-3）。作品がまさに終わろうとしているところで完全に新しい技術を使う手法は、フルートにおける新しいサウンドをうみだすものであるが、細川のすべての作品にある。この作品の終結部のテクニックは、自発性の感覚を生み出すという新しい領域の探究、すなわち細川が価値づけている質を生み出している。細川は次のように説明している。「日本語の"自然"は、ジネンとも読むことができる。そこには自然と自発性の意味がある。」(1995、53)。

譜例 11-3　細川俊夫《垂直の歌 I》84 から 93 小節目

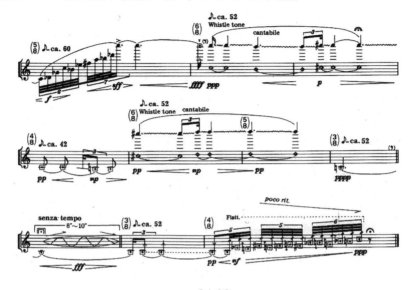

m.84-93
Hosokawa VERTICAL SONG I
© 1994 Schott Music Co. Ltd., Tokyo
All Rights Reserved
Used by permission of European American Music Distributors LLC,
sole U.S. and Canadian agent for Schott Music

　《線》《垂直の歌》と異なり、《息の歌》の音風景は、一種類の拡張された技術によっている。すなわち、息を使った音とエア・ノイズがフルートの音の中に巧妙に使われている。この曲の大部分は、吸ったり吐いたりすることによる息をつかった音程から成る。息と音との関連は、細川の言う「パターンとファブリック」というメタファーを完全に具現化するようになった。エバーハルト・ブルムが録音した《息の歌》のライナー・ノートで細川は「息は音楽のまさに基礎となるものです」(1988) と述べている。息によって音楽は生まれる。それは音楽が描かれるキャンヴァスを作り出すことでもある。《息の歌》では、息の音は冒頭で登場し、たえまなく何度も現れる曲の背景である（譜例 11-4）。息を背景に（あるいはファブリック）、音楽

151

を前景に（あるいはパターン）おくことで、息と音楽の曖昧さが作りだされる。息はたえず音と同じ瞬間にあるので、いつフルート奏者が演奏しているのか、あるいはただ単に息をしているだけなのかをいうことは不可能である。この意味でタイトルが「息の歌」となった。

譜例 11-4 細川俊夫《息の歌》1 から 9 小節目 (注1)

m.1-9
Hosokawa ATEM-LIED
© 1997 Schott Music Co. Ltd., Tokyo
All Rights Reserved
Used by permission of European American Music Distributors LLC,
sole U.S. and Canadian agent for Schott Music

《垂直の歌》を作曲したすぐあとに細川は次のように記している。「私は現在、西洋音楽とは異なった音素材を変えて再構築することに関心がある。私は新しい音楽を特殊な演奏技術を用いず、また音を"避ける"ことなく再構築する方法を考えている。むしろすでにあるものに新しい意味を発見したい」(1995、52)。この言葉によると私たちは、細川が拡張された技術を使い続けるつもりはないと信じてよいようである。《息の歌》は、そうではないが、普通でない音が"避けられている"とはいえない。ここではもはや、こうした音と慣れ親しんだ音をまぜて考える必要はない。そうした音をそのまま用いることで細川は、"特殊な奏法"の領域をこえて、いまや新しい意味をもたせた音を動かしている。こうして細川は、フルートとフ

ルート作品を作曲する作曲家に新しい表現の幅をひろげた。

〈注　釈〉

（注1）囲み数字は正方形の音符は可能な限り息を入れた音をあらわす。上向きの矢印のついた音符の棒は吸う息を表わしている。

〈参考文献〉

Artaud, Pierre-Yves, and Gérard Geay.　1980. Flûtes au présent: Traité des techniques contemporaines sur les flûtes traversières, à l'usage des compositeurs et des flutist. Paris: Éditions Jobert/ Musicales Transatlantiques.

Fukushima Kazuo.　1966. Mei for solo flute. Milan: Zerboni.

Griffiths, Paul.　1995. Modern music and after. Oxford: Oxford University Press.

Hosokawa Toshio.　1994. The pattern and the fabric: In search of a music, profound and meaningful. In Ästhetik und Komposition: Zur Aktualität der Darmstädter Ferienkursarbeit, ed. By Gianmario Borio and Ulrich Mosch, 74-78. Mainz: Schott.

———.　1995. Aus der Tiefe der Erde: Musik und Natur. Trans. Ilse Reuter, unpub. English trans. By Megan Lang. MusikTexte: Zeitschrift für neue music, no. 60:49-54.

———.　1997a. Atem-lied for solo bass flute. Mainz: Schott Japan.

———.　1997b. Vertical song Ⅰ for solo flute. Mainz: Schott Japan.

———.　1997c. CD『細川俊夫作品集：音宇宙』Fontec 3406

———.　1998. Japan flute のための解説書。Eberhard Blum. Hat hut, hat[ now] ART 106 (CD)

———.　2003. Sen Ⅰ for solo flute. Mainz: Schott Japan.

Takemitsu, Toru.　1971. Voice pour flûte solo. Paris: Salabert.

# 第12章　マーティー・リーガン：二十一絃箏のための作曲について　Marty Regan

　箏は7世紀と8世紀に中国から雅楽にとともに輸入されて以来、その基本的な構造はかなり変化した 。ツィターの一種で、共鳴体の表面に絃が張られた構造をもつ。(注1)

　箏は多くの人に十三絃の楽器として知られている。しかし、1921年に宮城道雄により十七絃箏が考案され、1969年に二十一絃の箏が作曲家の三木稔と箏曲家の野坂惠子により発明された。何人かの演奏家が二十五絃や三十絃の箏を実験的に作ったが、定着することはなかった。日本では二十一絃の箏を「二十絃」と、これは文字通り絃の本数が「二十一絃」であることの意味を短縮してそう呼ばれている。なぜ21本の絃をもつ楽器が20絃箏と呼ばれるようになったのだろうか？　もとは1971年にトレモロのような速い身振りをより効果的に出すため、あるいは三木稔作曲の《竜田の曲》で低絃で奏する"すくい"や"すくい爪"を奏するために（譜例12-7参照）、二十絃箏の低絃に1本つけ加えられた。この奏法をするために演奏家はすばやく爪を親指で弾いたあと次の絃ですばやく止め、そのあと絃を掬い上げる。1本の絃を付け加える前には、すくい爪を最低絃でする場合に箏本体を打ってしまうことがあった。(注2) そのため1本の絃は、親指が箏の表面をたたいてもよいようにという特殊な目的のために付け加えられた（三木 1996:171）。余分に絃が加えられたにもかかわらず、楽器の名前はそのほか様々な理由から二十絃で通された。2004年以降、三木氏は、新しい箏を意味する漢字をあてて新箏(にいごと)と呼ぶようになった。筆者は英語を話す仲間といるときいまだに二十一絃箏と呼ぶし、いまだに日本でもそう呼ぶ人がいるが、とくに三木氏と親しい仲の間では新箏(にいごと)という表現は徐々に使われるようになっている。二十一絃箏のための作品も次第に増えるにつれて、「0絃」のもともとの機能は忘れられ、作曲家はほかの絃と何ら違いを設けずに、自由に作曲に用いるようになっている。

　以下に述べる箏の技法のほとんどは、すべての箏に共通するものである。

しかし、小論の目的は、箏の表現が拡がることにある。私からすると、箏は日本の国外ではまだ「発見」されていない。加えて、箏のための作品を3つ創作した経験からすると、二十一絃箏をつくるために余分な絃を加えたということは、現代作曲家にとってチューニングのしやすさ、音量、表現上の可能性という幅を広げるものであったと信じている。それと同時に、二十一絃箏は、十三絃の箏に用いる伝統的なペンタトニックの調絃をしていたので、美的感覚や音色に犠牲をきたすことはなかった。最後に、アジア全土のツィター類には現在、それぞれの二十一絃箏がある。二十一絃ツィターは次第に標準になりつつあるのである。結果として、共同研究という貴重な機会と刺激的な音楽の交換を通じて、レパートリーは異文化間を自由に巡ることができるようになった。

　箏は、右手の人差し指、中指、薬指の3つ指に爪と呼ばれる象牙でできたピックをつけて演奏する。箏のチューニングは、絃の下にある象牙でできた柱（"ジ"と日本語でいう）を置く位置を調節して行なう。それぞれの絃には特定の音程があり、それにあわせる。二十一絃箏の基礎となる音域を譜例12-1に記した。理論的にはこの音域はあと3分の1は上下どちらともにも拡げられるかもしれないが、そうすると残響は少なくなり、メタリックな音色になる。

譜例12-1　二十一絃箏の一般的な音域

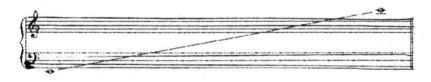

　二十一絃箏の基礎となるチューニングを譜例12-2に記した。このチューニングは二十一絃箏のための作品がこの全音階に基づくべきだという印象を与えるためのものではない。むしろ、三木稔が書いている次のことにある（1998、153）。

「二十絃箏製作の目的の1つは、五線譜と実際の音との関連をできるだけ固定して、視奏を容易にすることにあった。(中略)。箏はきわめて自由な調絃のできることがメリットでもあるので、(中略)中間部分はできるだけ基本調絃を使用することが望まれる（♯や♭は自由)。」(注3)

譜例12-2　二十一絃箏の一般的なチューニング

筆者が二十一絃箏のための作品を作曲した経験では、多くの演奏家は上に記した三木氏の言葉にある様にほとんど初見も同然で楽譜を読み演奏している。言い換えれば、一弦をCの音に、二の弦をDに調弦する限り、演奏家は弦の数字を記譜したり西洋の記譜法に音符を書くことをしなくてもすばやく対応することができるのである。

二十一絃箏の固定されたチューニングで和声に限界があることは、作曲家がこの楽器を西洋の楽器と組み合わせて曲を作ろうとする場合に、ユニークな問題を提示する。もちろん、チューニングは曲の中でも琴柱を移動させることで変えることは可能である。ほとんどの琴柱はほんの数秒でもとにあった位置に戻し調整することができ、熟練した演奏家はいつ変えたのかわからないほど優雅にこなす。しかし、チューニングの変更については、いくつか注意しなければならないことがある。

まず、琴柱をいじるときに左手を使うことができないので、演奏家は持続している音を操作したり箏の特徴である奏法で左手を使うテクニックを用いることができない。第2に、新しいチューニングにかえると弦は伸びたり縮んだりするために調子がはずれる危険性がいつも伴う。第3に、曲の中で広範囲にわたって琴柱を調整すると演奏家の集中力を損ねることになる。第4に、低い音域の琴柱は、演奏家が立ち上がって楽器の左側へまわって動かさなければならないので不可能である。このことは、もし音楽

的に必要があるのならば異なったチューニングをするために琴柱を動かすべきではないといっているのではない。むしろ私はただ読者に箏のための作品を書くにあたって和声的にも旋律的にも豊かにする別の方法があること、特に左手が箏に慣用的に使われている多くの方法の秘密を知る一つの方法であることを気付いてもらいたいだけである。

　固定されたチューニング以外の音は、琴柱を変えることなく得ることができる。つまり、琴柱の左側の弦を右手で弾く前に押さえれば簡単にできることである。この方法を押し手と言う。左手で押さえる強さを調整することによって、ピッチを半音または1全音上げることができる。譜例12-3は、押し手で奏することを示した箇所である。

譜例12-3　左手で押す（押し手）奏法

押し手の基礎であり主要な使い方で旋律線に装飾と優雅さを加えるためのもっとも効果的な方法は、それぞれ押し響き、押し放し、あと押し、つきいろと呼ばれる4つのテクニックを組み合わせて使うことである。この方法で作曲家は通常のパッセージを特徴のある、箏ならではの慣用的な装飾をつけることができる。

譜例12-4　押し手をもとにした様々な技法の記譜法

a) 押し響き　b) 押し放し　c) あと押し　d) つきいろ　e) ひきいろ

a) 押し響き：左手で弦を押す前に右手で弦をはじき、上行するグリッサンドのような音の動きを得る方法。
b) 押し放し（押し響きのヴァリエーション）：右手で弦をはじく前に左手で弦を押して、下行するグリッサンドのような身振りを得る方法。
c) あと押し：左手で弦を押す前に右手ではじき、左手で押さえてすばやく音を上げ、そしてそれより低い弦を即座にはじく。しばしばこの型は同じ弦で繰り返されるが、はじいた弦が装飾音よりも高くなることは一般的ではない。
d) つきいろ：右手で弾いた直後にすばやく突くように左手で弦を押さえる。
e) ひきいろ：弾いたあと、琴柱の左から左手で右方向へ弦をひっぱることでピッチを下げる奏法。この奏法は、譜面には「ヒ」または「ひきいろ」という文字と線を書くことで示した。これは高い音域では効果がなく、低い音域では難しい奏法である。中間の音域では理論的には約半音低くすることができるが、音を低くするための奏法と考えないほうがよい。ひきいろは、繊細な装飾の一種と考えるべきである。

　ちょうど同じように重要なことは、左手の押し手のテクニックは右手が休む機会を与えるということである。たとえそれが瞬間であっても、右手が単音をひとつひとつはじくとしても広く音程をジャンプすることが可能になるのだ。譜例12-5は私が作曲した《尺八と二十一絃箏のための協奏曲》から押手をもとにしたテクニックを使った例である。この譜例で注意していただきたいのは、このパッセージで使われている調子では左手が押さえることなくすべてのピッチを弾くことができるということである。しかし、このパッセージは左手が細部にわたり重要な役割を果たすことによって激変する（つまり、よくなる）。したがって箏のために作曲するとき、この点をかんがみて独特の飾りを加えることを考えることはきわめて重要である。半音でも全音でもどちらの音程にも装飾することのできる奏法である。尺八のように、箏の装飾は適度に使われるのがベストである。さもなければ左手が忙しくなりすぎて効果を失うことになる。

　押手をもとにしたテクニックを使って作曲はチューニングとは別の音程

を使うことができる。そして西洋の楽器とともに使う場合は、箏が普段よりも半音階的に響いているような錯覚を耳に与えることができる。

たとえば譜例12-6の《尺八と二十一絃箏のための協奏曲》の67から68小節で音の集まりはfドリア旋法から半音下げてホ短調を基礎としたヘクサトニック・スケールとなる。二十一絃箏とのチューニングと共通の音程のみ（E♭、F、G、A♭、B♭、C、D）から成り、68小節目（E、F♯、G、A、B、D）で新しい音にdとgがあるが、筆者はわざとほかの弦を用いるのを避けた。その代わり、共通音を強調し、箏のチューニングに無い音がいる場合は押し響きを使う一方で、68小節目では新しい音（たとえばA）を含ませた。このことは二十一絃箏はアンサンブルとともに調子が変わっていくような印象を耳に与える。尺八と箏という二つの日本の独奏楽器の和声的な可能性を伸ばすことが、この作品において顕著な特徴の一つであり、作曲家が日本と西洋の楽器を使う作品を書く際に直面する問題に対する一つの答えでもある。

譜例 12-5　43 から 66 小節

譜例 12-6　67 から 71 小節

　左手で弦を押さえて装飾音をつけるテクニックを拡大して使ったほか、右手は音色の上での表現の幅を広げるという、箏になくてはならないテクニックを用いた。譜例 12-7 は、右手に一般的なテクニックとそれを五線譜に当てはめたものである。

譜例　12-7

a) 合わせ爪　　b) すくい爪　　c) トレモロ　　d) 散らし爪　　e) 打ち爪

a) 合わせ爪：親指と中指で同時に2本の弦またはそれ以上の弦を弾く。次の3つの異なる方法もある；まったく同時に弾く（カッコで記した）。上方向のアルペッジョ。下方向のアルペッジョ。

b) すくいあるいはすくい爪：親指につけた爪の黒い部分で弦をはじく。16分音符が連続する身振りのときに多く見られる。このとき親指は下にはじくことと上にはじく"すくい"とを交互に行なう。しかし"すくい"は軽く、デリケートな音色をもつため、音色を変えるひとつのピッチに対して使われる。より大きな目立つ音を出すためには、"すくい"の変形で弾きながら柱の方へ弦をこする。その結果として発せられる音を明確に楽譜に視覚的に表すため、譜面に書く場合はアクセントを加えるべきである。

c) トレモロ：親指につけた爪と中指ですばやく弦のごく近くを切るような身振りで奏する。西洋の弦楽器で使う記譜法と似て、拍子と関係のないトレモロの印で書かれる。

d) 散らし爪（ちらしづめ）：中指と人差し指を、はさみのような形にして隣接する2本の弦をすばやく右から左へすばやくする。この身振りは旋律よりも音色の変化を強調するので、2本の弦を弾くときは（1本の弦にたいする散爪はより柔らかなダイナミックを可能にするが）弾くのは簡単で、より効果的に説得力ある音を響かせることができる。

e) 打ち爪（うちづめ）：指につけた爪で弦を打つ奏法。柔らかなダイナミックによる音程もかなりはっきりと聴き取ることができる。隣接した3本の弦を同時に弾くことも可能だが、2本の弦を使うのが一般的である。

譜例12-8は私の《尺八と二十一絃箏のための協奏曲》(2006)で、イ音からヘ音への右手の音色変化の拡張したテクニックを記した。譜例12-9は、

打ち爪で奏する箇所である。

譜例 12-8《尺八と二十一絃箏のための協奏曲》(2006) 72 から 86 小節目

譜例 12-9《尺八と二十一絃箏のための協奏曲》(2006) 447 から 449 小節目

　左手のピチカートは、左手が弾く間に右手が動くことができるので、対位法的に音色を変えることや広い音域に渡って演奏するために使うことができる。そのときは楽譜に「＋」と記した。この奏法だと、6音の和音を奏することもできるし、右手と組み合わせてアルペジオも弾くことができる。譜例 12-10 に、いくつもの異なった種類の左手のピチカートを使った《Seven Values of the Warrior Code》(2006) を記した。

譜例 12-10 《Seven Values of the Warrior Code》(2006) 34 から 40 小節目

　演奏するポジションによってさまざまな音色の微妙な変化を得ることができる。たとえば竜角の近くで演奏する場合（N.R.）と、竜角から離れて演奏する場合（Off. R.）、従来のポジションである。竜角とは、楽器の最右側のことで、竜角から離れている場合はスル・ポンティチェロに似た鋭い音がする。竜角から離れて弾いたり、柱に近いところで弾くと、繊細で柔らかな、スル・タストに似たミュートがかった音色を得ることができる。

　二十一絃箏のような日本の楽器と西洋の楽器を組合せた作品を作ろうとする作曲家にとってやっかいな問題のひとつは、両者のバランスをどうとるかである。その１つの効果的な解決法は、個別のテクスチュアを強調することである。しかし私の作品ではオーケストラの楽器と二十一絃箏をお互いの音色を模倣することを探しつつ「組に」することも試みた。例えば、私の作品《尺八と二十一絃箏のための協奏曲》(2006) の 55 から 57 小節（譜例 12-11 参照）で二十一絃箏は左手で弦を押さえる技法を幅広く用いる必要のある超絶技巧のパッセージを演奏する。とくに 55 から 56 小節目で弦楽器は"押し響き"や"押し放し"と似た技法で、連係して上行しながらピラミッド型の音型を演奏をしてゆく。それぞれ弦楽器のパートは上行する旋律線を奏しながら、最後の音をすり上げたり、すり下ろしたりするようになっている。些細な効果かもしれないが、二十一絃箏と相互の関係をある程度確立するために効果的である。

技術を模倣することで二つの音楽文化の間に潜在的な類似性と照応するものを強調すると、我々が陳腐に"東洋"や"西洋"と関連付けて創造しているものとの想像上の境界がかすみ、それを超越したところを区分する難しさが残る。

　筆者の同じ曲の 290 小節から 341 小節にかけては、箏とハープがかなり交錯するようになっている。この箇所は全体的に二十一絃箏の細かい装飾とハープの優しい音色を前面に出しつつ、オーケストラは弦楽器と打楽器の穏やかな持続音を奏でるような、かなり繊細な手法で書いた（譜例 12-12 参照 )。

譜例 12-11　55 小節から 57 小節

譜例 12-12　338 から 340 小節

　二十一絃箏のような非西洋の楽器は、西洋の楽器の代わりとなる音をもたらす。そして民族音楽学者と作曲家とが連携し努力したことによって、非西洋の音楽文化は国を越え、西洋の文化と交流し、西洋の音楽文化の流れに東洋を補足し始めている。非西洋音楽文化との関係を深め、豊かにするためには時間と忍耐が必要であるが、そうした努力は大きな美的報酬を得ることでもある。筆者は、作曲家は非西洋楽器の可能性と限界を探るだけでなく、ときには混乱を招くような伝統音楽における美学的な差異、あるいはあたかも1つの地球音楽であるかのように国を混同しないように(たとえば日本、韓国、中国)注意を払い続けるべきだと思う。私はこの論文によって、芸術音楽において二十一絃箏が 21 世紀の重要な楽器としてさらに使用されるようになり、そうした作品が異文化の間で交わされる会話に貢献することを希っている。

〈注　釈〉
(注1) 楽箏、筑箏、俗箏という用語が歴史的な楽器の種類としてある。楽箏は、雅楽で使われた楽器。筑箏は筑紫箏とも言われ、16 世紀に北九州の筑紫の僧侶、賢順が創始。俗箏は今日の箏のことである。八橋検校 (1614-85) が陰旋法をもとに平調子を考え出し、それを筑紫箏で用いた。八橋が用いた箏は俗楽で用いられるようになったため俗箏として知られるようになった。したがってこれらの用語は新しい領域で使われた楽器をもとにつけられており、構造上の違いから名付けられたものではない。Johnson 1996-7 を参照のこと。

(注2)「付け加えられた弦」は「0弦」とされている。譜例12-3参照のこと。

(注3) 筆者による翻訳

### 〈参考文献〉

Johnson, Henry M. 1996-7. A "Koto" by Any Other Name: Exploring Japanese Systems of Musical Instrument Classification. Asian Music Vol.28:1. 43-59.

三木稔『日本楽器法』第3版、東京:音楽之友社、1998年

Regan, Martin P. 2006. Concerto for Shakuhachi and 21-String Koto: A Composition, Analysis, and Discussion of Issues Encountered in Cross-Cultural Approaches to Composition. Ph.D. diss., University of Hawai'i, Manoa.

# 第 13 章　ヒュー・リヴィングストン：現代チェロ奏法に用いられた近代の演奏様式　Hugh Livingston

　黛敏郎の独奏チェロのための《BUNRAKU》は、日本の都市の発達に影響を受けて17世紀に生まれた人形劇である文楽からタイトルをとり、またその音世界を取り入れた作品である。この文楽という人形劇は、その時代における文化を率直に描写したものである。歴史家のマリー・エリザベス・ベリーは、そこには性、暴力、金について描かれていると述べている（2007）。文楽の脚本はおおむね恋人同士が心中するという悲劇で幕を閉じる。この演劇は「人々が社会の中で譲歩するしかない」内容を扱っているのである。(注1)

　黛は新たに開館する劇場のために独奏チェロのための《BUNRAKU》を作曲した。したがって、この曲には形式化された伝統を想起させるものがあり、昔の作品を保存するという意図がある。この曲は、文楽で用いられる音色を西洋の和声と華やかな技法に重ねて描かれている。(注2) 黛は、伝統の書き写しではないが、滅亡に瀕している音楽に命を与えるために三味線と語りの音響要素を統合した曲を書いた。伝統の中から特定の演目を描写したのでない。このことは、人形劇の演奏時間が1時間ほどだが、この曲が9分であることからも明らかである。始まりを告げるベルから燃え立つような終結までを描き、西と東をダイナミックに統合しようとしていたことが分る。

　《BUNRAKU》が作曲された当時、多くのアジアの作曲家が自国の伝統の音世界を表すために現代的なチェロを用いて伝統とは遠い関係にある西洋の技術を統合させていた。《BUNRAKU》の冒頭部で5音音階やさまざまな種類のピチカートのような特徴的な素材が聞かれるが、これは日本の伝統がノイズのような音にも開かれていることを表わしている。西洋のフルートは金属でできており純粋な響きを理想とするが、尺八が楽器の生まれた竹林を吹きぬける風を想起させるように、日本の弦楽器には音の出し方において自然の要素に近づいて表現を豊かに変えるところがある。西洋のチェロやフルートは、どちらも人間の声に近い楽器として考えられることが多

く、音域が広く音量のあることが、この楽器に伝統的な音楽概念を当てはめた場合に非常に役に立つ構成要素となる。この二つの楽器のために多くの作曲家が力作を世に送り出してきた。チェロという、強弱の幅も音域も広く、かつ多様なテクニックが演奏できる楽器は、20世紀の終わり三分の一で作曲と器楽スタイルに革新をもたらし重要な位置を占めることとなった。(注3)

　アジアの作曲家は、時間的、地理的に隔たりのある西洋と対話をしている。器楽を演奏する上では、楽譜に記譜されることに限界もあり、結果として調節が必要となる。この種の音楽を理解しようとする演奏家には、明らかに解釈の自由が与えられている。(注4) 黛の《BUNRAKU》は、異なる時空間の精神を豊富に想起させる異国趣味の域を越えた、非常に感動的な作品である。黛は楽器全体を用いて三味線のビーンという音色やスライドさせた音、9度の和音、劇的なカデンツァを取り入れた。そして穏やかなパッセージでは表情豊かな間(ま)が前景と背景の表情をさらに豊かに表し、休止やピチカートは、西と東の双方を意図して使われている。

　黛のスコアは実用的で、西洋のチェロ奏者でも読みやすい記譜法で書かれている。冒頭から訴えかける要素が登場する。グリッサンドである。アジアの作曲家・黛はふさわしい記譜法を用いているが、もっとも見過ごされてきた要素ではないだろうか。グリッサンドとは近代的な解釈で何をどうするかは理解しているが、実際は旋律をどう結ぶか、あるいは音をどう装飾するかによってかなり異なったアプローチの方法が生じるものである。伝統的な記譜法では残念ながらそこまで記しきれない。筆者は何人かの作曲家に、音符と手が移動する距離という空間に対して時間分割を正確にかつ均整がとれる図形楽譜を取り入れてはどうかと提案し、次のような簡潔な質問をしてみた。どれくらい最初の音をスライドをさせるまえに持続させますか？　上向きのときに曲がるのはどの地点ですか（コンスタントなのか、加速させるのか）？　到達した音ははっきりと記譜された音を発音するのか？　単純な2次元における均等な曲線による西洋の記譜法では欠けているものを補足する必要がある。つまり音を終えるための繊細な飾りであり、長い線で旋律を続ける形であることは事実である。

譜例 13-1

　より深くスコアを見てゆくと、たとえチェロには実際的でない要素があるとしても、三味線の音を考えることはあらゆる意味において有用である。主な特徴は次のようなものである。サワリ（典型的なビーンという音）、打楽器的な音をともない、ほぼ沈黙のような"陰影ある演奏"をすることが可能、大きなバチを使い、グリッサンドを用い、乾いた音、そしてリズム・パターンはマーチのように厳密であったりアッチェレランドしたりする。頻繁にではないが、重要な瞬間に語りを助けるために演奏家が声を出すこともある。(注5)

　三味線は弓を使わないが、黛は弓とバチを交互に用いて語りの声が揺れ動いたり強い感情を表わしたりするのを想起させるパッセージを書いている。筆者は、黛が語りのヴォイシングの耳障りな音を伝えるために伝統的なチェロの奏法であるベル・カントを用いていないとする意見に同意する（アダチ、1985）。(注6) みずみずしい音の核心というよりも音を囲む雑音による色彩を発生させるために、左手で弦を押さえ強く揺らす奏法を含む（表現豊かなモルト・ヴィブラートの指示で演奏している時でさえ）。筆者はさらにこの技術を広げて、弓の圧力とスピードを変え、きしるような音を出したり、弦のもっとも震える箇所を打てるよう指板で C 弦をふさいでみたりした。駒から離れて弾くことによって、弓は直接、振動を止めることができるからである。そして三味線によくみられるバチをすり上げる動きは、人間の声の喉を絞るような振動に非常によく似ているが、そうした音を出しながらいま弾いている音を活性化させる。この音色は弓によるアクセントを変えることで得られる。どれもヴィブラートの幅を広くしたり、速度を速くしたり、あるときは従来の圧力をかけるアクセントを制限しな

がらスル・タストのように弓のスピードをあげたりする。

　弦をはじく奏法は、西洋の楽器であるチェロと三味線が大きな象牙のバチで奏するのとはかなり異なる（そしてその音色も異なる）。チェロのピチカート奏法は100を越え、結局はその規則のなかにあるものだが、私にとってピチカートはアジアの音楽の要素をとりいれた作品研究の重要な出発点であった。文楽において強烈な音はサワリである。左手で奏するピチカート、鋭くバチで叩く奏法によって生じる打音、ぴんと張った猫皮の楽器を強く叩く打楽器的な要素も含めた音響である。

　私はノイズのあるピチカートの効果を使おうと思った。習得するのに努力を要するが習得してしまえば何にでも使える奏法である。この効果は三味線のビーンというサワリのように、音を打ったあとでもこのビーンという音を伸ばすことができる。譜例13-2の例（すべてピチカート）は黛の作品の18から20小節目であるが（黛、1965）、チェロは指の第一関節で実際は止めながらフラットのついた音ではじめなければならない。(注7) 指はグリッサンドするために固定した状態で、A――かなり重要な音である――が鳴るとき、手は指板にたいしてビーンという音を出すために少しずつ指を揺らす。低い弦では、同じ効果を出すために、指先だけを用いる（指の付け根でもよいが、パッドは不可。なぜなら弦の振動をただ単に止めてしまうからである）。このとき、弦のエネルギーを失わないようにしなければならない。そしてグリッサンドが終わったあと、圧力はとかれ、弦が指板から離れるほどわずかにリラックスし、振動させる。譜例13-2に記した記号は、ひろく受け入れられている記譜法で、最初のものはスナップ・ピチカートで、次のものは開放弦のDに使われている。

譜例13-2　黛敏郎《BUNRAKU》18から20小節目

Copyright © 1964 by C.F. Peters Corporation

Used by permission

低い2本の弦は、ビーンという音に顕著に影響を受けやすい（高い弦はそれほどでもない）。これは指板の角度、駒の高さ、個々の弦の並び方による。一般的に、上行するグリッサンドは部分的な圧力を下行するグリッサンドより維持しやすい。また、ゆっくりとした速度のほうが速いものより楽である。下行する長いグリッサンドは、エネルギーを要する。上行するスライドは常に短い弦なのでヴィブラートを続けるのにエネルギーは少なくてすむ。それはちょうどアイス・スケーターが腕をひいてさっと速い回転をするように、残響時間は長くなる。

　スナップ・ピチカートは、バルトークが弦楽四重奏曲のなかで頻繁に用いたのでバルトーク・ピチカートとして知られるが、黛が三味線の音を示唆するのに利用した、ピシャリという打楽器的な音である。問題は、音響がすぐに消えてしまうことであり、ノイズは叩かれたその瞬間に集中していることである。弦は指板から垂直にひっぱられ、そしてリバウンドされる。弦と指板の間に空間があればあるほど、スナップの音は大きくなる。音の減衰が速ければはやいほど、弦のエネルギーは使われる。結果として、鳴り響く音、グリッサンドの装飾、ヴィブラートはそのあとあまり使われない。74小節から76小節目（譜例13-3）は、私が"垂直な"ヴィブラートと呼ぶもので、もっとも余韻を残す奏法である。この音は、C弦に有用で余韻を長く響かせるものだが、ほぼ垂直に響く音である。弦を指板にむけてひっぱったり（指板のちょうど端でひっぱる）、スナップ・ピチカートの代わりに逆に弦をゆるめたりするのもよい。指板の位置によって弦はゆるんでおり、また弦は戻るにつれて振動のエネルギーをなくしてゆくので、必ず"スナップし"ミスする危険がすくない。左手の抑える力を変えることによって音にさらにノイズを加えることもできるほか、グリッサンドの上行・下行させる余地も残されているとともに、音の始まりからダイナミックの幅を得ることもできる。これは私が習得したもっとも余韻を長く響かせるピチカートであり、現代曲の演奏に有用である。この奏法を76小節目（譜例13-3）でハーモニクスの上に羽のように柔らかく弓で叩きながら用いると（G弦で試してみると、グリッサンドは親指が目的の音に届く前にだいたい

短7度動く)、グリッサンドは永遠に続くような幻のような音となる。そのほかの奏法としては、G 弦の上でグリッサンドを止める地点に到達しようとしているときに弓をおいてしまうものである。弓を手際よくそして優しく扱うと、響きは自由になり減退してゆくピチカートの音と混ざる。ここではピチカートの音に触らずにすむ。

譜例 13-3　黛敏郎《BUNRAKU》73 から 76 小節目

Copyright © 1964 by C.F. Peters Corporation
Used by permission

　三味線の演奏家は、弦の上の方を演奏し多くのグリッサンドを奏するために左手の指の腹でなく爪を使う（そのために日常生活の中で左手を水に浸すことはない。実際の三味線奏者は普通の人と同じ生活をしているが。）（アダチ、1985、61）。このやり方で三味線にはグリッサンドで飾る奏法が、短いものから音をずりさげるものなど、とても多い。グリッサンドは、響きの薄い音に基礎となるような強い音や金属的な音を喚起させる倍音によって変えるテクニックで、一打ちのような短いものからはやいスライド、そしてより長い響きを与えることも可能である。これはいくらか体力と手の位置を調整する必要はあるが、チェロにも応用できることである。概して、手の角度を変えればよい。弦に対して一列に指を置くのではなく、音から音へと人差し指で行なうスライドである。左手は狭い接点に見合う音高をかなり正確に得る必要がある。しかし指の腹を用いて弦を押さえてもよい。一般的にいって爪で抑える奏法による音は、肉感的（flesh）あるいは金属的な音というより、残響が少ない支配的な基音をもたらす。これはチェロの高音（いちばん細い）弦にのみ適用される。
　46 小節目から 49 小節目は、弦を指の腹ではなく爪で押さえることを示

したよい例である（譜例 13-4）。この音は特に基音なので、より強く弾かれる。この奏法は、手を変える時間が必要（弦にたいして異なる指を持ってくる必要がある）ために難しいが、低い 5 度を出す 2 本の弦にたいして弓でたたいたりピチカートをともなわせると、空間はそれほど重要ではなくなる。

譜例 13-4　黛敏郎《BUNRAKU》46 から 49 小節目

Copyright © 1964 by C.F. Peters Corporation
Used by permission

　46 小節から 48 小節の身振りはかなり異なり、とりわけはかない様相をしている。ここでは親指が音を抑え、中指ができるだけ大きく弦をはじく。私は弦を押さえるのに左の親指の爪を用いたり、回転させて爪で押さえたり手をまるごとひっくりかえして爪で押さえたりしてさらに音色を加えている。どちらの方法も弦を正確に押さえるためには手で押さえる力をかなり強くする必要があるし、グリッサンドするためには同じようにしっかりと弦を押さえる必要がある。49 小節目につけられたアステリスクは、脚注で 1 本の指で優しく弾くよう説明されている。これはもちろん三味線の奏法を想起させるものである。
　52 小節目は、右手の親指の爪でできるだけ強く弦を叩いて三味線のバチを正確に真似ようと私が努力した箇所である（譜例 13-5）。私が試みた別の奏法は木を痛めないように弓の内側を使うのだが、この奏法だと西洋の慣習的な弦をつまびく方法では発音されない、ちょうどギターのピックを使った音のようなサウンドを得ることができる。この奏法は、弓を使ったり箏やピーパで使う爪をつけて一つの指で試したり、バチを同時に使うような

あらゆる方法をみたが、どれも実用的ではなかったことから辿りついた。

譜例 13-5　黛敏郎《BUNRAKU》52 小節目

Copyright © 1964 by C.F. Peters Corporation
Used by permission

　5 ページ最後のピチカート（譜例 13-6）をスナップ・ピチカートで、指示通りにピアノという弱い音で演奏するには、上行するピチカートを奏しながら同時に左手で弦をすべりおろす秘法がある。これは指板に対して弦をピシャリと叩くことになる。すなわち、一打が始まるとき、左手には部分的に力が加わる。このときノイズが発生し、そして指は音を鳴らしながら下行する。これはとてもサワリに似た音をかなり効果的に出すテクニックであり、とても繊細な音色も得られる。音の表現として要求されている歯切れ良さとは直観的に考えて異なるように見えるかもしれないが、このソフトなピチカートは現代チェロ曲に有用である。

譜例 13-6　黛敏郎《BUNRAKU》123 小節のおわり

Copyright © 1964 by C.F. Peters Corporation
Used by permission

　6 ページの熱狂的雰囲気のある箇所（譜例 13-7）での主眼は、和音のヴォイシングにある。これは、ドローンもしくは打楽器のような音に支えられ

て、上声部の旋律をもっともらしく示唆している。124小節目でかきならされるピチカートは、効果的である。ここで私はD弦で指の腹を用い、A弦には爪を用いる。128小節目からいくつか私なりの解決法があり、3音の和音を親指でかき鳴らし、中指で旋律の音を弾く。繰り返して登場するD弦は親指で対応するか（したがって二つの指を和音に使う）、ダウン・ストロークのときは人差し指を私は好んで使う。開放弦であるDは何度も登場し、そして旋律に焦点があたる。低い3本の開放弦と同時に演奏される旋律は、上行で奏されることになるか、人差し指と中指のユニゾンで奏される。私は後者の奏法のほうが上声を目立たせることができると思う。そのため、私は中指を用いる。私はこうして130小節目（静かに演奏されるべき瞬間には、ストロークを上行・下行とを変える）と131小節目（連続して演奏されるときは人差し指のダウン・ストロークで）を演奏する。

譜例13-7　黛敏郎《BUNRAKU》124から132小節目

Copyright © 1964 by C.F. Peters Corporation
Used by permission

三味線奏者はピチカートを左手で奏する。このことは現代のチェリストと同じである。こうして金属的なビュンッという音が得られる。黛はほかの奏法やほかのピチカートの音色と対照させるとともに右手を開放させるのにこの奏法を用いている。もし可能ならば、中指と薬指の腹で、またそのツメを使ってもよい。記譜は従来通りで、+は音程があがる時に用いられ、m.s. や m.d.（mano sinistra ＝左手で、mano destra ＝右手で）と略して書かれている。

　三味線で左手が軽く絃を押さえる奏法は、チェロが表現するよりもかなり表情豊かなグリッサンドを出すことができる（三味線の弦は絹またはナイロンが使われるが、スチール弦を使うチェロでは弦を押さえるのには摩擦が生じるために指の腹ではなくツメを用いる）。しかし可能な限り演奏家は、はっきりと余韻を響かせるために右手の打ちつける奏法と左手で弦を押さえる奏法に慣れるべきだろう。西洋の奏法では音の切れ目について見過ごしてきた。しかし日本には次の音に行くまでにほとんど感知できないほどのミクロな音の陰影を考える美学がある。

　《BUNRAKU》を知ることで、記譜上の表面的な問題を越えて"楽器そのものを使って"作曲家が表現したい最高の音色と陰影を探究するすばらしい機会を得ることができた。異なる楽器に自国の楽器の技術をあてはめたり、オリジナルの音を再現して代わりの方法をみつけたりすることで、このようにして豊かで新しい奏法というものが形作られるのだ。

〈注　釈〉

（注1）Mary Elizabeth Berry. History, Culture & Aesthetics of Bunraku. Lecture at Wheeler Hall, UC Berkley. Conference presented by UC Berkeley Institute for East Asian Studies and Center for Japanese Studies, and the Japanese American Cultural & Community Center, in conjunction with US tour of The National Puppet Theatre of Japan. October 11, 2007.

（注2）黛の作品については《BUNRAKU》と記し、人形劇については文楽と記す。原文の英文で黛敏郎の名前は西洋の書式にのっとって Toshiro Mayuzumi と表記した。

（注3）Livingston 1997 の論文を参照のこと。カリフォルニア大学サンディエゴ校 UCSD の図書館で閲覧でできる。アジアの作曲家やそれぞれの作品について詳細に論じている。

（注4）筆者は黛敏郎にミュージック・オブ・ジャパン・トゥデイで会い、《イノヴェーションⅢ》について勉強したいと思っていたが、その週末に黛氏が亡くなったため習うチャンスを失った。そのため小論では、黛の作品について自分自身の考えだけを述べた。

（注5）三味線奏者の John Welsh と豊澤富助との対話に基づいている。

（注6）その道の人の書いた素晴らしいこの本は、語りのスタイルについて論じている（p.60）。
（注7）ペータース社のスコアには番号がない。私は最初の小節を1とみなして数えた。

〈参考文献〉

Adachi, Barbara. 1985. Backstage at Buraku. New York: Tokyo: Weatherhill.
Livingston, Hugh. 1997. The Modern Performer and the Asian Composer. Unpublished manuscript as part of DMA Qualifying Examinations, bound and available at the University of California, San Diego Library.
Mayuzumi, Toshiro. 1965. Bubraku. New York: C.F. Pet

# 第14章：吉岡愛理　作曲技法としての「間」(時間的感覚)について　Airi Yoshioka

　日本独特のコンセプトである「間」は、すべての芸術分野に見受けられる。音楽に限らず、ダンスや演劇、絵画、建築などでも「間」は存在する。日本の多くの作曲家がこの「間」の感性を作品に取り入れ、音楽表現の重要なツールとして用いている。この論文では、石井眞木氏、細川俊夫氏、田中カレン氏が極めて一般的な西洋楽器であるヴァイオリンのために書いた作品の中で「間」がどのように扱われているかを分析している。

　フレーズの到着点を念頭におかず、繊細かつ内省的でありながらも情熱的な作品は稀にしか耳にすることができない。細川俊夫氏（1955年生まれ）の《バーティカル・タイム・スタディ III》は、そういう点で稀な作品である。同音、隣接したピッチ、独自性に富むフレージングの構造、そして「サイレンス（沈黙）」を用い、普通とは一味違う音楽的時間があることをリスナーに示す作品である。

　「間」は、音と音との間に配置された「サイレンス（沈黙）」によってもっとも明確にアピールされる。細川氏の作品では、この音のない「サイレンス（沈黙）」の間に起きる事が氏の時間感覚に複雑な醍醐味を与えている。例 14-1 では、「without any action（不動で）」と書かれた空白の小節がところどころに見受けられる。演奏家が身体をまったく動かさないように指示されているのであるが、そのように実行するのは困難を極める。それは、その前後に演奏する小節がエネルギッシュで情熱的なため、大きな音楽的かつ身体的表現が生じてしまい、ただちに不動の態勢に入るのは難しいからである。この作品では、約一分間のうち、その三分の一が演奏家に動かないようにと指示されている。

　音はないものの、この不動の小節内にいろいろなことが起こる。まず不動の指示のある小節では、身体的かつ精神的な平静さを取り戻すために、感情が溢れ出るような激しいフレーズのあとの立ち方や腕の動きなど、身

体が完全に不動になるよう調整しなければならない。またこの時間内に、視覚的および聴覚的表現が完全に聴衆に伝わり、その音楽的表現が自然に完結するまで見届ける。72小節目のパッセージが始まる前にある「不動」の指示であるが、これはフォローアップの役割をもつだけではなく、次に来るパッセージに対する準備の時間を作る役割をも有している。ピルエット(つま先旋回)のために弾みをつけようとするダンサーのように、「間」には音楽の奥深くに潜むエネルギーを引き出し、それを開花させ、パワーをもった形に変化させるメカニズムがある。

　この作品では、「間」は、音と音を繋ぐだけではなく、音が消え入る瞬間を聴かせる「サイレンス(沈黙)」として使われている。更にこの沈黙の間に次のフレーズのアイディアが生まれ育まれているのである。この作品を上手に演奏するには、儚いような、それでいて次の瞬間のエネルギーを秘めた「間」をうまく作り上げることが必要である。細川氏にとっての「間」は、不動と無音によって象徴され、それでいて強い表現力が秘められているのである。

例 14-1

《バーティカル・タイム・スタディ III》
Hosokawa VERTICAL TIME STUDY III
© 1994 Schott Music Co. Ltd, Tokyo
Used by permission of European American Music Distributors LLC,
sole U.S. and Canadian agent for Schott Music.

ある日本語辞書によれば、「間」の定義として「自由な時間」が挙げられている。そのような自由とは、あらかじめ録音された音楽の厳密性とは相容れないものと思われがちであるが、エレクトロニクスを用いた作風で知られる作曲家、田中カレン氏（1961年生まれ）の作品はそうではない。田中氏は、「間」について「空間感覚であり、音が入る最良のタイミングと最良な位置づけ」(注1)と述べている。確固と固定された構造の中で、ある音をどのタイミングで弾けばよいかは、演奏者に任せているのである。

　田中氏にとって、あらかじめ録音された部分は作品にとって不可欠な構造をもっている。その中の偶然性を有するパッセージやカデンツァのようなパッセージにおいては、自由で独創的な演奏が求められる。事実、田中氏の作品では、綿密なタイミングが示されているセクションの後に、演奏者が与えられた材料を使って自由に演奏する大きなセクションが続くのである。

　体内で感じる拍子と厳密で変更不可能な枠組みを演奏者が行き来することによって、複雑な時間的観念を理解して吸収した音楽表現が可能となる。田中氏は、厳密な構造の中で演奏者が自由性を表現するよう、そして「最良のタイミングと位置づけ」を捜し求めるよう、要求しているのである。田中氏の作品での「間」は演奏者に音楽的解釈の選択肢を広げる役目を担っているのである。

例 14-2

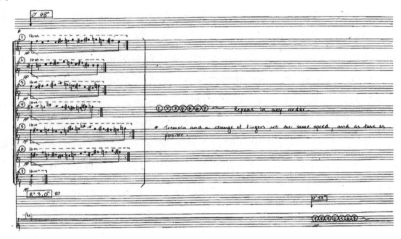

《ウエーブ・メカニックス II》
WAVE MECHANICS II
Music by Karen Tanaka
Copyright © Chester Music Limited.
International Copyright Secured. All Rights Reserved.
Reprinted by Permission.

　石井眞木氏（1936-2002）のヴァイオリンと琴のための《残照の時－A Time of Afterglow》は拍子・小節をもたない技法で書かれており、二つの時間的スペースが感じられるようになっている。各セクションおよび各パートに独自のタイム・フレームを与えることによって、石井氏はリスナーに新しい時間のコンセプトを体験させることを意図している。
　例 14-3 では、二つの楽器が並行空間で動いており、お互いのパートにまったく関知しない。その前のセクションで琴のパートの激しさが増してきており、次のセクションにその激しさが続き、和音とアルペジオのパッセージを触発させる。そして、挑戦的な感じで鋭いディスジャンクトなモノローグに入る。このメロディでは、混乱や病的興奮、決心、不安といった様々な感情の起伏が、注意深く配置された音群によって描かれている。

一方、ヴァイオリンのパートは、隣接した弦での近距離の音程から構成されている繊細なトレモロ・パッセージである。メロディに内在する不協和音だけではなく、そのメロディが開放弦でのドローンに対して並置されていることによって、和声の不調和さが際立っている。このセクションでは、ヴァイオリンは、感嘆の声をあげているようなアルペジオ・パッセージで前面に出てくる以外は、雰囲気をかもし出すテクスチャー効果を保っている。

　この二つの楽器が奏でるコントラスト溢れるパートは、交差することがない。両方とも同等に重要であり、どちらかがメロディとして優位を占めたり、伴奏としてバックグラウンドで演奏されるということはない。石井氏は、「二つの異なる音楽的時間が同時に展開して層を形成し、その層の間に存在するスペースが感じられるよう」(注2)、さらに踏み込んだ見方をしている。この二つのパートが同時に存在することにリスナーの注意を向けることによって、石井氏は二つの独立したパート間に存在する副産物である「間」があることを示しているのである。

例14-3

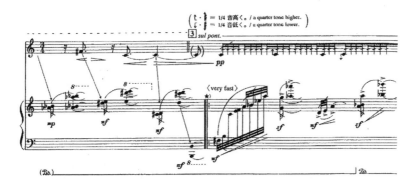

《残照の時—A Time of Afterglow》
© 1998 by Mannheim Musikverlag

日本語の辞書では「間」は、前置詞、名詞、動詞、形容詞としての役目を果たす言葉であるかのように、「間隔、スペース、自由な時間、時の経過、距離」等と定義づけられている。これらの定義は、この言葉が自由な解釈をもちえることを示唆しており、前述したようにこれらの作曲家は、自分たちのクリエイティブな作曲技法にこの「間」の感覚を取り入れている。これらの作曲家にとって、「間」は、彼らがいかに時間を感じ取っているか、そしてその感じ方をどのように音楽に表現するか、というところにある。

〈注　釈〉

(注1) 2001年11月、田中カレン氏との電子メールでのインタビュー。

(注2) 石井眞木、講演（カリフォルニア州サンフランシスコにて）、1989年2月18日。翻訳者不明。

# 第 15 章：湯浅譲二 " ピアノの為の内触覚的宇宙 II" における宇宙性と時間性について
田野崎和子　Kazuko Tanosaki

　内触覚的宇宙 II（1986）は湯浅譲二により 1957 年から 2003 年のほぼ 50 年の間に渡って、同じ哲学の同題名で作曲された 5 曲中の 2 曲目である。(注1)湯浅のコスモロジー、人間、芸術や時間性の思考の多くは能から由来しており、それらの造形や発達は ,1951 年から 1957 年の実験工房のメンバーとしての他の音楽家や芸術家とのコラボレーションに根を持っている（ガリアーノ 2003, 150 ページ 4 段）。(注2) このグループの関心事の一つは、戦争中に急進的なナショナリズムに利用されてしまった日本文化の要素を、日本の芸術や文化の美学とは相容れない西洋の方法論から分離し、新しい芸術的な方向を見出す事にあった。 湯浅を含むこのグループの作曲家たちは、既成の音楽が表現する型を追いかけず、新しい音楽的語法を創造する事によって、いまだ未聴の音楽を形ち造ろうと模索していた。

　湯浅にとって、この事はまさに " 考古学的に音楽の起源に立ち返ることを意味している。それは文化の起源であり人類の起源である故に、その意味から、音楽とは何か、音楽が人類にとってどのような役割を果たしているかを考える事を意味している "。（湯浅 1992）又、湯浅は「僕は二十代の頃から、音楽の誕生のイメージを考えてきた。人間にとって音楽は本質的に何処から生まれてくるか考えて、発生時は人間が人間になる時、つまり、言語や宗教が発生する所に音楽の発生があった、と僕は思っている」とも語っている。(注3)

　芸術的思考の発達過程において、湯浅はその最も大切な根源の一つを、禅の鈴木大拙から学んでいる。結果として彼の芸術的コンセプトは人間（のみ）が中心になるものでは無い（ガリアーノ 154）－" その存在は遥かに広大な鏡と反響を反映するもので、鈴木大拙が定義するところの宇宙的無意識である。"

　" 内触角的 "haptic という語はハーバート・リード Sir　Herbert　Read

の"イコンとイディア"から採られており、それは1950年代初頭における湯浅にとってもう一つの重要な影響であった。リードによれば-

"新石器時代には左右対称の概念が起こり、それが後にヨーロッパでの美の一つの規範となった。然しながら、ロスコーやアルタミラの壁画では芸術はその様な美学には縛られておらず、人間は内的なアンテナや'内触覚的haptic'に宇宙を知覚していた （湯浅2007)。"

言い換えれば内触覚的という語は、外的な観察よりむしろ、内的な、体細胞的（ソマティック）な感覚によって、フォルムを描きとっていく型の芸術を意味している。（内触覚的宇宙Ⅰのプログラムノート参照）内触覚的宇宙と題された作品で湯浅は、外から観察して得るのでは無く、内面宇宙に身を置きその一部となる事によって、人間が宇宙において自らの内面を発見する事の経験（串田真理1998-この考えは又禅の教義でもある）-を再創造しようと試みている。内触覚的宇宙Ⅱで湯浅は、この禅的世界のイメージからも拠って来るところの、空間感覚また音響的宇宙を創造している。1957年のプログラムノートで湯浅は"私はここで、宇宙と人間の交感にある、最も原初的でヴァイタリスティックな、一種の宗教的感動を内包する世界をイメージした。"と記しており、又2007年の他のプログラムノートでは、内触覚的宇宙Ⅴを"宗教発生時に起きる様相を例にするような起源や始原の表現"と説明している。

湯浅は又、彼の音楽の始原への考えにおいて、音楽がいつも定着した意味を持っていない事にも注視している --- それは人間と社会につれ変化するものであり、作曲という行為は"音楽起源へのチャレンジである"ばかりでなく"人間とは何かを再定義する"行為でもある(湯浅1989a、177)。

彼は人間性の本質を定義するものとして、又音楽を作曲する上で重要な、人類に共通の二つの要素を挙げている。1) 人種や文化の違いを超え全人類に共通な、世界共通の感覚的可能性、と 2) 個人のアイデンティティに近く根ざした世界の中の、領域である（湯浅1993b）。-湯浅にとって、2)は彼の思考を形造る方法や構造として拠るところの 日本の文化、伝統である。彼は鈴木大拙の禅における反対思考の非二元性（陰と陽等反対のもの

が一つのものを形成するという概念）を受容し"私の仕事において、個人的思考と世界共通の思考は円の反対に占める両極である (1993b、217)。"と言い、この信念がどう彼の芸術創造プロセスを形造るかについて、もっと詳細に説明している (1989 b、177)。

"作曲家になると決めた直後に、私は、日本人として自身の伝統を無意識に受容するよりも、意識的に相続し発展させたいと実感し、同時に全世界共通の人間の言語を探求したいと考えるようになった。然しながら私にとって、日本の伝統を継承するというのは、思考やものの受容の仕方であり、ペンタトニック音階や尺八や琵琶、筝などの使用という単純に表面的な現象ではなかった。言葉を変えて言えば、私にとって伝統の継承というのは、末端のことで無く、つまり、伝統を支えている思考そのものを続けていく事に他ならない。"

**能と内触覚的宇宙 II の時間性**

湯浅の、能の音楽とその基本に関する知識は、彼の音楽に深遠な効果をもたらした。彼は子供時代に謡の稽古を受け、父と共に演奏に参加もしている。彼はこう語っている －"私の音楽的創造に起こる全ての問題は、能の世界に存在しているといっても過言ではない。"能からの影響は、音響と作曲方法に限らず美学的な価値感にも及んでいる。

能を支える重要な時間性のひとつは、Non － Linear　Time 直線的でない時間の使用（これは瞬間が永遠になれる時間、数えられない時間、すなわち息の長さで決まる様な時間の事であり、これに対し Linear － Time 直線的時間は、過去・現在・未来が繋がっている様な時間、二拍子や三拍子の拍節構造に基付く時間の事である）と、それから時間と空間を一つの実体として捉えることである(間・ま)。空間の概念に関して能では、空間は"から"では無く"無を有する実体である"であり（湯浅 1989b）湯浅によれば -

"西洋音楽の休符と違い、能囃子の休符はそれ自身の可能性を持つ時空である。休止は、音が無いのではなく'無い音がある'という事であり、休止

でない '音' と休止の '無音' が同等の価値を持っている"。

この概念はこのエッセーで後に論ずる内触覚的宇宙 II の第 5 セクションで特に明確にされている。

又湯浅は、アントン・ウェーベルンの音楽の音域やピッチの空間性にも影響を受けた。内触覚的宇宙 II では、長さは水平の空間を作る一方、ピッチの関係は垂直の空間を作る。湯浅は又（1993a, 180）で "音色の光と影、その関係がどこで起こるかは、音だけでなく空間的にも知覚される。これは音の空間の深さという、手前にある音とその奥にある音（低音で響いている音は影）音空間の深さというイメージである"。と述べている。内触覚的宇宙 II はこの様に空間的にも知覚され得る、音色や音の密度（テクスチャア）を造形する多様な例を含んでいる。第一セクションからのこれらの幾つかは、このエッセーの後半で論じられる。(注4) この曲の CD のプログラムノートは、作品におけるこれらの空間的性格の重要性について触れている。

"全体を通じて、ピアノという楽器の特性、特にその巨大なリゾネーター（響鳴体）を通して生じてくるソノリティを最大限に生かすという意味で、ピアノによってこそ実現可能な音楽を書いたつもりである。この曲は、置かれた音符そのものというよりは、むしろペダルによってブレンドされたリヴァーブレーション（残響）の変幻、変遷を時間軸にしたがって聴き込んでいく曲と言えるだろう"。(注5)

この曲における時間の持続と中断も又、能との関係において良く理解され得る。時間がどのように具体化されているかは (Galliano, 154；串田、55 に依れば)、前記の Linear-Time 直線的なゴールを目指す時間でなく、循環的で真直ぐゴールに向かっていない。そこでは音楽が "時間と空間の中で（西洋音楽の概念でいえば）非合理的な動きをし、音楽が (時間と空間を) 中断する役目をしている。"聴者は能においても、上記の概念に近い、幾つかの線的でない時間性を経験するであろう --- 消え行く時間、反対に遡る時間、割かれる時間、濃縮された時間、等々（金春 1983）。湯浅の音楽は西洋音楽の様にゴールに向かっていくのでなく、通して作曲されている

(through composed)。

　音楽の要素がどの様に再現されるかについては（直線的時間に対しての）円環的時間の性質がある。‐ソナタ形式等の機能的西洋音楽の様に"展開"せず、後に現れる収縮や膨張等の変化を、前の部分で予告するのを別にすれば、完全に同じく反復するのは稀である（ガリアーノ 155, 159）。構造は各瞬間瞬間に創造される。結果として、未来は予期されずやって来る（湯浅 1989b、190）－"真の人間の生命力は緊張の場で創造される。"内触覚的宇宙IIの第一と第二のセクションはこの概念を明確に表現している。

　湯浅は彼の音楽で、能管のメロディーと謡の時間関係もモデルにしている。能管は謡曲の中で拍に基ずかず、息の持続によって独自の時間性を持つ（湯浅 1989a）--謡に笛が＜あしらわれる＞時には始めと終わりの地点のみが定められており、謡曲のテンポやリズムとは無関係に進行する（これをみはからいという）。（注6）この効果は"二声間で常時縦の線を一緒に奏する事を重視する西洋音楽の様でなく、二声が必ずしも一緒に動かず、相互に不即不離の関係を保ちながら進行する。"（湯浅 193b、219）このタイプの時間性の良い例が、内触覚的宇宙IIの第三セクションのポリクロニック（多層的時間）のテクスチャアに明示されている。

　能役者が演ずる折に個人的な感情を切り離して演じる様に、内触覚的宇宙IIで演奏家は、その抽象性、客観性と瞑想性を理解する事が必要である。湯浅によれば、能では"人間は、人間関係を通してに限らずむしろ、宇宙的な、人間関係に拠らない状態を通して初めて理解される---能は、人間の個人性を超越する宗教的世界において、理解される事が出来る。"（1989b　190）湯浅の音楽においては、彼自身の感情では無く、彼が受容する感覚、を表現しようとしているのは明確である。

**内触覚的宇宙II：時間性と演奏法**

　この作品は5つのセクションに分かれており、それぞれのセクションで、時空の異なった収縮と膨張を表している。計れない時間、圧縮された時間、

多層的時間（基本のテンポが異なる時間を同時に演奏する）、膨張する時間、収縮する時間、浮遊する時間、等々。それらを表現する為のすべての記号、音響、音符は作曲家によって大変慎重に選択されており、故に演奏家はそれらをきちんと理解し表現する様、特に努めなければいけない。

| セクション | 小節 |
|---|---|
| I | 1-65 |
| II | 66-75 |
| III | 76-102 |
| IV | 103-115 |
| V | 116-144 |

　第Iセクションは第1-26小節と第27-65小節の二つの部分に分けられ、ゆっくり動く強い音響を含んでいる。一番目の部分に比べ二番目の部分は、長い音響を持つ幅の広い音域を含み、大体においてもっと音量と発音のコントラストが大きい。　この部分では第38小節目で見られる様に、長2度か短2度の音程による響きが用いられており、これは第IIセクションへの予報・前触れとして重要な要素である（この音程による音響は1957年作曲の"内触覚的宇宙"の始めの部分でも用いられている。）始めの部分での3つの五線に比べ、26小節目からの2番目の部分では4つの五線を使用している。ピアニストにとってこれは、3つ又は4つの音源・空間から音や音響が響いてくる様に演奏する様、示されていると考えれば良い。
　小節線は大体において4拍含む'小節'を示しているが、この曲には拍子記号は無い。何故なら、長い音の持続と突然の始まりによって聴者は、数えられない（拍子の無い）時間感覚を持つ為である（未来は予告無しに突然顕れる）。然しながら、小節線に関連して音楽がどこから始まるかという事は、奏者にとって、どの様なタイプの音を出すべきかと想像する助けになる。例えば、初めの出だしは第2小節のすぐ前に起こり、これは通常は弱起リズムの弱く弾く箇所であるが、ここではフォルティシモでの"時間

の中断"という、音楽的にはもっと重要な意味に格上げされている（例15-1）。同じ第1小節目の初めの部分は、ペダルは踏み始めるが、かなり長く音自体は出さない。これは ＜間＞ の良い例である。単純な停止では無く、大きな緊張を孕む無の動きである。

　ピッチに関しては、湯浅は彼自身の12音の組み合わせを用いている。曲の始めで各ピッチには個々の音域が割り当てられ、それらは和音の部分として顕れる　[1小節目＝C♯/G/C/B、2小節目＝Eb/D/F、4小節目＝E/Bb、7小節目＝A/G#/F#]。7小節目の初めの和音（A/G#/F#）は12音が再び現れる前の素早い繋ぎとして機能しており（これも又循環の性質Circularを示している）、7小節から8小節の一拍目にかけては今度は和音の順序を変えてある。「この踏み出しは、あたかも能の仕舞の動きがそうである如くに、で」(注7)「演奏家にとって理解の助けになるよすがになるならばと思い付け加えると、西洋音楽はダウンビートかアップビートで開始するが、ここは、ビッグバンの始まりの様に真空で何も無いものが突然現れる」。

例 15-1

第 1-9 小節
Yuasa COSMOS HAPTIC II
© 1986 Schott Music Co. Ltd., Tokyo
All Rights Reserved
Used by permission of European American Music Distributors LLC,
sole U.S. and Canadian agent for Schott Music

第Ⅰセクションの 2 番目の部分では音域空間が変化し、もう 1 オクターヴ増加する（例 15-2。26 小節目からヘ音記号による五線が最下に加えられる）。最上譜の短 7 度（E/D）の、トリルの様な活動的で音の多いテクスチャアが、異なる空間的視点を創造する。

例 15-2

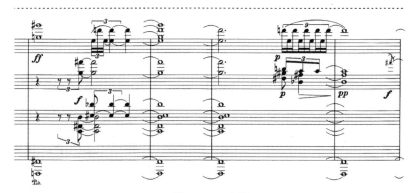

第 27-30 小節

Yuasa COSMOS HAPTIC II

©1986 by Schott Music Co. Ltd., Tokyo

All Rights Reserved

Used by permission of European American Music Distributors LLC,

sole U.S. and Canadian agent for Schott Music

　第IIセクションは主に、２つの交互に現れる動機で出来ている。(例 15-3) 第66小節で２音で現れ、第68小節の三度目までに４音に増える長く響くクラスターと、その後10音で二声の(第66と67小節はタイの為９音)、反対に動く音型が続いている。

　第66小節での、両手が反対に動く型の最初のものは、二声間に鏡を置き、そこに映った反対形である (mirror inversion)。その後に続く９つの型は全て、各声と、又二声間でも異なる音程を持つ -- 湯浅は各３音の、５種違った核をここで使っている。

　技術的にこの箇所はピアニストにとって非常に難しく、どの音に親指を持ってくるか、各ピアニストが注意して選ばなければいけない。時間性に関しては、初めの動機（クラスター）の長さが、10回起こる間に段々短くなり同時に音程も少し変化する。聴衆にとっては、予測出来ぬまま、時間

が圧縮されて行く感覚が与えられる。

例 15-3

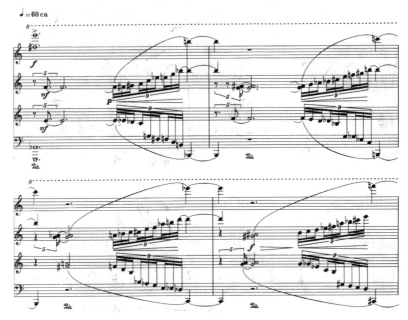

第 66-69 小節
Yuasa COSMOS HAPTIC II
©1986 by Schott Music Co. Ltd., Tokyo
All Rights Reserved
Used by permission of European American Music Distributors LLC,
sole U.S. and Canadian agent for Schott Music

　各小節の最後の最上音は、第 76 小節から始まる第 III セクションに到達するまで上昇し続ける。この第 III セクションのテクスチャーは、76 小節の 2 音から 100 小節の 11 音までゆっくりと音数を増して行き、その後 103 小節の 1 音までかなり速く反対に戻る。　各声は各々が多層的な時間等異なった時間性を示しているが、始めに強調される事はほとんど無く（強

拍の様に扱われる事が無く）各声が始まっている。これは、能の能管の様に考えられる。それは、他の楽器や謡の声部とは決まったテンポやリズムの関係を持たずに奏される（みはからい）。例15-4では、各々異なった時間を持つ四声（Polychronic-多層的時間）が、それぞれの声部内でも伸縮性を持っている例を示している（例えば最上の五線譜において第85-6小節にかけて拍の長さ自体が長くなり、そして第87小節にかけて又除除に短くなっている。）この様に異なるリズムを各声部が奏する書法は、勿論西洋音楽に見られるが、その場合は時間性は一つで、それを各声部が異なるリズムで分割し動いていく。各声部そのものが異なる時間性を持ち、みはからいながら進むこの曲のコンセプトは、西洋音楽とは大きく異なっている。

例15-4

第84-86小節
Yuasa COSMOS HAPTIC II
©1986 by Schott Music Co. Ltd., Tokyo
All Rights Reserved
Used by permission of European American Music Distributors LLC,
sole U.S. and Canadian agent for Schott Music

この第IIIセクションの複雑さは、演奏するのをかなり難しくしている。この困難さは例15-5の、85小節目に類似している時間の関係表を作り、どの声部が絡み合っているか良く理解する事によって上手く克服できる。次の段階では、彼の曲の全般的なリズムの複雑さに関して、湯浅がこう述べている点を理解し対応するのが良い--"（私の音楽の）状況は、理論的にのみ組織されているように見えるが、実際には適応可能で、ある種の20・21世紀西洋音楽の様に完全に数学的では無く、直観的な非合理性に立脚している。"（1993b、224）ここでのタッチの明確さは重要である。特に第91-102小節間で、鐘の様な音を作りそれを他声部と同時に表現するのに、必要不可欠である。

例15-5

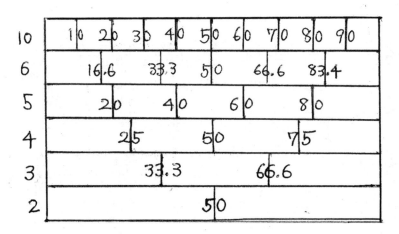

　第IVセクション(103-115小節)は"収縮する時間"の性格を持つ例である。明確には聞き取れないが、二声の模倣で2つの部分から成る。第103-110小節にかけての初めの部分では、徐々に速くなりながら順に下降する(poco a poco stringendo)。模倣する二声の時間関係は同じ割合を保っている（stringendoの為に徐々に間隔が短くなっていくが）。が、決して

同時には始まらない。ピッチに関しては、短２度、長２度、短３度と音程の異なる３音＋２音で２拍の核が、規則的ではなく、交代して現れる。第111-115小節の二番目の部分では、重複した音型が急速に上昇し、第111-112小節のユニゾンでは模倣になっている。しかし、時間性の違いから（上音は６音、下音は５音）二声は除除に間をあけて行く。上音は一拍につき６音から８音（112-114小節のトリル）そして114小節では11音と最後の長音まで速度を増していく。このフレーズの最後の、第115小節の一拍目の二声間F/Bはトライトーン（３全音）を形成しており、これは12音程間で最長距離を形成する事により、空間性を表現している。この部分は音が混濁しない様、演奏家は各音を明確に、別々に"こぼして"いかなければならない。

例 15-6

M.108-112
Yuasa COSMOS HAPTIC II
©1986 by Schott Music Co. Ltd., Tokyo
All Rights Reserved
Used by permission of European American Music Distributors LLC,
sole U.S. and Canadian agent for Schott Music

最後の第Ⅴセクション(116-144小節)は"浮遊する時間"の感覚を創造している(音エネルギー・ベクトルを持たない - この表現は湯浅自身による)。(注8) このセクションでは、時間が浮遊し存在しない空間において、音が反響し共鳴しながら積み重なり形成されていく。予期していない瞬間の短い音の噴出は、ソステヌートペダルの使用によって遠い響きを導く。これらの音響は影の様に響く。"休符"の間、ペダルによって強調された音響が響くが、それは"音符の無い"空ではなく"無を有する空間"と考えられるべきだろう―。演奏家はこの部分を、俳句の様な芸術的役割を考えれば良い。説明ではなく、暗示やほのめかし等。直接の言葉ではなく、行間の意味を表現する様に---。

例 15-7

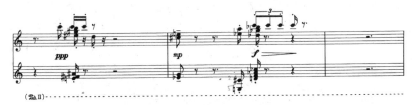

第 120-125 小節
Yuasa COSMOS HAPTIC II
©1986 by Schott Music Co. Ltd., Tokyo
All Rights Reserved
Used by permission of European American Music Distributors LLC,
sole U.S. and Canadian agent for Schott Music

この暗示性は、この曲の最後3小節の音程組織においても示されている。湯浅は第142小節目で、12音フィールドの12音全てを初めて再現し(中

段譜 C#、E、F#、G、Bb、B、D, Eb、F, Ab, A, C) 142-144 小節で 8 音の不完全なセットで曲を終始している (142 小節目の続きから C#、E, F#, G、Bb, B、D, D#.)

演奏家にとってこの内触覚的宇宙は、能それ自体では無いが能の時空に類似する世界を表現している、と理解する事が重要である。この世界が指しているのは永久という時空の感覚である。この内触覚的宇宙は湯浅の内的宇宙であり、彼の音楽を演奏する時には、演奏家は、この宇宙に身を置かなければいけない。(注9)

〈注　釈〉

(注1) 内触覚的宇宙 (1957)- ピアノソロ
　内触覚的宇宙 II トランスフィギュレーション (1986)- ピアノソロ
　内触覚的宇宙 III　虚空（1990）- 二十絃箏、尺八
　内触覚的宇宙 IV(1997)- チェロ、ピアノ
　内触覚的宇宙 V（2002、2003 改定）- オーケストラ

(注2) 実験工房（エクスペリメンタル・ワークショップ）はシュルレアリズム詩人の瀧口修造を'精神の師匠'とし、作曲家と芸術家がマルチメディアを含む新らしい音楽や芸術を創造しようと 1951 年に設立された。秋山邦晴（後の音楽評論家）、作曲家の湯浅、武満徹、鈴木博義、福島和夫、ピアニスト園田高弘、美術・照明では山口勝弘、福島秀子、北代省三、今井直次、写真家大辻清等がメンバーであった。

(注3) 2012 年 6 月の湯浅氏との個人的な会話より。

(注4) 湯浅の思考する音色やテクスチャーの空間的知覚が、彼の電子音楽にも及んでいる事を記するのは興味深い。

(注5) 湯浅譲二の「内触覚的宇宙 II プログラムノート」から。
(注6) 日本の邦楽と西洋音楽の時間組織とで違う現象の一つは、西洋音楽は拍（身体的動き）を単位とするのに比べ邦楽は息の長さを単位とする点である。

(注7) 2003 年 4 月の湯浅氏との個人的な会話より。

(注8)"浮遊する時間"は作曲家の自身の言葉による。

(注9) この論文は全文の内容を湯浅譲二氏によって確認された。

## 〈参　照〉

Galliano, Luciana trans. by Martin Mayes.　2003. Yogaku: Japanese Music in the Twentieth Century. The Scarecrow Press. Lanham, Maryland.
ガリアーノ、ルチアナ 2003．洋楽：20世紀の日本音楽

Komparu, Kunio.　1983. The Noh Theater: Principles and Perspectives. Weatherhill, NY. 金春国雄 1983．

Kushida, Mari.　1998. Noh Influences in the Piano Music of Joji Yuasa. DMA diss., U. of Illinois at Ubana-Champaign.　串田真理 1998　湯浅譲二のピアノ音楽における能の影響。イリノイ大学音楽博士号論文。

湯浅譲二　2007．"オーケストラの時の時ー湯浅譲二作品集"CD のプログラムノートより Fontec FOCD9288

—．1993a. Mind in Art. 芸術の思考 Perspectives of New Music XXXI/2. 178-185.

—．1993b. Temporality and I: From the Composer's Workshop.　時間性と私：作曲家のワークショップ Perspectives of New Music XXXI/2. 216-228.

—．1992. 1992年3月29日 NY州クリントンのハミルトン大学で行われた 'Music of Japan Today 伝統と革新' におけるパネルディスカッションの訳

—．1989a. Music as a Reflection of a Composer's Cosmology. 作曲家のコスモロジーの反映としての音楽　Perspectives of New Music XXVII/2. 176-197.

—．1989b. The World of Noh as I Perceive it, Concerning Some Problems in Music. 私の観ずる能の世界 - 音楽の諸問題に関連して Perspectives of NewMusic XXVII/2. 186.191.

# 第 16 章："21 世紀のクラリネット"と日本人作曲家の最近の音楽　E. マイケル・リチャーズ　E. Michael Richards

　1987 年から日本人作曲家によって書かれた、クラリネットを含むいくつかの室内楽作品には、伝統とエクステンドテクニックの結合が見られる。これらの音楽は、日本の文化や邦楽から来ている要素 - 音楽的言語や美学と、楽器の音響原理からもたらされたクラリネットのエクステンドテクニックとが結合されている。(注1) 詳細に観察するとこれらは、エクステンドテクニックで目新しい効果のみを狙ったものや、アジア的音楽材料をただ組み合わせたものよりもずっと表現が深く、オリジナルな音楽的語彙を創造する洗練された融合が見てとれる。このアプローチは、前の半世紀に開拓された新テクニックが音楽的素地に繋ぎ目無く織り込まれているので、聴衆は直接音楽そのものの表現に焦点を集中できるという、新しい世代の作品を示すものである。演奏家の見世物的なヴィルテユオーゾテクニックは第二義、という訳である。(けれども勿論、クラリネット奏者がこのテクニックをマスターすることは明確に要求されている！)

　この論文は読者に、この様な考え方で作曲された作品と作曲家を紹介するものである。伝統的な邦楽やアジア音楽に見られる音楽言語 -(滑らせる・曲げる等、微分音)によるピッチの微妙な変化、リズム（ヘテロフォニー）、音色、特に最も重要な要素である複雑な音色を含む単音が、平均律で調律され音色が統一されている西洋の楽器であるクラリネットと混合されている。松尾、西村、新実、伊藤、山本の各作曲家はこれらの矛盾する要素を、西洋の演奏法の基本を使用するクラリネットをエクステンドテクニックの使用と進歩を通して、西洋と東洋が融合する楽器にする事によって処理している。結果としての作品は、表面的な混合では全くなく、美学と深い音楽語法の、力強い文化交流や同時表現を顕している。

**背景**

　1981 年に、ブルーノ・バルトロッチ Bruno　Brtolozzi (1967) とフィリッ

プ・レイフェルド Philip Rehfeldt（1977）によるクラリネット/木管のカタログと、数名の前衛的な現代作曲家の曲に触発されて、私はクラリネットの新しい音響素材、特に微分音法の研究を始めた。(注2)

　私が着手したメソードは、前の研究がシステム化されていない為に各人各回で違い、又演奏経験に頼りがちであるという問題点を克服する様デザインされ、クラリネットの音響組織の特性をシステム化したものだった。逆に言えば、重音や微分法や音色の違いによる運指法等の拡大された音響資源をクラリネット奏者が学ぶのに、論理的で実際に演奏出来る様組織化する事が出来るので、その結果、作曲家が曲を書く上でもっと正確で頼りにする事が出来る。研究結果である"21世紀のクラリネット"の著書では特別な音響資源の原理の表に加え、ほぼ100名の作曲家の300に近い曲の音響例を載せている。この範例の研究に当たっては、音響や作曲に関する限界を設けない事を目標にした。26年後の2007年現在、(バスクラリネットとEsクラリネットを含めて) 1000以上の微分音、1200以上の重音、500以上の違う音色の運指法を開発したが、このプロジェクトはまだ進化中である。(注3)

　作曲家や私のデユオパートナーのピアニスト田野崎和子との音楽的コラボレーションによって、これらの研究のいくつかの方向性が定められた-このエッセーで参考にした例は,日本人作曲家松尾祐孝（1987）新実徳英(1998)西村朗(1996, 1997, 2002, 2003)伊藤弘之(2007)山本裕之(2006)等の委嘱作品を含む曲からである。これら作曲家とのコラボ関係は1985年の私の初めての日本訪問中に、ヤマハで日本作曲家のカタログ小冊子を買った事が始まりで、手紙での遣り取り、彼らの楽譜とクラリネットのテクニック表の交換等の紹介に火を付けた。松尾祐孝が1987年に田野崎・リチャーズ・デュオの為に"錯乱"を作曲し、この曲が後に香港でのISCM-ACLワールドミュージックデイズ'88で優勝した。1990年には私が日米創造芸術家交換フェローシップを受け演奏家として日本に半年滞在する事ができた。この間に私が会った二人の作曲家西村朗と新実徳英は、後1996年から2003年の間、私が研究したクラリネットのテクニックの幾例かを彼らの曲

で利用してくれた（西村の"微睡III"は2003年に田野崎・リチャーズ・デュオによって委嘱された）。2006-7年に、二人のより若い作曲家伊藤弘之と山本裕之が、四分音微分法による委嘱作品を完成した。(注4)

**作曲家と作品**

西村朗（1953年生）

　大阪に生まれた西村は、広くこの世代を代表する作曲家の一人と認められている。(注5) 彼は東京藝術大学で学士と修士取得直後に、エリザベト王妃国際作曲コンクール大賞（ベルギー）やルイージ・ダラピッコラ作曲賞等の国際的な賞を受賞した。それ以降尾高賞三回受賞を初め日本で四つの大きな賞を受賞し、オーケストラ・アンサンブル金沢の専属作曲家（1993-4）東京交響楽団専属作曲家等（1994-7）を務めている。ULTIMA現代音楽際（オスロー）、ノルマンディーの10月祭（リューエン）、アルディッティ弦楽四重奏団、クロノス弦楽四重奏団、ELISIONアンサンブル（オーストラリア）、ミュージックフロムジャパン（NY）、ハノーヴァー現代音楽協会等、沢山の国内外からの委嘱を受けている。彼は邦楽楽器（のみ又は西洋楽器との合奏）、ピアノ、室内楽、30曲を超えるオーケストラ曲を書いており、80曲を超す作品が録音出版されている（多くが全音楽譜出版社による）。(注6)

　早い時期からの西洋音楽の訓練に加え、彼はアジアの伝統音楽、宗教、美学、コスモロジー等も学んだ。結果として彼の音楽的アイディアの多くは古代と中世の日本（特に雅楽と能）の興味に加え、広いアジア的な視点から生まれている。　西村によれば - *

"私の音楽家としての大切な基本の一つは、西洋音楽の論理と、テクニック、文化や歴史です。しかし、私はアジア人としての視点からも作曲をして来ました。例えば、オーケストラを必ずしも西洋の楽器だけとは思わないのですね、何故ならオーケストラの楽器は、アジアで発生し発展したものだからです。私はオーケストラの楽器が生まれて来たアジアのルーツを想像し、ヨーロッパのオーケストラが、一般的な西洋音楽の歴史を通して発達して来たのとは違うアプローチや思考をしようと心掛けているのです"(注7)

西村の言うアジアや日本の祖先の音楽的価値とは、メロディー以上に微妙な音色を重要視する事や、細かい音（装飾音）が音楽的意味を決めるのが顕著な事、ポルタメント（音をスライドする）を使用して緊張と弛緩を創造する事（時間の横軸に沿って、又は縦のテクスチャーとしての両方共）、様々な種類のヘテロフォニーを使用し横の流れ（和声的でない）機能を作る事 - これは非対称的で"通して作曲する"方法である。（湯浅 1989 によれば）和声は存在せず又は偶然の産物であり、縦に重ねられた音響は単音の倍音として聞かれる為のものであるから、等等。

　西村はクラリネットを含むいくつかの室内楽曲を作曲している（ここに挙げる4つの例はすべて全音楽譜出版社から出版）。(注8)"水のオーラ - ピアノとクラリネットのための"は全音楽譜出版社によって委嘱（1996年東京初演、出版 1997 年）；"雅楽＜古鳥蘇＞の旋律による瞑想曲 - アコーディオンと2本のクラリネットのための"はカザルスホールによる委嘱（初演と出版 1997 年）；"微睡 II - オーボエと2本のクラリネットのための"は全音楽譜出版社委嘱（2002年東京初演；出版 2003 年）；"微睡 III - クラリネットとピアノのための"は田野崎・リチャーズ・デュオによる委嘱と初演(2003年米国ボルティモア初演；全音社出版 2005 年 )。

新実徳英（1947 年生）

　新実は幾多のオーケストラ、室内楽、ピアノ、合唱曲等を作曲している。彼は国際ジェネヴァ大賞、第 18 回中島健蔵作曲賞、2003 年別宮賞、佐川吉男音楽賞（2006 年）、第 55 回尾高賞（2007 年）等沢山の賞を受賞している。新実のオーケストラ曲はスイス・ロマンド管弦楽団、オランダ・ラジオ交響楽団、BBC スコットランド交響楽団、ニュルンベルグ交響楽団他の、世界の第一線の交響楽団によって演奏されている。(注9)

　全音楽譜出版社より 2000 年に出版された"妖精の輪 - クラリネットとピアノのための"(1998) は全音より委嘱、板倉康明（クラリネット）と中川俊夫（ピアノ）により東京で初演された。(注10)

松尾祐孝（1959 年生）

　松尾（作曲家 / 指揮者）は西洋楽器と邦楽器を使用し、ソロ、室内楽、合唱、オーケストラを含む様々なジャンルで作曲している。[注11] 彼は日仏現代音楽特別賞 1985、1988 香港 ACL 若い作曲家大賞、1992 年ワルシャワでの ISCM ワールドミュージックデイズを含むいくつかの賞を受賞している。東京交響楽団、国立劇場、プロムジカニッポニカ他より委嘱を受け作品は東京フィルハーモニー交響楽団、東京交響楽団、リスボン・グルベンキアン交響楽団、香港フィルハーモニックオーケストラ、2007 年ミュージックフロムジャパン（NY）等国際的に演奏されている。

　"錯乱 - クラリネットとピアノのための"（1987）は田野崎・リチャーズ・デュオにより委嘱、米国ニューオーリーンズで初演された。1996 年全音楽譜出版社より"クラリネットのための 2 曲"の部分として出版された。（これはクラリネットソロのための PhonoIII を含む）[注12]

伊藤弘之（1963 年生）

　"きらめく光の中から - クラリネットとピアノの為の"は田野崎・リチャーズ・デュオにより 2007 年に委嘱初演。[注13]

山本裕之（1967 年生）

"楔を打てど、霧は晴れず - クラリネットとピアノの為の"は田野崎・リチャーズ・デュオにより委嘱初演（2006；2007）。[注14]

**"21 世紀のクラリネット" - 音響原理について**

　クラリネット運指法の発音法の二つの原理 - それらは伝統的なテクニックとも密接な関連があるのだが - エクステンドテクニックを発見し組織化するのに応用されている。第一の原理は、ピッチと音域が倍音列とどう関係しているかについてであり、第二の原理は、半音階の運指法がどうピッチをコントロールするかという事である。ほとんどのエクステンドテクニック（異なる指使い、微分法、重音）の運指法は、クロスフィンガリング（一番

下と上の音穴、又はキーを塞ぎ、その中間を空ける）の多用という点で普通の運指法と異なっている。大体において上部の倍音が少なく暗い音が出るクロスフィンガリングは、同一の音色を目指して組織されている普通の運指法よりも音色のコントラストが大きい。

1) 音域の分別 - 倍音列との関係

クラリネットの音響組織は、最低音域（Chalumeau）－これは全部原音で作られている - と、高音域（Clarion, Altissimo）の音で作られており、それらは下図の原音の倍音列に基ずいている。(注15)

例 16-1

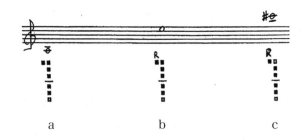

a　　　　b　　　　c

この運指法に加えレジスターキーを押すとミ E の音が出る。（例 16-1b － Clarion 音域）；これは A より 12 音高く 3 番目の倍音である。（レジスターキーを押すと A の 3 分の一の長さの空洞になる。）(注16)

左手の人差し指を離すと新しい風穴ができる（空洞が又短くなる）；これは C# で A の倍音列の 5 番目の音である（例 16-1c － Altissimo 音域）原音から遠ざかるに従い倍音列の音間隔が小さくなるので、クラリネットは高音域 Altissimo で、違ういくつかの原音上の倍音列から出来る、違う運指法が多く出来る。

多くの重音はクロスフィンガリング（2つかそれ以上の風穴）による二つの主なピッチから音を発音する。それは二つの違った長さの空洞で同時に起こる空気振動による --- 左手の運指が低い音になり右手の運指が高い音

になる（このエッセーの重音の箇所を参照）。結果として、繋げるのが容易な重音は左手の運指のグループで組織され（低音はほぼ同じ音）右手の運指が半音階で変化する。

2）管の長さが長いほど（穴を塞げば塞ぐほど）音は低くなる。

　この関係の一つの例は実際の微分法の音列に見られる；これらは、普通の 12 音の一つから下降する右手と左手の半音階の運指法を使う時に最も成功率が高い。結果として、クラリネット奏者はスタンダードな半音階運指法からごく少し変化した運指を学ぶだけで良い（G3"オープン"からの下降は下記例 16-2）

例 16-2

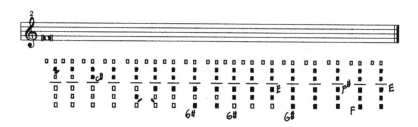

　西村朗の"微睡 III"では、G3 以下の微分音（半音階に基付くが完全に順番通りではない）と、ピアノのペダルによる和音音響との混合と妨害によって起きる音響拍が、下記の作曲家のプログラムノートのイメージ通りの音響を生み出している。"人はまどろみの波間から瞬時覚醒し、また波間に沈む。現実と非現実の波間。睡魔の呪縛と解放。内的世界の表層の波間を漂う様な音楽—"(注17) これら各微分音はクロスフィンガリングによって起こるので音色も変化する - それは微妙だが表現豊かなニュアンスを持つ。

例 16-3

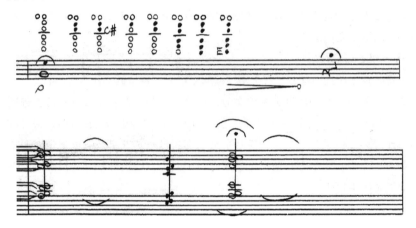

西村 " まどろみ III" 41 小節目
©2005 by Zen-On Music Co., Ltd.
All Rights Reserved
Used by permission of European American Music Distributors LLC,
sole U.S. and Canadian agent for Zen-On Music Co., Ltd.

これから私は西村、新実、伊藤、山本、松尾各作曲家の曲においての重音と微分音の使用について、又それらが音楽的語法においてどの様な役割を果たしているか述べたいと思う。

### 微分音：ポルタメントとトリル
—水のオーラ　クラリネットとピアノのための—

西村のクラリネット曲全てが（意識的又は無意識的に）生と死に関する神秘や仏教の"輪廻"の思想を含んでおり、それは西洋機能和声音楽でのゴールのある音楽と違い、西村作品では'通し作曲形式'の使用により表現される"回転する時間"と対応している。"水のオーラ"のプログラムノー

トで西村は"水に葬られ水の中に解けていく死者の記憶の残滓とその消失---"(注18)と述べている。これらのイメージは仏教の世界観 - 存在するものは全て移り変わる - が意識下にある。音楽的には幾多の方法から生まれる音響拍を含む、絶えず変化する音色とテクスチャーによって表現されている。水のオーラでは、それらは両方の楽器のトーンクラスターやクラリネットのポルタメントや重音奏法と、ピアノのピッチに"反して"吹かれるトリルから生み出され、それらの音はピアノの特殊なペダル奏法によって共鳴弦上に残響をとどめる。

　クラリネット奏者が微分音のポルタメント - 一つの音から次の音へ"滑らせる"という指示を受ける間、Altissimo音域の上昇する微分音のシークエンスを通して西村は緊張を創造している。(例16-4 は 52-4 小節)
ここでも又右手運指のシークエンスではほぼ半音階の動きでただ幾つか動くだけである。

例 16-4

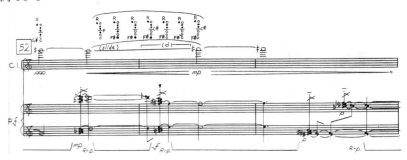

西村"水のオーラ"52-4 小節
©1997 by Zen-On Music Co., Ltd.
All Rights Reserved
Used by permission of European American Music Distributors LLC,
sole U.S. and Canadian agent for Zen-On Music Co., Ltd.

　西村が使用している微分音の運指法は、私のクラリネット微分音の研究の800種に渡る範例から引用されている。異なる二つの表にこれらの情報

が要約されている。例 16-5 は四半分音におけるピッチの大体の場所（音高）を示したものである。（各五線はほぼ同じ間隔の四半分音の距離を示す）

例 16-5

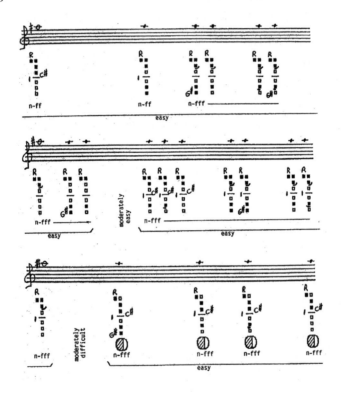

リチャーズ "21 世紀のクラリネット" 169 頁 12 表
Table #12, p.169 -Richards "THE CLARINET OF THE TWENTY-FIRST CENTURY"
Manuscript (2007)
All Rights Reserved

例 16-5 では他に、ある音色がどの運指で表現しやすいか（これらは幾つかの運指法の下に丸で天気マークの様に表されており、この部分の例は " 少

し暗い音色"）、実際に出せる強弱の範囲、隣り合うか又は動きが続く運指での速いレガートの際の難易度（これは下にカギ括弧で）等が示されている。例 16-6 の二番目の表は、四分、八分、十二分、十六分音の同間隔の微分音の指使いを示している。この例で示されるように、同間隔の微分音はクラリネットの全音域で演奏可能なわけでは無い。ピッチの他にここで表示されているのは、実際の演奏での技術的困難さの程度（レガートや速いテンポ等）、回りの音から動く際の音色の変化(この箇所では"少し明るい"音色)等である。

例 16-6

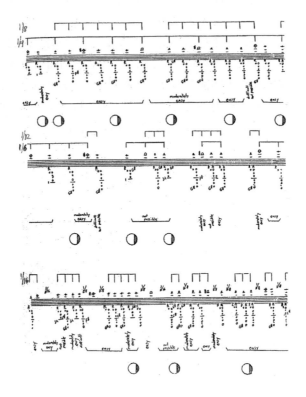

リチャーズ "21 世紀のクラリネット" 143 頁 10 表
Table #10, p.143 - Richards "THE CLARINET OF THE TWENTY-FIRST CENTURY"
Manuscript (2007)
All Rights Reserved

-- 錯乱　クラリネットとピアノのための --
　松尾のこの 8 分の作品は、短い冒頭部分と初めから 2 番目の部分に移る移行部を除くと四つの大きな部分で構成されている。曲は拍子記号が無い。フレーズを代わる代わるに演奏するか、フレーズ内で短い動機を演奏するか、又は沈黙を異なる長さと緊張度で表現する（間の実際の長さは演奏者

212　第 3 部　日本と西洋の楽器：洋の東西を超えた楽器の使用法

に託してある）等による二人の演奏家の、所謂"息の合わせ方"に頼っている。時にはピアノのサステインペダルが"沈黙"の間中踏まれる事によって前の音が響き続けることもある。第一部と第三部では音楽はクレッシェンドやアッチェルランドによって明確な方向性を持っているが、第二と第四の部分では音楽がほぼ停止した状態である。ピアノパートは非和声的でどこの箇所でも一音以上同時に弾かれる事は無く（ペダルによって音が重なる事はあるが）ほぼ全曲に渡り繰り返される同音の動きによって占められている。反対にクラリネットのパートは、特別のピッチの音色変化の為に使用される重音奏法やフラータータンギングを通して幾種もの音楽性を表現している。異なる音響や重音奏法によって表現されている音色の微妙な変化、非機能和声的書法、そして（機能和声的音楽での）ゴールに向かわない時間感覚などは、この曲をある種の邦楽に見られる要素に繋げるものである。この作品の五年後に松尾は、クラリネット、ピアノ、オーケストラの為の"飛来 V"（1992年）と尺八とオーケストラの協奏曲"フォノスフェール I"（1993年）で、これらのアイディアをより進化させた。

"錯乱"の最後の部分（Lento tranquillo）でクラリネット奏者はピアノの弦（開いている蓋の中）に向かって吹き、それは微分音になると複雑な響きを醸す。最後から2番目の音の動きは、クロスフィンガリングで半音階に作られた下降する微分音階のポルタメントで、Bb5 と A5 の八分音と、A5 と G#4 間の十二分音に注目されたい。

例 16-7

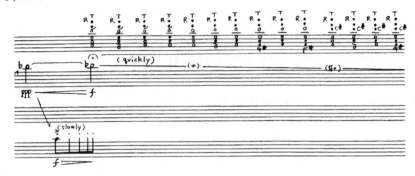

松尾 " 錯乱 " 13 頁 1 段目
©1996 by Zen-On Music Co., Ltd.
All Rights Reserved
Used by permission of European American Music Distributors LLC,
sole U.S. and Canadian agent for Zen-On Music Co., Ltd.

この部分の初めではF4（右手指）とA四分音 - b（左手の3指を上げ右手の1指を押す）間のトレモロは除除に、右手が半音階的に下降するにつれ、微分音として"同時演奏"する。

例 16-8

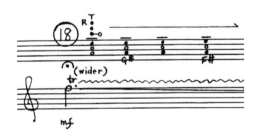

松尾 " 錯乱 " 12 頁 3 段目
©1996 by Zen-On Music Co., Ltd.
All Rights Reserved
Used by permission of European American Music Distributors LLC,
sole U.S. and Canadian agent for Zen-On Music Co., Ltd.

### 四分音法：トレモロ、ポルタメント、共振拍
　楔を打てど、霧は晴れず ― クラリネットとピアノのための

　山本はこの作品に見られる彼の最近の作曲的概念を"モノディ的作法"と表現している。まず、何らかのピッチを元にしたコア（核）になる音があり、それは横のラインを表すメロディのように移り変わっていく。しかしこれらのコアは様々な方法で曖昧にされる。例えば、ピアノとクラリネットのコアの音が(演奏の)タイミングやリズムの操作によってずらされたり、あるいはそれぞれの楽器自身の中でもコアとそこから派生した音が絡み合う。さらにコア自身も分裂するため、時としてコアの元の姿（音）も曖昧になっていく。(注19)

　《楔を打てど霧は晴れず》冒頭一小節目のクラリネットとピアノは、半音階的に下行していくコアを共有しているのでピッチとそれが変化するタイミングはほぼ同じだが、しだいにずれ始めて複雑な線の絡みのようになっていく。

　"ほとんど同音"の、クラリネットとピアノの微妙なピッチの違い・神秘さが、山本が選択したクラリネットの四分音によって強調される。－それらは作曲家が選んだ連続している音の指使いが比較的易しいのもさることながら、クラリネットの音同士のみならずピアノとの間でも音色的融和が実現されており、それが結局コアとして立ち現れている。

例 16-9

山本 "楔を打てど霧は晴れず" 1-8 小節
Manuscript (2006)
All Rights Reserved
Used by permission from the composer

-- きらめく光の中から - クラリネットとピアノのための --

　伊藤弘之は彼の音楽的インスピレーションを,震えのイメージより受ける。(第一章を参照)
　これらのイメージは、クラリネットとピアノの為の"きらめく光の中から"において、四分微分音の多岐に渡る使用でより強まっている。
　"倍音の複雑さと共に、運指法とアンブシャの難しさのお陰で、(私の音楽の美しさを形作る)ある種のフラジャイル(壊れやすさ・脆さ)が必然的にとどまる事になる。(注20) コンスタントに速度が変化する反復音、

トリル、トレモロ等の素材が上記のイメージを表現するのにかなりしばしば使用されている。加えてクラリネットの吹く四分微分音がピアノと一緒になると音響的拍を発生しそれ自身がペダル効果を醸し出す。"

次の例では不規則なトレモロで下降する連続するフレーズが持続されたピアノ和音と共に弦上で響き、アンサンブルの書法に震えと空間的な要素を加えて生み出している。

例 16-10

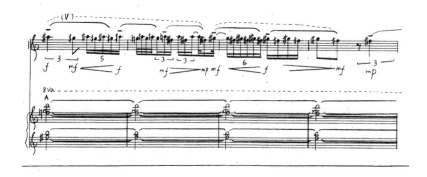

伊藤 " きらめく光の中から " 24-7 小節
Manuscript (2007)
All Rights Reserved
Used by permission from the composer

-- 微睡 II　オーボエと 2 つのクラリネットのための --

この作品は、西村の " 微睡 " シリーズ（前記の微睡 III を含む）の一曲でクラリネットのエクステンドテクニックを多用し、それによって起こる音響拍と共に題名のイメージを描写する（微睡 - 眠りそのものは浅いが、そこに見る夢はしばしば現実以上に現実的であり、心理世界の表層が鮮烈かつドラマティックに出現する）。作品は通して作曲され、幾つかの部分に分けられる。音色に関しては三つの楽器共に、しばしばポルタメントや前後の

装飾音、トリル（四分音、半音、ダブル）、トレモロ、又はこれらの組み合わせで長い音の色彩を変えていく。

　度々クラリネット2本の上にオーボエがソロとして演奏するが、又度々3本全部がヘテロフォニー的なテクスチャーを通して同等に対位法的な動きをする箇所もある。例16-11は長いヘテロフォニー的所からの抜粋である。225小節から227小節の第一クラリネットのポルタメントと同時の四分音トリルの組み合わせに注目されたい。

例16-11

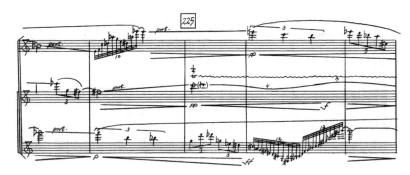

西村"微睡II"223-7小節
©2003 by Zen-On Music Co., Ltd.
All Rights Reserved
Used by permission of European American Music Distributors LLC,
sole U.S. and Canadian agent for Zen-On Music Co., Ltd.

**重音：二音、運指法によるポルタメント、ヘテロフォニー**

-- 雅楽＜古鳥蘇＞の旋律による瞑想曲 - アコーディオンと2本のクラリネットのための --

　2本のクラリネットとアコーディオンの為に書かれたこの曲は邦楽の特別な一ジャンルである、雅楽である。雅楽は紀元後3世紀に端を発する皇室

の音楽で現在も演奏されている、世界で最古の合奏芸術音楽である。三本の管楽器が重要な役割を担い、西村はこの曲でこれを踏襲している。

　雅楽では篳篥（古代複リード楽器）が微分音と上下に揺れる数個の音でメロディーを担当し、それは最も重要な音楽的要素の一つである。その鼻濁音は"バスオーボエ"とアコーディオン両方の中間部から下音域の音色に似ている。高麗笛（木管）は同時にこのメロディーを演奏するが少しだけ違う音高で、それが篳篥とヘテロフォニーを創り出す。高麗笛と篳篥の上下に滑るピッチと微分音は、単純なメロディーそのものより遥かに重要である。三番目の楽器、笙は、邦楽で唯一の和声楽器である-17のリード管が左右対称に並べられ、姿は伝説の優美な鳳凰を模していると言われる。笙の和音は息を吐く・吸うどちらでも発音可能な為、発音中に微妙な強弱のあるクレッシェンドとディミュニエンドが起こる。この点で笙とアコーディオンは、発音の性格において類似するメソードを共有している。又、笙の和音では声部間のバランスが一定的に変化する事により、特定の和音としてよりも一音の倍音が変化する様に響くという点は、クラリネットの重音と共通している。

　西村が彼の作品で、雅楽を単に真似するのでなく、その基本原理やテクニックや音響をモデルにして彼自身のアイディアを加えているのに注視する事は重要である。しばしば2本のクラリネットは（上2本の五線）ヘテロフォニーによって離れていく-2本の重なっているフレーズ組織は作品の後方になるまで一緒には終止せず、それはまるで2枚の滑る障子が、同じ側の端で一緒に動きを止める場所のみで一緒に止まるのに似ている。これは、和声の無い音楽において音色や方向性を作る大きな音楽的緊張を創造するもので、雅楽や民謡・邦楽等の民族固有の音楽に共通する要素である(Malm)。

　曲の後半で、三パート間で重なるフレーズは、三声かそれ以上の厚いクラリネット重音の、微分音で上昇する連続パターンを含んでいる。これらの重音のいくつかの音の一定に保つのが難しいという性格は、中音域から下音域のアコーディオン和音の出たり入ったり音（空気の多少によるクレッ

シェンド / ディミュニエンド）に似ている。(注21)上昇する"半音階的"重音の続くパターンは"21世紀のクラリネット"表から採られている。重音で左手の運指法が同じ音（即ち最下音はほぼ同音にどどまる音）は一緒のグループに分別され、右手が半音階で上昇するのに合わせ、音が半音階的に上昇する様に組織化されている（これはEグループと銘され、次の例16-12が一例）。(注22)例16-12では、半音階的に上昇する右手運指が半音階的に上昇する上の重音を出している間（A　3分の4♯からC♯）変化しない左手の運指が、ほぼ同じ最下音の重音を出している（D♯か少し下）。(注23)

例 16-12

リチャーズ "21世紀のクラリネット" p.229 頁重音表より
Richards THE CLARINET OF THE TWENTY-FIRST CENTURY
Manuscript (2007)
All Rights Reserved

緊張を創造している箇所では西村はこれらの重音を続けて使用している。それは2本のクラリネット間である種のヘテロフォニーを生む、重ね合わされた上昇するフレーズとして書かれている。

クラリネット I － 96 ～ 8 小節 ＝ D3 グループ；99 ～ 100 小節 ＝ E1 グループ
クラリネット II － 95 ～ 96 小節 ＝ C グループ；97 ～ 100 小節 ＝ E グループ

例 16-13

西村 " 雅楽＜古鳥蘇＞の旋律による瞑想曲 - アコーディオンと2本のクラリネットの為の " 　95-100 小節
©1997 by Zen-On Music Co., Ltd.
All Rights Reserved
Used by permission of European American Music Distributors LLC,
sole U.S. and Canadian agent for Zen-On Music Co., Ltd.

198 小節から2本の楽器が短いカデンツアを奏するが、西村は弱音の協和音の2音の重音を使用している。第1クラリネットの205小節からの2音重音 / 運指によるポルタメントによる下降は、第2クラリネットの204小節から微分音で上昇する三声の重音と一緒に演奏される。各クラリネットの重音と2本のクラリネット相互から生まれる音響拍は、強烈な印象を生む。

例 16-14

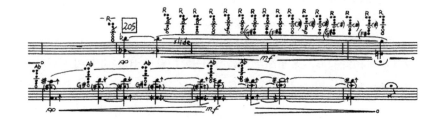

西村 " 雅楽＜古鳥蘇＞の旋律による瞑想曲 - アコーディオンと２本のクラリネットの為の "　204-208 小節
©1997 by Zen-On Music Co., Ltd.
All Rights Reserved
Used by permission of European American Music Distributors LLC,
sole U.S. and Canadian agent for Zen-On Music Co., Ltd.

松尾の " 錯乱 " では最終部の始めで、クラリネットのゆっくりと上昇する２音重音が、ピアノの弦上（蓋の内部）に向かって吹く様に書かれている。右手運指の変化はこのピッチに事実上影響が無いので、この重音の下音は固定してとどまっている。

例 16-15

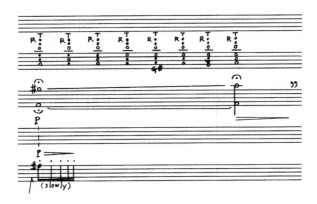

松尾 "錯乱" 12頁3段目
©1996 by Zen-On Music Co., Ltd.
All Rights Reserved
Used by permission of European American Music Distributors LLC,
sole U.S. and Canadian agent for Zen-On Music Co., Ltd.

-- 妖精の輪　クラリネットとピアノのための --
　新実によれば、"妖精の輪とは、月夜のパーティに彼らが輪になって踊った翌朝認められる跡の事である。"(注24) 曲の音楽語法がこのイメージをサポートしている - メロディ的な素材は旋法音内で動きクラリネットとピアノは明るい音色である。この曲ではもっとデリケートにだが松尾作品の様に、ピアノが（時には弱音ペダルと共に）ほとんど同一音を繰り返し、それが和声でなく拍を創出する。クラリネットも単音を繰り返すがその音色は強弱のコントラスト（pp から ff へのクレッシェンドやスビト pp のエコー等の）を通じ、又、多彩な音色（異なる運指、微分法的な高音、異なった音域、フラタータンギング等で創られる）でしばしば変化させている。ピアノとクラリネットの単音の繰り返しと共に、これらのクラリネットの単音は長さがまちまちで、クラリネット・ピアノ右手・ピアノ左手の三声が重なっている。結果として音楽（と時間の感覚）には明確なゴールが無い。

二番目の部分に移る移行部では、クラリネットが、喉音域 (throat tone) から上昇する繊細な分割重音（二音が同時に発音しない）を演奏する。これらの重音は "21世紀のクラリネット" (Richards 2004) の重音の表から採られている。それは、重音の下の音から始め上の音を重ねるか、又は上の音から始め下の音を重ねるか、どちらからでも可能な様に分類作成されている。

例 16-16

新実 "妖精の輪" 41-2 小節
©2000 by Zen-On Music Co., Ltd.
All Rights Reserved
Used by permission of European American Music Distributors LLC,
sole U.S. and Canadian agent for Zen-On Music Co., Ltd.

## 演奏へのアプローチについて

　これらの曲においては、作曲家の美学と作曲の意図に対する真摯な傾倒を理解するのが、演奏において音楽と深くコミュニケートするのに非常に重要な事である。演奏家はしばしばリズムの拍を音や身体の動きを通して表現してはいけない。—これらの曲では、小節線は強拍にアクセントを付ける為でなく、視覚的に見易くするか息の長さを示す為に書かれているのであるから。運指を含むポルタメントは初めから最後まで同一の動きで吹かれるべきである。—これはピッチが止まる箇所が無い為に（作曲家の）思う様な緊張を作り出す事ができる。沈黙（休符）の箇所は数えるべきで

は無く、音楽的内容から導かれる緊張のレヴェルによって個々の長さが決められるべきである。最後に（アタックや音の最後等の）アーティキュレーションの微妙な詳細と長音間の音色の変化は、自分自身の音を又室内楽では他のメンバーとの音をも、鋭い感覚で大変に注意深く聞く事が要求される。この論文で挙げた作曲家の音楽の意味（意図）は、これらの、邦楽と類似した要素を通して表現されている。

〈注　釈〉

（注1）このエッセーの部分は著者による論文"日本における新しいクラリネット作品" Proceedings of the 2007 Clarinet and Woodwind Colloquium,（2008年エディンバラ大学出版）から取られている。1987年から多岐に渡る種類のクラリネット曲が日本人作曲家によって書かれている。このエッセーで研究されている作曲家は著者から差し上げた本のエクステンディッドテクニックの要素をここで挙げている音楽に使用している。

（注2）Bartolozzi（1967）とGarbarino（1973）の研究は他の音楽家に多大な影響を及ぼしたが、他の初めての研究の様に間違った情報が含まれておりそれが真の発展を妨げた。問題の一つはフル-ボームシステムに集中していた事である；イタリア国外ではあまり使用されていないシステムで、それ故ほとんどの情報が一般的なクラリネット奏法に移せない。Rehfeldtの本（1977）はスタンダードボームシステムのクラリネットによって書かれた最初のものである。しかし重音は発音システムによっては分類されておらず、微分法の四分音以下のものは含んでいない。著者の微分法の研究も参照されたし（Richards1984）私のエクステンディッドテクニックの研究（2004）では幾つかの部分と形式範例に分けられている：1）21世紀のクラリネット-Bbクラリネット（458頁）は、ほぼ100名の作曲家の曲の200以上の例や、単音と重音の変わっている音色の種類が収められている。2）21世紀のバスクラリネット（141頁）；3）21世紀のEbクラリネット（136頁）；4）21世紀のクラリネットの為の練習曲（175頁）と付随CD；5）上記1）から4）の、1000以上の音例と完全テキスト付のCD-Rom；6）練習曲、例、表などのヴィデオと音のファイルの(75頁)本付DVD/DVD-ROM、htmlリンク付；7）21世紀のクラリネットの作曲家と出版社情報とリンクのウェブサイト、テキストからの音楽例のMP3とクラリネット奏者と作曲家のための他の情報。

（注3）作曲家Robert Erickson（故1979、146）は楽器の新テクニック研究の"ブラックホール"について適切に語っている"それは終わりが無いんだ！新しいテクニック

が次にはスタンダード（一般的な）テクニックになるのだから。どの楽器のどのエクステンドテクニックの本でも終わりがあるものは無い。私が思うにはそれが一番魅惑的な点だと思う。これらの本にどんな効果があるかというと、優れた演奏家を刺激する事にある。除除にある楽器との関係で（そのエクステンドテクニックを普通に使用するという）態度が育っていく -- 情報が拡散していく。まず辞典的な視点から始めて、何が起こるかというと、君は周りの同僚を刺激して行く。次に起こるのは新しいヴィルティオージティだ -- 一段高い"。

（注 4）田野崎・リチャーズ・デュオに関しては下記参照。
http://userpages.umbc.edu/~emrich/tanosakirichards.html

（注 5）西村は現在東京音楽大学教授で日本作曲家協会の会員である。

（注 6）西村の作品はほぼ Camerata (http://www.camerata.co.jp) と Fontec (http://www.fontec.co.jp) で CD に収められている。

（注 7）2003 年 4 月 6 日の田野崎和子と著者の西村へのインタビューから。

（注 8）西村は"悲の河 II- クラリネットと 9 人の奏者の為の"も書いている。（1997 年初演、全音楽譜出版社より出版）

（注 9）新実は現在桐朋学園大学大学院教授、東京音楽大学客員教授、桐朋学園大学音楽学部、同短期大学部非常勤講師。日本作曲家協会の役員メンバー。

（注 10）新実の"妖精の輪"アメリカ初演は田野崎・リチャーズ・デュオにより 1999 年於 N.Y. 州ロチェスター。新実は 2 本のクラリネットのための曲も書いている：Clarinet Spiral 誌（2002）

（注 11）松尾は東京藝術大学で作曲の学士と修士終了 2001 年於横浜の ISCM ワールドミュージックデイズの委員長を務めた。現在洗足学園音楽大学教授他、東京藝術大学を含む幾つかの大学で教鞭をとる。

（注 12）松尾は他にもクラリネットの曲を書いている -"飛来 III- クラリネットと弦楽器の為の"（1987）、"飛来 V- クラリネットとピアノ、オーケストラの為のダブルコンチェ

ルト（1992）。E.Michael Richards が飛来 III のアメリカ初演を 1989 年に、田野崎・リチャーズデュオが飛来 V のアメリカ初演を 1992 年にハミルトン大学オーケストラと、日本初演を 1994 年に新星日本フィルハーモニー交響楽団と行った。

(注 13) 1-2 頁の伊藤の経歴参照

(注 14) 3 頁の山本の経歴参照

(注 15) 喉音音域（F♯3 から A♯4）は音響的に異なる機能をする - とても短い管の使用を通じ Chalumeau から Clarion 音域の橋渡しをする。この音域ははっきりしたイントネーションと一定した音色で吹き難いという問題点がある。

(注 16) このエッセーの運指図表は立っているクラリネット奏者を正面から見る様に描かれている：四角＝音穴；横の線の上の四角は左手の始めの四本指を表す。（最上左の四角＝左手親指）；線の下の四角は右手の 2 指から 4 指を表す（右手親指は楽器を支えている）；R ＝レジスターキー（左手親指で演奏される）

(注 17) 全音楽譜出版社から出版された作曲家自身のプログラムノートによる。

(注 18) "静寂と光 - 西村朗の音楽 IV" CD の作品解説より Fontec FOCD2540（東京 1997). 西村朗 "水のオーラ - クラリネットとピアノの為の"(ZWI042) 全音楽譜出版社（日本 1997）

(注 19) 2007 年 3 月 31 日米国メリーランド州立大学ボルティモアカウンティ校に於ける国際音楽学会フェスティヴァルでの山本の特別講義 "The Grey Area of Music and Hearing" より。

(注 20) 2007 年 3 月 31 日米国メリーランド州立大学ボルティモアカウンティ校に於ける国際日本音楽学会フェスティヴァルでの伊藤の特別講義 "Swaying Time, Trembling Time" より。

(注 21) Richards2004 参照 - 演奏における音質、難易度 / 正確さと共に、各重音の録音ファイルが収められている。収録されている他の要素には安定度、音の出易さ、音響拍、強弱の範囲等がある。

(注22) 作曲家は73のグループに分けられた463種類の重音から選ぶ事が出来る。

(注23) 例12の初めの重音のピッチはこの様に説明される - 三分の四#（上昇）5、5番目部分から、右手の運指から、それは4番目の指と5番めの指を足す事によって（右手3指とF#キー）C#5からA三分の四#（上昇）5　左手運指F3からD3、それは加えられた指で低くなる：左2、左3、右1－3、F#.

(注24) CD"Lux　Originis"作曲家によるプログラムノートから。
Camerata28CM-657(日本2000)

〈参考文献〉

Bartolozzi, Bruno.　1967. New Sounds for Woodwind, Translated from the Italian by Reginald Smith Brindle. London: Oxford University Press.

Malm, William P.

Garbarino, Giuseppe.　1973. Metodo per Clarinetto. Milano: Ediziono Suvini Zerboni.

Post, Nora.　1979. The Development of Contemporary Oboe Technique. Diss. New York University.

Rehfeldt, Phillip.　1977 (rev.1994). New Directions for Clarinet. Berkeley: University of California Press.

Richards, E. Michael.　1984. Microtonal Systems for Clarinet: A Manual for Composers and Performers. Diss. University of California, San Diego.

＿＿＿＿. 2004. The Clarinet of the Twenty-First Century. unpublished manuscript.

Yuasa, Joji.　湯浅譲二　1989. Music as a Reflection of a Composer's Cosmology. Perspectives of New Music 27/2. 198-214.

# 第4部
# 日本の中堅作曲家とそのコンピューター音楽

# 第17章　日本と欧米在住の日本人作曲家による最近のコンピューター音楽について
E・マイケル・リチャーズ　E. Michael Richards

　高い質のコンピューターハードウェアを生産しているとはいえ、研究とシリアスな音楽を創造するためのコンピューター音楽のスタジオは、日本においては1990年代まで着手されなかった（菜2004）。日本でのコンピューター音楽の進化を刺激した一つのイベント、特に音楽とアイディアの輸入を通して、は1993年に東京で行われた"国際コンピューター音楽会議"である。これは科学と音楽両方の分野から多大な関心を寄せられた。

　日本で記録されている電子音楽の歴史は、実験的ワークショップ"実験工房"と共に1950年代のNHKスタジオの設立で始まった（Loubet 1977）。

　黛敏郎と諸井誠によるNHKでの最も初期の作品は、サイン音やシュトックハウゼンの音列作品をモデルにしたものである。初のマルチメディアとミュジークコンクレートの演奏は実験工房によってなされた1952年に遡り、又黛敏郎が1953年に彼のムジークコンクレートの作品で紹介した。（彼はムジークコンクレートを1951-2年のパリ音楽院での留学中に学んだ）。NHKでは1955年にラジオ放送波を使った柴田南雄の作品を紹介した。それは聴者が2台のラジオを用意し異なる2つの波長に合わせるというものであった（ステレオ音を模倣する様に）。1950年代の後半には黛が日本音楽の音源から採られた作品を作曲し（カンパノロジー-仏教寺院の鐘の音を録音）その後1960年代に諸井の"小懺悔"が続いた（伝統的な仏教儀式からの楽器を使用）。諸井の日本音楽の伝統的な材料資源へのアプローチは顕著である-サイン音を通して音響を作るのでなく、例えば尺八などの豊かな自然の音響から初め、それを造形する事によって。ヨーロッパのスタジオと違いイデオロジーの壁が存在していなかったNHKでは、様々な音楽の様相と美学が隣り合って存在していた。しかし国際的な作曲家が海外から専属として来ておらぬ為、まだ海外と同レベルのアイディアを持つには遅れ

ていた。

　1960年代に3つの大きなイベントが日本の電子音楽に大きなインパクトをもたらした：ジョン・ケージとニューヨークで仕事をした一柳慧の帰国（それ以降ジョン・ケージは度々日本を訪れている）；ヤニス・クセナキスの来日（と彼の演奏家と電子音楽機器の協奏相互作用による同時演奏と音楽でのコンピューター使用）；そしてシュトックハウゼンがNHKスタジオでの作品で、フィードバックや音響の空間分布のアイディアを紹介した事。シュトックハウゼンの影響は1970年の大阪万博の演奏の間も続いた。大阪万博と、秋山邦晴、湯浅譲二、アメリカ人作曲家ロジャー・レイノルズとの企画によって1969年に開催された＜クロストーク・インターメディア＞は、日本での海外に向けての活動を開くものであった。＜クロストーク・インターメディア＞は、マルチメディアと芸術、テクノロジーの関係を探るものであった（Loubet 1998）

　ビデオ、コンピューター・アニメーション、マルチメディアは　若い層に人気があり、1990年以降サウンド・インスタレーションとマルチメディア作品は日本ではさらに一般的になってきた。芸術音楽から離れて90年代にこの一分野に枝を伸ばしたのは"デジタル演奏家"である - 彼らのほとんどは音楽教育を受けていないグラフィックデザイナーやプログラマー、ロックミュージシャン等であった。これらの演奏家は一般的に言って、ラップトップのライヴ演奏家、サウンドアーティスト（その中のさちこMは、257頁でヤン・レブランクによって論じられている）、演奏CDのデザイナー、テクノアーティスト等の範疇に分類されるだろう。（Loubet 2000）

　芸術音楽に関して言えばこの分野の際前線に立つ作曲家はアタウ・タナカである。[注1] 1990年代に始まったセンサーを使った作曲の後、彼はネットワークパフォーマンスをプロデュースし、さらに続けて公共の場におけるインスタレーション、Webブラウザやそれらを複合した作品等を発表した（タナカ2006）。彼のネットワーク演奏では、異なる場所からの演奏家が、ビデオやオーディオ会議システムを通じて各場所の実際の聴衆の前でライヴのインタラクティブ（相互作用）演奏をする。普通映像と音響のずれが

起こり音楽家が苦労し（何とかしようと）奮闘する替わりに、タナカはネットワークトランスミッションの限界を"ある実際の空間で作曲する様に"受け取り、利用開拓するほうを選んだ(2006,278)。 彼は次に、インターネット空間次元の中で発見できる音楽の質の探求を通じて、ウェブサイトをベースにしたインスタレーション（コンサートでの作品演奏でなく）を創造した。タナカは"聴衆をネットワーク空間と音響空間に同時に置く状況を探し求める"(2006,278)と説明している。

2002年にタナカはKasper Toeplitsカスパー・トエプリッツと'グローバルストリング'という楽器で作曲した。それはリアルタイム音響合成できるサーバを使い、ネットワーク内で楽器自体が共鳴する楽器。タナカの説明では（2006,280）：

"弦は直径16mm、長さ15ｍの鉄の線。これはすでに大きすぎる様だが部分に過ぎない。コンセプトとしては、ネットワーク（インターネット）を２都市を繋ぐ部品/楽器として使う---一本の"線"を構築する事によって、ネットワークの使用が、距離を崩すのでなく、距離に橋を架ける共鳴媒体になるのである。"

この楽器はヴィルティオーゾの為のコンサート楽器のみならず、公共の空間装置設備である-美術館に訪れる人々が"演奏"出来るようにという(2006, 280)。"目的は異なるレヴェルの演奏に適応できる一つの楽器を作る事であった"

タナカは過去数年間、音楽創造のプロセスにおいて聴衆が積極的に参加可能なものも含めて、インタラクティヴ音楽の社会的なダイナミズムを探索し続けている。彼が"順応的なモバイル音楽"(2006, 281)と呼ぶプロジェクトは"携帯電話で展開し都市の原動力と聴衆の動きを取り入れ--システムが、共有する音楽体験を通し、聴衆のコミュニティーを一体化する"。これは、音響楽器の演奏法の一部の一般的な概念を、"コンピューターの実用的なコンセプト"に応用するという、タナカの前の活動時期の目的を拡張するものである。

Music of Japan Today2007 で発表されたコンピューター音楽は、ほぼ次の3つの背景の，中堅キャリアを持つ作曲家に視点を当てた。1）東京にある国立音楽大学の音響学科で訓練された作曲家で、莱孝之と米国からのゲスト作曲家コート・リッピに指導を受けた者。2) 日本で主に訓練を受けたが海外での経験もある者。3) 日本生まれでキャリア範囲を拡げ米国又はヨーロッパで訓練を受けたり又は仕事を持つ者。

　1991 年の国立音楽大学の音響学科の設立、これは日本でのコンピューター音楽の研究と作曲スタジオの最も早いものの一つであるが、1990 年代の日本での進んだコンピューター音楽の注目に値する二つの内の一つの出来事であった（莱 2004）。この装置は NeXT コンピューターと IRCAM の信号処理ワークステーションを持って始まった - これは当時一番強いデジタルシグナルプロセスだった。当時の大学生にとってリアルタイムでシグナルプロセスの技術とインタラクティヴなコンピューター音楽の作曲を勉強できるのは、稀な事であった。これらの学生の何人かは、この分野で日本と海外でメジャーな活動家になっている。

　音響学科の設立者でディレクターは莱孝之であった。1954 年東京生まれの彼は入野義朗と Helmut Lachenmann ヘルムト・ラッヘンマンに師事、オランダのユトレヒト音響大学でコンピューター音楽を Paul Berg ポール・ベルグに学んだ。(注2) 莱は Bourges, 入野、NEWCOMP, ICMA 等沢山の賞を受賞しオランダでコンピューター音楽を作曲し始めた。特に、リアルタイムでの音響合成技術とインタラクティブ性のあるコンピューター音楽を使用し、15 年に渡り東京の国立音楽大学で仕事を続けた。

　1991 年から彼は Max/ISPW 後に Max/MSP 使用のライヴコンピューターシステムと楽器の為の多々の曲を作曲した。又彼は ( デジタルイメージを音とプロセスする )"DIPS" という、特別に新しく発達させたソフトウェアを使用し、インタラクティヴな ( 相互作用できる ) マルチメディアを創造した。これは彼が 2000 年から企画長である。

　Labyrinth- ギリシア神話の Daedalus の設計した迷宮、複雑な関係の意 (2004) は、テープの為の 10 分の曲を国立音楽大学の音響学科で実現化し、

横浜の SIGMUS コンピューター音楽シンポジウムで初演された。作曲家によるとこの作品は"神秘的な都市の音風景の迷宮"と暗喩されている。音楽は幾重にも重なるテクスチャーを持ち、それらはいくつも様々な順列で繰り返される速く短い音を含み、リゲティのマイクロポリフォニーを回想させる。繰り返すフィギュアは時には十分遅いテンポなので各ピッチ(振動)が聞き取れ、それらは特に曲の初めと終わりの構造を縁取っている。

安藤大地(1978年日本生まれ)は国立音大で莱孝之とコートリッピに作曲とコンピューター音楽を師事した。その後彼は、スェーデンのイエテボルグに在るチャルマーズ工科大学、ギョーテブルグIT大学の国際修士コースの芸術技術科で Palle Dahlstedt と Mats Nordahl に学んだ。東京大学大学院新領域創成科学研究科基盤情報学専攻博士課程修了。対話型進化システムや人工生命，群知能などの音楽創作分析への応用を中心とした研究を行っている。現在首都大学東京システムデザイン学部インダストリアルアートコースで教鞭をとっている。

"彷徨う指 Wandering Finger"は2Chテープの為の曲である。生活の中にあるものを指でタップして行った音を集め，アルゴリズムによりリズミックなフレーズを生成して曲に用いている（作曲家のウェブサイト上プログラムノートより）。音響効果と小シークエンスは安藤がプログラムしたアルゴリズムとの Max によって音化されており、全曲のシークエンスは ProTools ソフトウェアによって作られた。この4分の曲の音響と構成はほとんどピッチの無い繰り返す重ねられた音型で出来ている。

今井慎太郎（1974年長野生まれ）も国立音大で作曲とコンピューター音楽を学んだ。東京で大学院を終えた後、彼はパリの IRCAM での作曲とコンピューター音楽コースに出席する様招かれ、そこでフィリップ・フレルに作曲を師事した。2002-2003年間、彼は日本政府の文化庁から奨学金を受けドイツの Karlsruhe にある ZKM 音楽音響大学でのゲスト作曲家として働き後ベルリンの電子音楽スタジオ（DAAD）へ移った。今井は Bourges, ムジカノーヴァ、イアプレイ2001、ZKM 国際コンクール、ドイツ‐ルカス芸術家の家等の沢山の賞を受賞、作品は1999年北京国際コンピューター

音楽会議、2002年香港ISCM世界音楽の日々等、多くの国際フェスティヴァルで演奏されている。現在国立音大、玉川大学、尚美学園講師を務めている(於2008年)。

今井の音楽は、自然音の雑音を拡大し、組織化したものと関係している。Figure in Movement（2005）はベルリンの電子音楽スタジオTUで、電子音響システムの為に作られたものである。音素材は、作曲家の"サウンドクリーチャー"システム（発展拡大された粒状態のサンプル技術によるGranular sampling techniques、リアルタイムの発音システムAlgorithmic sound-generating）を通してプロセスされ組織された。これらの音素材はフルート演奏家のサビネ・ヴォーゲルの演奏の一部から採られた。アルゴリズムとサウンドシンセシスのプログラムはどちらもMax/MSPでプログラムされ編集と完成にはProToolsが使用された。曲のコンセプトは"想像に生きる音とそれらを囲む環境を紡ぎ出す事"であり、今井はそれらの音を二重三重に（前景、中景、後景）重なる空間に置いている。

2007年のMusic of Japan Todayでコンピューター音楽が演奏された他二人の作曲家は、日本でコンピューター音楽のみの訓練を受けたわけではない。小坂直敏(1953年長野生まれ)は早稲田大学で電気エンジニアを学び、甲斐説宗と田鎖大志郎に作曲を学んだ。1978年から2003年の間彼はNTTコミュニケーション科学研究室の研究員として、様々なシグナルをプロセスする技術を有用する顕著なコンピューター音楽のソフトウェアを開発した。作曲家としての彼の作品は1995年のデンマークでのミュージックトゥデイ、ICMC, CCRMAニューステージコンサート2006等、日本と海外で演奏されている。彼は現在東京電機大学でコンピューター音楽の教鞭を取り、又ICMAアジアオセアニア支部長を務めている。

ヴァイオリンとテープの為の"雫のくずし"はムジークコンクレートのコンセプトをモデルにしている。日本語の"雫"は"水の滴り"と言う意味で, この作品の基本の音である。"くずし"は変奏という意味である。曲は7つの部分に分かれ、各部分は'し''ず''く'他の、題名の分節の音をとって付けられている。水滴音の変奏を作る為に、時間変形デジタルフィルター

time variant digital filters、スペクトラム・フォールドーヴァー・ディストーション spectrum fold-over distortion、アムプリツードの変化によって起きるフェーズ破壊 phase distortion caused by amplitude modulation、を含む幾つかのデジタルシグナルをプロセスする技術が NeXT コンピューターで使用された。全曲を通じ、様々な生の水滴音が可能な限り使われた --- 微細に変化する幾つかはピッチ（音高）を持つ音である。中間部の、テープパートから発音するヴァイオリンの倍音と倍音のスペクトルは特に美しい。この曲は 1991 年神戸 Xebec ホールでのコンピューター音楽コンサートで初演され、1993 年の東京での ICMC に選出された。

　山本裕之（1967 年山形県生まれ）は東京藝術大学で作曲の学士と修士を取得。（経歴参照）日本で最も権威ある作曲賞を管弦楽作品で受賞している。テープによる"遠近法"はパリの INA/GRM で 2002 年夏に作曲された。「部屋の中、通り、教会、空港などで録音された音素材は、もともと自身の距離感や空間性を持っている。私は"ザッピング"の手法を用いながら、これら録音素材が持つ遠近感が曖昧になるように編集した」。この作品は、多々の非対称的な繰り返し、速いポルタメント、切断等を用いながら、異なる空間性を持つ沢山の音響の積み重ねで作られている。"マタイ受難曲受難"は 2002 年秋に東京で作曲された。山本はその素材を J・S・バッハの'マタイ受難曲'の CD 録音から採り、それらを合唱、アリア、コラール、レチタティーヴォの順に再編集した。この再編集ではさらに、リズムのアーティキュレーションが変えられたり、ノイズ的要素が加えられたりしている。

　沢山の作曲家が日本生まれであるが米国やヨーロッパで訓練を受け又は仕事をしている。MOJT2007 のこれらの曲は、田中カレンのヴァイオリンとテープ曲、川本秀子のテープ曲、後藤英のロボットの為の曲、アタウ・タナカの'センサーバンド'による演奏のインタラクティヴ曲の一部である。

　田中カレン（1961 年生まれ）は日本の桐朋学園で三善晃に、パリの IRCAM でトリスタン・ミュライユに、フローレンスでルチアーノ・ベリオについて作曲を学んだ。彼女はアムステルダムの国際音楽週のガウデアム

ス賞、ヴィオッティとトリエステコンクール、日本交響楽振興財団作曲賞など沢山の権威ある賞を受賞している。田中は1990年代に日本での重要な委嘱作品群を完成させ最近は国際的な演奏や放送の機会が増えている。 彼女は現在八ヶ岳高原音楽フェスティヴァルの芸術監督の一人で、これは故武満徹が監督を務めたものである。現カリフォルニアサンタバーバラ在住。

"Wave Mechanics 波長の力学 II ヴァイオリンとテープの為の"(1994)は、ソロヴァイオリンによる2箇所のカデンツアで区切られた3部分から成る。波長力学は本来物理の技術的用語であり、ここでは数学的な関係を表現する為のみに使用されている。作曲家によれば-

"この曲は波長力学を数学的規則の不変のシステムとしてよりも暗喩的な意味に解釈している。初めに現れるホ、変ロ、ニの音は曲全体を通して支柱として使われ、それらの倍音とこの三音から派生した雑音が、構造の基礎として用いられている"

川本秀子は米国ノーステキサス大学で学び、その後のポストドクはパリのIRCAMで行った。"ルイジ・ルッソロ"国際コンコルソ、ピエール・シェーファー国際コンピューター音楽コンクール、ハンガリーのBourges, Ear'01、米国のソニックサーキッツ国際フェスティヴァル電子音楽芸術(作曲賞)等の受賞歴がある。現在南カリフォルニア在住で、彼女の作品は世界中で演奏されている。

"夜が蝶のように耳から昇る"(1999)は渋谷春雄の詩"砂漠のColiseumコロッセウム"に触発されたものである。渋谷がこの詩で使う言葉"夜""音楽の時""雨""黒い噴水""ピアノの弦""役に立たない合唱""蝶"などが初めのインスピレーションを触発した。これらのイメージは渋谷の詩とは別に作曲家の想像の内で膨らみ、音楽へと形を変えた。

蝶の羽ばたきを創造する為にモーリス・ラヴェルのピアノ曲"鏡"の中の"夜の蛾"からトレモロの部分を採り、それを、フィルタリング、リヴァーヴレーション、ピッチ変換等のテクニックを使いコンピューターでプロセスした。音高のあるトレモロの音と対照的に、作曲家は音高の無い音—蝶が飛ばずに一箇所に留まりながら息をするごとに繊細に羽を動かすという

超現実的（シュール）な視覚を創造する為に、アルミニウムの破片を金属のボールの中で上下に振って創造した音も使用した。度々幾つかの複雑なテクスチュアが違った音空間で同時に現れる。沈黙によって曲は部分に分けられている。

　後藤英（すぐる 1966 年生）は作曲とピアノを日本で学んだ後、ボストンのニューイングランド音楽院で勉強の為渡米、後にドイツ、ベルリン芸術大学、ベルリン工科大学でポストドクを修める。米国ではアール・ブラウン、ロバート・コーガン、ルーカス・フォス、ベルリンではディーター・シュネーベル、フランスでは IRCAM にてトリスタン・ミュライユとブライアン・ファニーホウに学ぶ。 後藤は、ボストン・シンフォニー・オーケストラ・フェロー シップ、タングルウッド音楽祭よりクーセヴィツキー賞、パリの UNESCO 国際作曲 Rostrum,マルゼナ国際作曲コンクール（シアトル）1 位、ベルリナー・コンポジション・アウフトラーゲ 1994、他多く受賞歴を持つ。作品はレゾナンス /IRCAM、タングルウッド音楽祭、ICC、SONAR、Haus der Kultures der Welt, ISEA、NIME、ヴェネツィアビエンナーレ等世界の音楽祭にて演奏されている。 後藤は 1995 からパリの IRCAM のグループ "Gestural Controller" とコンピューター音楽の作曲と研究を続けている。

　"RoboticMusic ロボティックミュージック "(2003) はロボットたちが音響楽器を演奏する様を MOJT2007 でヴィデオ映写された。—スネアドラム、ベースドラム、シンバル、ゴング、そしてパイプ等。これは後藤英が 2003 年にイクシスリサーチ（iX s Research Corp.）の山崎文敬の技術的援助を受け思考しデザインし創造したものである。

　"各ロボットは、腕や足等、人間の一部に似させており、人間の演奏の動きを模倣する。これらのロボットは Max/MSP/Jitter 等のプログラムでリアルタイムでコンピューターにコントロールされ、それらはもっと進んだ知性を示す多彩な機能を持つ様変化可能である ---" ロボットの音楽 " のロボットは二本の足で歩くわけでなく目や口も持たない、等等。人間の打楽器奏者の動きが音楽音と表現を創造する為にモデルとして使われた。Max, Cycling74 が音楽データを発生し Interface するのに使用された。これで、

ロボットの腕を置く場所や外す場所、緊張度（どれだけ強く打つか）等の基本の条件をロボットに送信できる。これは UDP 経由で Linux を持つ他のコンピューターにシグナルを送信する。それはロボットの動きをコントロールするので重要な役目を持つ。Linux を持つコンピューターは USB を経由してロボットに繋がれている。各ロボットは固有の interface を持ちそれは Actuator とセンサー、人間の筋肉を模倣するのに特別のばねに繋がれる"。

ロボットによる音楽演奏の長所と短所が後藤によって記されている(2006)。 長い間の訓練を通して習得した 繊細なコントロールを要する演奏家 (人間) の身体をモデルにするのはほぼ最近始まったばかりの研究である。人間によって演奏される音響楽器は素晴らしい音楽的ニュアンスの可能性を持つ故に (2007)。これらは (歩行や物を持つ等の) 原始的な機能でなく、繊細さや感情等の身体のデリケートなコントロールをする進化した脳であるから。然しながらすでにもうロボットは人間よりも休み無しに 、もっと正確に、もっと速く演奏出来るという長所も示している。ロボットはアンサンブル演奏の可能性も拡げた - 例えば、6 対のロボットのグループは、同時に、6 つの異なるテンポの複雑なリズムを演奏出来る。スピーカーから流れるコンピューター音楽に比べるとロボットがステージで演奏する長所は明確である - 聴衆は演奏を聴くのみならず見る事も可能であるから。

アタウ・タナカは東京生まれ、米国で育ちハーヴァード大学のイヴァン・チェレプニンに師事しその間ジョンケージの知己を得た。彼はサンフランシスコ地域在住の折、バイオ電子音楽楽器である BioMuse（BioMuse は単音／イメージ演奏を創造するリアルタイムのイメージプロセシングをコントロールするのに使用される）- の初めての委嘱作曲をした。タナカは 1992 年に IRCAM で研究のためパリに移り、以来インタラクティヴ音楽技術のセンサー技術におけるアーティスト・イン・レジデンスである。1993 年にタナカは'センサーバンド'を創設した－これはセンサー楽器のトリオで、ネットワークコンサートで広く演奏され、大きなスケールの構築とレーザー楽器を使用するものである。1997 年にタナカは NTT － ICC からセンサーバンドの委嘱を受けパリから東京に移住した。彼は現在パリに住み 2001 年

からパリのSONYコンピューター科学研究室の研究員である。

　タナカは世界中の会議やフェスティヴァルで、彼の作品を発表している。'センサーバンド'はZbigniew KarkowskiとEdwin van der Heideと共に1993年に設立され、センサーによって身体の動きと身振りを捉えそれをデジタル情報に翻訳するもので、各メンバーの身体を楽器として使い音楽を奏するものである（Bongers 1998）。タナカは'バイオミューズBioMuse'を演奏する - これは筋肉（集中した動きによる緊張）と神経（演奏家の上腕につけた膠化体ゲル電極）の運動を通して音楽を作るバイオ電子的楽器である。Karkowskiは破られたときに音を発する赤外線の見えない檻を担当し、vanderHeideはJoystickジョイスティック様のコントロール機器を使用するMIDI指揮をする。

　センサーバンドの目的の一つは、音響楽器の演奏家には演奏又は身振りの解釈は可能だがコンピューターは出来ない、という長い間信じられている考えを打破する様な身振りの音楽演奏をコンピューターですることである。各演奏家は（音響楽器の演奏家と同じく）理解を深めるべく各自の楽器を長く練習し、それは沢山のコンピューターミュージシャンが毎年楽器をグレードアップしそれに伴い演奏法を初めから学び直すのとは異なっていた。タナカによれば'センサーバンド'の発達に伴う下記の音楽的影響と芸術的目的こそが新事である（Bongers1998, 23）；

　"私たちが確立したのは, テクノロジーやコンピューター作成の音楽におけるセンサーコントロールのアイディアでは無く、美学や組織的な取り組み方そして演奏法であった。"

〈注　釈〉

(注1) アタウ・タナカの経歴の頁参照。

(注2) 同時に国立音楽大学で音響学科が設立された。

〈参考文献〉

Bongers, Bert. An Interview with Sensorband. Computer Music Journal 22:1. 13-24.

Dubost, G. and Tanaka, A. 2002. A Wirelss Network-Based Biosensor Interface for Music. Proceedings of International Computer Music Conference(ICMC).

Gaye, L., Holmquist, L-E., Behrendt, F., Tanaka, A. 2006. Mobile Music Technology: Report on an Emerging Community. Proceedings of New Interfaces for Musical Expression (NIME06). IRCAM.

後藤英　2007. http://suguru.goto.free.fr/

＿＿＿. 2006. The Case Study of An Application of the System, "Bodysuit" and "Robotic Music" – Its Introduction and Aesthetics. Proceedings of New Interfaces for Musical Expression (NIME '06). Paris, France.

Loubet, Emmanuelle. 1997. The Beginnings of Electronic Music in Japan, with a Focus on the NHK Studio: The 1950s and 1960s. Computer Music Journal 21:4, p.11-22

＿＿＿. 1998. The Beginnings of Electronic Music in Japan with a Focus on the NHK Studio: The 1970s. Computer Music Journal 22:1, 49-55.

＿＿＿. 2000. Laptop Performers, Compact Disc Designers, and No-Beat Techno Artists in Japan: Music from Nowhere. Computer Music Journal 24:4, 19-32.

Polishook, Mark. 2003. Kobe DSP Off Summer School 2003: Robots and Music. Computer Music Journal 27:4, p.86-9.

莱, 孝之. 2004. DVD プログラムノート. Computer Music Journal 28:4, 116-29.

Tanaka, Atau. 2007. Facilitating Musical Creativity: In Collectivity and Mobility. LEA-ACM Multimedia Special Issue, Leonard Electronic Almanac 15: 5-6.

＿＿＿. 2006. Interaction, Experience, and the Future of Music. Springer. Computer Supported Cooperative Work 35: 267-288.

タナカ　アタウ. Tokui, N., and Momeni, A. 2005. Facilitating Collective Musical Creativity. Proceedings of ACM Multimedia.

＿＿＿. 2004. Malleable Mobile Music. Adjunct Proceedings of the 6th International Conference on Ubiquitous Computing (Ubicomp).

タナカ　アタウ and Knapp, R. B. 2002. Multimodal Interaction in Music Using the Electromyogram and Relative Position Sensing. Proceedings of New Interfaces for Musical Interaction (NIME), Medialab Europe

タナカ　アタウ and Bongers, Bert. 2001. Global String: A Musical Instrument for Hybrid Space. In Fleischmann, M., Strauss, W., editor, Proceedings: Cast01 //

Living in Mixed Realities. 177-181. MARS Exploratory Media Lab FhG - Institut Medienkommunikation.

———. 2000. Musical Performance Practice on Sensor-based Instruments. In Wanderley, M. M. and Battier, M., editor, Trends in Gestural Control of Music, Science et musique . 389-405. IRCAM - Centre Pompidou. Edition electronique on CD-ROM

———. http://www.xmira.com/atau/

# 第5部
# 2つの日本人社会と彼らの現在の音楽：
# 日本国内のコミュニティーと
# "海外"のコミュニティー

日本人音楽家が生み出した大変に多彩な音楽の中で、ある特殊なジャンルの音楽が幾つかのグループを作り、日本の社会に染み込み、明確な型を定義した。この部では、その様な２つのグループの（西洋音楽に影響された）ジャンルとの関係が論じられる。：一つはアメリカ・ヨーロッパからもたらされた吹奏楽の発展と変遷：もう一つは、東京の即興的アヴァンドギャルドシーンの中のサウンドアーチストの進化と発展である。

　指揮者で教育家のデイヴィッド・ヒーバート David Hebert は吹奏楽というジャンルが日本人にどの様に順応し、革新的に再発明され、新しい意味合いをもたらしたのか論じている。日本での吹奏楽はごく近代の世代になってポピュラーになったが、今や、東京佼成ウインドアンサンブルは世界をリードするプロの吹奏楽グループであると広く認識されているし、全日本吹奏楽連盟による吹奏楽コンクールは、約 50 万人の参加者を持つ世界で一番大きい音楽コンクールである。ヒーバートは、小学生からプロを通してのアウトリーチ活動等の、日本の吹奏楽の精神的役割、リハーサル戦略などの練習方法、日本人作曲家によるハイブリッドなレパートリー等について論じている。

　1990 年代後半の東京で、音のテクスチュアとその違い、沈黙等に特に注視した演奏形態を持つ、即興でとてもミニマルな音のサウンド・アートが起こった。このスタイルを起こした一人は Sachiko M の名前でレコーディングをしている中村さちこである。サチコ M は 1994 年から Sampler player として、大友良英の'グランド・ゼロ'で 1994-7 年にわたり活躍した。1998 年にはソロ・アーティストとして、サンプラーにプリセットされたテスト・トーン（サイン波）やスイッチノイズを使った即興演奏を行うという、彼女がそれ以来用いている革命的な方法を確立し、完全に違う方向に向かった。サチコ M はコンピューターを使わず（Loubert2000, 22-3) むしろ、放送用の波型テスターや小型のデジタル・ミックス・コンソールの様な限界のある小さなデジタルの箱と、歯ブラシや他のガジェットを音響的道具に使用している。

　2000 年にリリースされたサチコ M のサイン・ウェーブ・ソロ Sine

Wave Solo は全体がサイン波のみで創られている。それによって彼女は突然に、ヨーロッパの音楽フェスティヴァルや英国の Wire 誌を含む国際的シーンで、集中され興味の的になり、(Loubet 2000、23) は "彼女の世界は、集中とタイミング -- それは盲目的に物や音楽や記憶を集めるバブル時の経済的美学に対し、アンティテーゼと考えられる、魅惑的な引き算の世界である"、と。サチコ M がコラボしたアーティストの一人は中村としまるで、彼は 'インプットなしのミキシング・ボード'（アウトプットがインプットに繋がれていてフィードバックを起こす）を演奏するサウンド・アーティストである。東京でのこの動きの重要な演奏家のもう一人は角田俊也で、彼のサウンドアートでは、革新的概念の、野外録音とのコラージュを使用する --- それの殆どは、最小限の振動のゆっくり変化する音、それらをカットし再構成する事により出来ている。

ヤン・レブランク Yann Leblanc はフランス人の考古学者で民族音楽学者であり、音楽と人体の関係や、東京のアヴァンドギャルド音楽コミュニティーの上記のサウンド・アーティストの作品上の音響や空間について書いている。レブランクが論じるには、これらのアーティストの音楽や演奏を研究する為には日本全体の音響環境に興味を持つ必要があり、特に年々歳々重要な変化を遂げる東京の様な都市においてである。そこではとても重要で多彩な音、シグナルや音楽が聞こえ、それらは全て人体の姿勢や動きに影響する。レブランクによれば "直接または間接的にも、サウンド・アーティストはこれらの音を違う風に聞く様に我々を導き、聞くという事は（フランス人社会学者 Marcel Mauss の感覚に於いての）人体のテクニックであると観せてくれる。"

〈参 照〉

デイヴィッド・ヒーバート Hebert、David G 2005 音楽コンクール、コーポレーション、コミュニティ：日本の学校吹奏楽における民族的図表。アメリカ、アンアーバー、ワシントン大学の博士論文 Music competition, Cooperation, and Community: An Ethnography of a Japanese School Band, Ph.D. diss., University of Washington. Ann Arbor

エマニュエル・ルウベ  Loubet, Emmanuelle  2000  日本のラップタップ演奏家、コンパクトディスク・デザイナー、無拍のテクノ・アーティスト：何処からでもない音楽。コンピューター　音楽誌　Laptop Performers, Compact Disc Designers, and No-Beat Techno Artists in Japan：Music from Nowhere.　Computer Music Journal 24:4, 19-32

# 第18章　デイヴィッド・ヒーバート：真鍮の錬金術：日本の吹奏楽とその精神性　David Hebert

**序章：精神性と日本の吹奏楽**

　東アジアの音楽家が20世紀にヨーロッパの音楽をどのように取り入れ習得したかについて系統的に研究され、それが新しいグローバルな関心をよぶものとして期待されはじめたのはここ数十年のことである（Everett & Lau 2004: Yang 2007）。歴史的には、ヨーロッパと北アメリカの吹奏楽は軍隊、工業労働者、教育機関、宗教団体と結びついていた。しかし日本では新しい意味で用いられ、それがプロやアマチュアのミュージシャンの間で確立している。小論は、特筆すべき日本における吹奏楽の現状を、民族学的なフィールドワークを通じて検討し、簡潔に概観し、解釈したものである。シェリー・オルトナーが述べているように（2007, 43）、民族学は「豊富なテキストや詳細な記述を通した理解」を提供する。この小論では、ほとんどの読者にとってなじみの薄いであろう分野がグローバルに重要な発展を遂げていることを伝えるため、フィールドワークを通してそうした豊かな記述を引き出すことを目指している。また、文化の境界を横断するにつれてどのように音楽は音的にも社会的にも変容するのか、という疑問へのささやかな答えでもある。そしてこうした過程には、音楽にまつわる行為における精神的なものの役割を理解することでもあることを意味している。

**なぜ精神性？**

　吹奏楽において精神性が重要なことは、あまり研究対象として注意を払われてこなかった。音楽教育哲学者であるアンソニー・パルマーは、音楽における精神性に向き合い、次のように疑問を呈している（1995, 91）。
　「すぐれた演奏を聴いたときに起こるトランスした感覚は何でしょうか？私たちの現実に実際認知できることを超えて何かに触れたと感じる、触れることはできないけれども確かに感じるものは何でしょうか？」

とくに日本の伝統音楽の文脈では、精神性の役割はしばしば芸術性の基礎になるものとして、しかし言葉では言い表せないものとして捉えられている。音楽教育学者で尺八奏者の松信浩二は、音楽を学ぶ上で身につく日本の精神性には主に次の（a）から（e）のような5つの特徴があるとしている（2007）。(a) 人間存在が自然環境と比べてとるにたらないものであること。(b) 自然を畏敬する気持ち (c) 祖先とのつながり (d) 個人の精神力との関連 (e) 特定の信仰に拠らないある絶対的な力を感じることである。日本以外で生まれた尺八奏者は、日本の伝統的な管楽器を学ぶにはこれと同様の精神性を理解することがとても重要であり、演奏することが慎重に構えて臨む試験に値するものであることを心することになる（Blasdel 1988; Keister 2005）。この小論でとりあげるヨーロッパや北アメリカから輸入された伝統の文脈においても、そうした土着の信仰が当てはまるところがあると思われる。

**音楽文化の移植と混合**

　民族音楽学者は、すでに確立された音楽の伝統が新しく別の文化で紹介されると、さまざまな文脈の中に納まり実践できるよう、その土地の必要に応じて変化が加えられるとしている（Flaes 2000）。時には、新しく音楽が融合（フュージョン）したり伝統と混ぜあわさったりするような異文化相互に接触が生まれる。しかし以前から存在する伝統的な音楽に変化が起こったことについては、それほど明白にはわからない。音楽を教え学ぶことは、新しい伝統が紹介されるときでさえ、受け継ぐ際にかなり多様性が生じることに注意を払う必要がある（Campbell 1991）。日本の場合、ヨーロッパと北米とはかなり異なった、恐らく日本の伝統的に起因すると思われるアプローチで教育されていることがしばしば指摘されている（Hebert 2005）。以下に示すように、このアプローチはグローバルに重要視されるほど発展した日本の吹奏楽の領域で特に顕著である。

## プロフェッショナルのバンドの制度化

現在、日本は高く評価されたプロの吹奏楽団、世界的な規模をもつ楽器会社、私立音楽学校の発祥地である。そして多くの日本の作曲家によって伝統とハイブリッドされた素晴らしいオリジナルなバンド作品が作られている。こうした状況が、アマチュアが前代未聞の規模で参加することを可能にし、結果として毎年1万4000以上のバンドの約50万人が参加する世界で最も大きな音楽コンクールである全日本吹奏楽連盟（All Japan Band Association=AJBA）国際コンテストが開催されることとなった（Hebert 2005）。この章では、日本の吹奏楽に貢献した主要な団体について簡単にではあるが考察したい。

## 東京佼成ウインドオーケストラ

ここ数十年で東京佼成ウインドオーケストラは、世界屈指の民間人によるプロの吹奏楽団とみなされるようになった。チケットや録音CDの売り上げにおいて、東京佼成ウインドオーケストラとそのライバルである大阪市音楽団（現オオサカ・シオン・ウインド・オーケストラ）は、主要なオーケストラと同じ様に新作の委嘱と演奏に力を注いでいる。東京佼成ウインドオーケストラは立正佼成会という東京都内の立正佼成会本部内にある普門館という全日本吹奏楽コンクールの開催地でもあるホールをもつ仏教のイデオロギーに基づく団体が後ろ盾となっている。そしてAJBAコンクールのために書かれた作品の初録音を常に行ない、メンバーがコンクールの審査員を勤めている。東京佼成ウインドオーケストラは1960年に結成された吹奏楽団で、1966年に会長の庭野は次のように音楽の役割について記した（117）。

「音楽は宣伝の一手段である。本部に我々は佼成雅楽会、東京佼成ウインドオーケストラ、佼成合唱団をもつ。佼成会および海外での催しで演奏し、音楽を通して宗教心を深め世界とよりよい関係を築ことを願う者のための団体である。」

1985年に、その公式な役割が何であるかが東京佼成ウインドオーケスト

ラのプログラムに記された（Hebert 2001a, 216）

「このオーケストラの基礎となる哲学は、いつも変わらず個人的な気質をよくするよう心がけることを通して音楽家がより高いすばらしい音楽のレヴェルに達することである。永久的な目的は、豊かな人間性を育て、より積極的かつ進歩的に社会に重要な貢献をするために音楽を利用することである」

恐らく、この楽団がひろく海外で知られるようになった主たる存在理由は、1984年から1994年まで音楽監督を務めていたフレデリック・フェネル（1914-2004）の影響である。20世紀後半でもっとも影響を与えた吹奏楽の指揮者として有名なフェネルは、高いレヴェルの曲を演奏するよう楽団を導き、また立正佼成会がもつマルチメディア出版社を通して、何枚もの録音を実現させた人物といっていいだろう。そうした努力は海外からの絶え間ない賞賛を受けることとなった。例えば1989年に東京佼成ウインドオーケストラの録音を聴いた国際的な記者は、「ここ10年間で重要なリリースの一つ」あるいは「まるで吹奏楽曲の百科事典のようなものだ」と記した（マクドナルド）。今日、佼成ウインドオーケストラのポスターは多くの日本の学校に貼られており、生徒たちは自分たちの信頼のおける手本としてこうした録音を使っている。

**大阪市音楽団**

日本でもっとも古い西洋のオーケストラで今日まで続いているものは管弦楽ではなく、吹奏楽である。1923年に軍隊所属のバンドになった大阪市音楽隊は、1934年に大阪市のものとなった。そして1946年に軍隊的な名前でない大阪市音楽団と改称した（2003、16）。植民地拡大を目指していた時代には大阪の天王寺公園で演奏するのが常だったこの楽団とそのほかの軍楽隊は、東京佼成ウインドオーケストラが結成される前まで日本中を通してほかの吹奏楽団の発展を刺激し続ける存在だった（細川、2001）。大阪市音楽団は1950年代から1970年代にかけて徐々に活動の場を広げ、1981年に大阪城公園という有名な大阪城の近くに大阪市の提供により現在

の事務所、およびリハーサルや演奏会を催すホールのある場所に移転した。この地でこの吹奏楽団は膨大な量におよぶ高い水準のコンサートを開きはじめ、1996年にはCDを発売するようになった。2000年現在、80回目の定期演奏会とライヴ録音によるCDが発売されている。

## ヤマハ株式会社

20世紀日本の器楽音楽の発展におけるヤマハ株式会社の影響を誇張して言うわけではないが、ヤマハが果たした役割の本質的なことは未だに歴史の中に埋もれたままである（小林、2000）。はやくて1894年に前身である江川製作所が路上音楽家であるチンドン屋や、ときには皇室の音楽家のためにも楽器を作ることがあった（檜山、1990、87）。西洋の楽器を修理することから会社は始まったのだが、1907年までにはすでに楽器も作っていた。当初、品質はよくなかったが技術は次第に改善されていった。1937年に日本管楽器株式会社の社名で再出発し、1970年に日本楽器製造株式会社と合併し、ヤマハ株式会社の吹奏楽器部門となった。会社は檜山が次に述べているように、著しい成長をみせた。

「1989年までにヤマハは浜松と豊岡で毎年30万以上の、それと同時にミシガンに建てた工場では毎年10万もの金管楽器を製造した。ヤマハが製造した楽器は地球上をめぐった」

楽器製造がこれほど大規模に行なわれたことはかつてなかった。そしてヤマハブランドはすぐによく知られる名前となった。ヤマハ株式会社は日本の吹奏楽シーンで長い間、セミナーのスポンサー、ワークショップ、コンクールの開催、有名なプロの演奏家の推薦を得ながら組んだ教育システムでの100あるいは何千もの生徒へのレッスンの提供、楽器のレンタル、修理サービス、世界的に楽器の練習形態を変えたサイレント・ブラスのような新しい楽器の開発といった活気ある活動をし続けている。

## 日本の吹奏楽の作曲家

ここ数十年で日本の作曲家は、日本の伝統音楽と文化からかなり影響を

受けて西洋の芸術音楽と融合させたオリジナルの作品を書いている。そうした作品の多くは前述の全日本吹奏楽連盟主催の全日本吹奏楽コンクールのために書かれたものである。そのなかで最も知られた作曲家が保科洋（1936- ）と伊藤康英（1960- ）である。筆者は2000年にこの二人にインタビューした（2001b）。そのほか作曲家としては真島俊夫（1949- ）、天野正道（1957- ）、松下功（1951- ）らがいる。[注1] それぞれ作曲家によって作曲技術はかなり異なるにもかかわらず、日本の精神性というもの（最初の章で松信の論文に言及したが）が各作曲家の吹奏楽作品にテーマとしてかなり顕著にみられる。

　保科と伊藤は、それぞれ第二次世界大戦で壊滅的被害を受けた広島の一般市民、そして17世紀前半に殉教した日本人クリスチャンの亡霊がさまよい続けているといわれるいまわしい歴史的出来事にインスピレーションを受けて音楽を書いている。松下功の吹奏楽作品で最も知られているのは、日本仏教の原理に基づいた《飛天の舞》である。この曲の第一部では尺八奏者によく知られた「一音成仏」の概念を音楽にとりいれている。演奏家は演奏空間に少しずつ入場して飛天という仏教の空中を飛行する天使の儀式的な雰囲気を導き出しながら、皆で同一の音程を演奏する。作曲家が説明しているように、この曲のリズム・モチーフと第2部での展開は、もっぱら声明とサンスクリットで書かれた神聖なテキストから導き出された数理に基づいている。松下のもうひとつよく知られている《飛天遊》は、太鼓の連打と西洋のオーケストラの楽器とを合わせた作品である。

　保科、伊藤、松下といった作曲家は日本の主要な大学の音楽科出身だが、アカデミックでないところから吹奏楽のための重要な作品を書き、作曲家として専心している人もいる。真島俊夫はプロのジャズ・トロンボーン奏者かつ受賞歴もある作曲家で、彼の最も知られた吹奏楽作品《三つのジャポニスム》は日本の精神性の象徴を特色とした3つの風景、すなわち各部分は鶴の求愛の風景、雪の渓谷の風景、そして最後は青森のねぶたという穢れを流す祭の風景に基づいている。天野正道はオリジナルの吹奏楽作品や数々の編曲作品で人気のある作曲家の一人で、アニメ映画や有名な映画

のサウンド・トラックを手がけていることでよく知られている。彼の《GR》（『ジャイアント・ロボ：地球が静止する日』の音楽）は、テクノロジーによって人間性が失われる脅威への熱き返答で、一方『バトル・ロワイヤル』は、教育の過激な競争システムという恐怖を与えるものへの異議申し立てである。天野の吹奏楽作品《おほなゐ》は、1995年に起きた阪神淡路大震災の犠牲者へ心を込めたオマージュである。櫛田月失之扶は、日本の伝統的な祭や宮廷音楽の雅楽のテーマに基づいて若い人で構成された吹奏楽バンドのために魅力的な作品や、《尺八と吹奏楽のためのフィギュレーション》という尺八と西洋の金管楽器のアンサンブルを巧みに組み合わせた魅力的な作品を書き、広く慕われている作曲家である。こうした概観から明らかになることは、日本の吹奏楽の作曲家は地域性と国際性を融合させる一方で日本の精神性の核心にテーマを置いたスタイルで多くの注目に値する標題音楽を作曲している。

**考察：なぜ日本のプロのバンド？**

　何がこうしたプロの吹奏楽団のユニークな発達を引き起こしたのだろうか。そしてなぜほかの国ではなく、日本で起きたのだろうか？　そのような疑問は、簡単に答えられるものではない。伝統に関する歴史的文献、いや、社会学の理論がこのことを記す強い基礎を提供してくれるかもしれない。ション・バウマンは１）政治的構造、２）財源の確保、３）言説の構造という３つの構成要素が芸術的な正当性を認めるのに必須だと理論化し、どの吹奏楽団が日本で制度化されるようになったのかその過程を考えるにつれて、それぞれが明確になると述べている（2006）。この小論で概説したように、日本の吹奏楽団は軍国主義が与えたもののひとつとして始まった。日本の国家である《君が代》でさえ、1870年に軍楽隊によって演奏された。しかしその後、軍楽隊はのちに急激に世界的に発達した音楽産業がサポートする学校と協合するようになった。(注2) 作曲家は急速の文化が変容する時期に日本の精神性の核心に迫るオリジナルの作品やコンテストのための編曲という新しいジャンルで音楽を書くことによって、このユニークな市

場に応じた。文化移植と確実に異文化が混合しているこの種の音楽は、西洋音楽のアンサンブルによる型にはまらない平等主義の視点とともにあった。そこでは吹奏楽がほかのどの国もいままで得たことのない繁栄する機会が与えられた。アマチュアの吹奏楽団に所属するミュージシャンのパトロンにサポートされてプロの吹奏楽団が結成され、このユニークな環境で活躍することになった。このシステムの中にいるアマチュアのミュージシャンは、激しい全国区のコンクールで音楽的実績を積み、熱心に糧にしてゆくという前例のないレヴェルに達したのだ。(注3)

**後奏曲：真鍮という比喩**

「真鍮の錬金術」というこの小論のタイトルは、ある読者にはあまりにも拡大した解釈としてとられるかもしれないが、そこに少しユーモアを感じていただけたら嬉しい。それでも私はこの概念が吹奏楽の分野で日本人によって到達された注目すべき業績を概念化するために役立つ記憶の助けとなるといいたい。日本のバンドに所属する若い学生からプロの作曲家、指揮者、楽器製造者まで含めた吹奏楽界の関係者は、錬金術師が金を求めるように、しばしば深く霊的な低音が共鳴する探求に励み、高いレヴェルに達している。ヨーロッパのミュージシャンは、交響楽団はいつも芸術の頂点の「プラチナ」アンサンブルであると冗談めかして反論するかもしれない。しかし、吹奏楽を真剣に受け止めてきた日本人のミュージシャンは、現代日本における芸術音楽、ジャズ、ポピュラー音楽といった各ジャンルで著しい成功をおさめているのである。

〈参考文献〉

Baumann, Shyon. 2006. A General Theory of Artistic Legitimation: How Art Worlds are Like Social Movements. Poetics: Journal of Empirical Research on Literature, Media and the Arts. 37.
クリストファー遙盟 『ザ・尺八―演奏習得の手引き』東京：音楽之友社、1988年 Campbell, Patricia Shehan. 1991. Lessons from the World: A Cross-Cultural Guide to Music Teaching and Learning. New York: Schirmer Books. Everett,

Yayoi Uno and Frederick Lau, eds. 2004. Locating East Asia in Western Art Music. Middletown: Wesleyan University Press.

Flaes, Rob Boonzajer. 2000. Brass Unbound: Secret Children of the Colonial Brass Band. Amsterdam: Royal Tropical Institute.

Hebert. David G. 2001a. The Tokyo Kosei Wind Orchestra: A Case Study of Intercultural Music Transmission. Journal of Research in Music Education. 49/3.

____. 2001b. Hoshina and Ito: Japanese Wind Band Composers. Journal of Band Research 37/1. 61-77.

____. 2005. Music Competition, Cooperation and Community: An Ethnography of a Japanese School Band. PhD diss., University of Washington.

檜山陸郎 『楽器産業：楽・楽器ビジネス早わかり読本』東京：音楽之友社、1990年

細川周平、阿部勘、塚原康子編 『ブラスバンドの社会史　軍楽隊から歌伴へ』東京：青弓社、2001年、55-81頁。

Keister, Jay. 2005. Seeking Authentic Experience: Spirituality in the Western Appropriation of Asian Music. The World of Music 47/3. 35-53.

Kobayashi, Tatsuya. 2000. 'It All Began with a Broken Organ': The Role of Yamaha in Japan's Music Development. B. Hans-Joachim (ed.), 'I Sing the Body Electric': Music and Technology in the 20th Century. Hofheim: Wolke. 59-66.

Matsunobu, Koji. 2007. Japanese Spirituality and Music Practice: Art as Self-Cultivation. International Handbook of Research in Arts Education, ed. Liora Bresler. Dordrecht and New York: Springer. 1425-1438.

McDonald, Ron. 1989. East Meets West: The Winds of Change. Fanfare 13/1. 91-104.

Ortner. Sherry B. 2007. Anthropology and Social Theory: Culture, Power, and the Acting Subject. Durham: Duke University Press.

大阪市音楽団 『創立80周年記念誌「80」』大阪：財団法人大阪市教育振興公社、2003年

Palmer, Anthony. 1995. Music Education and Spirituality: A Philosophical Exploration, Philosophy of Music Education Review 3/2. 91.

立正佼成会 『立正佼成会』東京：佼成出版、1966年

Trimillos, Ricardo. 1989. Halau, Hochschule, Maystro, and Ryu: Cultural Approaches to Music Learning and Teacing. International Journal of Music Education 14. 32-43.

Yang. Mina. 2007. East Meets West in the Concert Hall: Asians and Classical Music in the Century of Imperialism, Post-Colonialism, and Multiculturalism. Asian Music 38. 1-30.

〈注　釈〉

(注1) 筆者による真島俊夫のインタビュー、2006年12月30日、天野正道と松下功へのインタビュー2007年1月9日より。

(注2) この小論はオリジナルだが（必要により簡潔にしている）、基礎となっているほとんどのデータは、ほかの出版物からの抜粋である。詳細については以下を参照のこと。David G. Hebert, Wind Bands and Cultural Identity in Japanese Schools (Dordrecht and New York: Springer, forthcoming). デイヴィッド・ヒーバート「国際的視点で見る日本の吹奏楽」『日本吹奏楽連盟ジャーナル』13号、2007年、35-46頁。

(注3) 同上

# 第19章　ヤン・レブランク：ソノラスボディズ（鳴り響く身体）
## Yann Leblanc

　絵画は私たちのあらゆるところに眼を与える。耳に、腸に、肺に……。

　音楽はわれわれの身体を深遠な方法で横断し、胃や肺など体全体に耳を与える。音楽は波動や神経によく通じているのだ。それでいて音楽はわれわれの身体を、つまり体そのものを、ほかの要素へと導いてゆく。音楽は体からその惰性を、我々の存在という物質性を取り除く。すなわち、肉体の非肉体化である。私たちはこうして、鳴り響く身体の実態を正確に語ることができる。(Deleuze 2007, 37-9)（注1）

　『身体技法』でマルセル・モースが論じたすべての活動に、私は聴取を加えたいと思う。歩いたり、泳いだりするのと同じように、聴取は特定の文化の中で潜在意識に得たことから生じる身体がもつ技法とすべきである。もちろんこのことは、すでに民族音楽学が追及し続けていることである。しかし我々の日常生活の音とノイズは無視することのできない研究領域である。
　たいてい我々は音環境に、さしたる注意も向けないほどなじんでしまっている。しかし海外へ行くと、周囲の音がかなり衝撃的に感じられることがある。

　日本を訪れた者は、毎日の日常生活の中で耳にする、ありとあらゆる種類の音にしばしば驚く。例えばオーストラリアのサウンド・アーティストであるフィリップ・サマルティスは、最近のフランスの雑誌のインタビューで、日本はユニークな音を体験するところだ——たぶんノイズと沈黙との相互作用があるためだろうと、述べている。(注2) (La Casa 2006, 11)。東京を歩いてみればそれは事実で、東京の郊外でさえそうだが、かなりうるさい所から平和的に静かな場所へとあっという間に移動することができる。

東京で人間を取り囲むすべての音、信号、音楽は、身体とその動きの行程を系統だてる向きがある。音は、異なった空間を切り離したり、絡み合わせたりする。珍しい音をまだ信号として機能させることができない人は混乱するが、聴取という感覚を調整することを少し意識するようになる。

　Sachiko M、中村としまる、角田俊也、Haco といったある日本のサウンド・アーティストは、それと同じゴールを探しているようだ。聴取に関していえば、こうしたアーティストに共有されている意志は、まさに彼らのパフォーマンスやレコーディングを通して身体技法を忘れ去り、学び直すことにあるということができる。無意識的に行なわれているこの概念は重要である。私はこの点をかなり強調したい。なぜならそれは、あらゆる種類の芸術的活動に当てはまるからである。
　それにしても、なぜ彼らは普通の聴取の方法を我々に意識的に棄てようとさせるのか、あるいは忘れて欲しいのだろうか。何の先入観ももたずにあらゆる音という音を聞くようになることは、我々の耳がもはや次のような両極によって左右されないことである。すなわち、楽音に対するノイズ、あるいは自然音に対する人工的な音などである。このことは、たとえばサウンド・アーティストの Haco がある記事で次のように指摘していることの理由であろう。「小鳥のさえずる声は自然で、それがために生き生きとしたサウンドスケープです。ジャマイカの波の音は癒し。サインウェーヴの増幅はラディカルな行為です」。こう言う Haco の発言は我々の聴取(listen)という能力と、聞こえる(hear)という能力の限界を示した好例である。[注3]

　もちろん、音をそのように考えることは新たに提唱されたことではない。"聴取の変革"を唱えたピエール・シェフェール、ジョン・ケージ、その他の人は、音への新しいアプローチを概念化しようとした。実際、"純粋"で"音楽的"な音とノイズの区別は、日本の文化ではそれほど重要ではなかったようだ。例えば鴨長明の『方丈記』や伝統音楽にもみられる。ここで武満徹のサワリについてのすぐれたエッセイをあげるべきだろう。武満はそ

こでいくつも例をあげて論考している。今日の問題と異なることは多くのアーティストがテクノロジーの発達に影響を受けていることである。テクノロジーの進歩は音を難解な方法で出したり再生させたりするための音環境を変え、音の容量も一変させたのだ。(注4)

　今日の電子音響音楽に関する西洋の出版物を読んでいると、音の状況が次のように発展していることに否が応でも気づく。すなわち、音を表すのに使われる用語が、音の具体的な本質を強調しているものであったり（"音素材"、"サウンド・オブジェ"、"サウンド・ペースト"）、薬学や生物学から概念を借りてきているものであったりする（"マルチセルラー構造"、"原子"、"小片"）。音は解剖学の概念と表現でもって具体的に形が与えられているのだ。それは外科医のように音楽家が音を学ぶのに解剖したり切り裂いたりしなければならない事を意味しているのだろうか？　日本人の音楽家の場合はどうか。それをこれから論じたい。

　私は彼らのパフォーマンスで起きていることを説明するのに、たびたび「全身を耳にして」という表現を用いる。この表現は、身体と同様に環境も特別な関係をもつことを述べたもので、文字通りに理解していただきたい。中村としまると Sachiko M が彼らの楽器を奏する方法は、このプロセスについて説明した好例である。

　中村としまるは「ノー・インプット・ミキシング・ボード」で演奏する。入力が出力に接続されたミキサーのことである。つまりここで聴かれることは、ミキサーのフィードバックと似たものである。Sachiko M は、「記憶喪失者」のサンプラーとよく言われるメモリーのない空のサンプラーを用いて演奏する。この二人の音楽家の演奏を見た後、彼らの仕事をよりよく理解するために、私は彼らのバックグラウンドについて尋ねた。中村は最初に手にしたのはギターで、何年間か弾いていたというが、音響技師や音響効果の技師として経験を積む道の方があっさりと開けたという。Sachiko M は現代劇の劇団のために現在彼女がしている事と似たような仕事をしていたそうである。

中村が現在演奏している方法によるギター奏者としての経験とノー・インプット・ミキシング・ボードを使っての経験とを比べると、ギターの場合は弾かなければならない。一方でノー・インプット・ミキシング・ボードでは脇に立っていればいいという可能性がある、と説明してくれた。中村は「二つの異なる個性をもった人というのかな…。僕は接続するだけ。インストールして環境を整えるか制限をつくるかする。そうすると音がやってくる。機械は僕なしで音楽を創るんだ。環境とともにあって、音楽を演奏しているのは機械だ」と述べた。

　このことは、実際の演奏家はノー・インプット・ミキシング・ボードであって、中村としまるではないということを意味しているのだろうか？　私はそうではないと思う。こうした音楽家には、ほかにもSachiko Mやピーター・スツェンディがDJについて述べたことが当てはまるだろう。このフランス人音楽学者は、DJはコンサートを催す聴衆だとしている（Szendi 2001, 91）。

　Sachiko Mは、さらに一歩先に進んでいる。私のインタビューで彼女は音楽家ではないと何度も言っていた。つまり彼女は自分は音楽を演奏していないというのだ。おそらく彼女は、何も参考にせず、何の影響も受けずにきたことを言いたいのだろう。確かに日本の都市の音環境を心に留めてみると、Sachiko Mの音楽はコード（和音）も信号も情緒的なエコーもない領域にあり、音楽的に意図されたものから遠く離れている。彼女によると、彼女の楽器、つまりサンプラーと彼女の関係は、音楽家が何年も練習と訓練を重ねたようなものとはかなり異なるのだそうだ。たいてい、音楽家の身体と楽器の間には相互に関係が築かれるものだが、Sachiko Mは、彼女の機械と彼女自身の間には距離があることを強調した。

　いくつか例をあげよう。Sachiko Mは楽器店が嫌いだと言っていた。店員が彼女のことを理解してくれないからだと言う。彼女のサンプラーは最新のものではない。彼女がそのサンプラーで出す音は、ふつうエンジニアが取り除こうとする迷惑とみなされる音である。つまり、楽器を入手する際、

たいていの人は店へ行き、買いたい人の身体に最も適したモデルを選ぶのだが、それと反対なのだ。Sachiko M は彼女のサンプラーをインターネットで購入した。さらに彼女は、自身の活動を言うときに一般的に使う言葉を用いないことに注目したい。多くの音楽家は楽器を演奏するときにその楽器の名前を"弾く／吹く／演奏する"といった動詞とともに用いる（「ピアノを弾く」や「クラリネットを吹く」というように）。Sachiko M は決してサンプラーを弾きますとは言わない。"サンプラー"という代わりに彼女が出す音を表す単語を用いる。「私はサインウェーヴを演奏します」という。

　ピーター・スツェンディは、たとえばグレン・グールドやセロニアス・モンクのような音楽家が自分の楽器を演奏する際に身体がどう変化するかについて見事な論を書いている。その本は『音楽家の身体における幻の肢』という。スツェンディは楽器との相互作用を通して、身体が実際にどう新しい関係を築き、新しい動きに発達するかを指摘している。幻の手足を生むことになるのだ。

　コンサートの間中、身体は最発明される（注5）という虚構へと導かれる。ある瞬間に、ステージにいるグレン・グールドは単なるグールドではなく、一種の幻の"グレン・スタインウェイ"である。つまり、グールドはスタインウェイとひとつになっているのだ。この瞬間、音楽家と聴衆は身体的な技術を忘れ去っている。

　なぜ私が先に前もって音楽とほかの芸術における忘却の概念を述べたかの理由は、ここにある。

　Sachiko M の初めてのサウンド・インスタレーションは、東京の代々木にあったオフサイトという小さなスペースで行なわれた。彼女のサンプラーは何もない部屋の奥に置かれた小さな机の上にあった。ここでは訪れた者は何もない部屋の奥にあらかじめ準備された音を聴いた。用意された CD を聴くこともできた。Sachiko M は逆説的に彼女のインスタレーションを "I'm Here（私はここにいる）" と名付けた。タイトルが見聞きしたことと矛盾していることを尋ねると、彼女は次のように答えた「私はパフォーマン

スとインスタレーションとの違いについて考えていました。つまり主としてアーティストがそこにいるかあるいはいないか、と言うことについてです。私は訪れた人に私がちょうど部屋を出たところだという印象をもってもらいたいのです」。

音で充満した空間に身体は全く見えず、そして身体の存在を唯一たどることのできるのが音である。よって、この点において「全身を耳にして」という表現は、「あらゆる音がある」と類似した表現なのである。

〈注　釈〉
(注1) 原文は Daniel W. Smith による英訳。(訳注：それを重訳した)。

(注2) 個人的に私は日本の音環境について話すときに"ノイズ"や"沈黙"といった単語を使いたくない。人類学者のダヴィッド・ル・ブルトンはノイズについて「刺激で判断される価値観」だとしている。私は沈黙の概念は同様の問題であると思う。Le Breton、2003 年 114 ページ参照のこと。

(注3) Haco（ヴューマスターズ"現音採集観察学会"）、2003 年イヴェントのレポート：鏡としての"サウンド"——"レコーディング""ファインディング"、"キャプチャリング"サウンド。『Improvised Music from Japan』東京：2004 年、p.65。

(注4) 武満徹のサワリに関する考察を思い出そう。日本の伝統音楽に特有のものとして、琵琶や三味線、そのほか義太夫節のような声楽によって作られるノイズの一種に使われる多義的な言葉。その例として尺八の演奏を上げながら、「日本の音楽には大きな問題がある。西洋では一つの音では音楽を作るのに充分ではない。しかし日本の音楽では、一つの音にサワリという、要するにノイズのような音がある。西洋の音楽で使われる音と比較すると、それはその中で動的な多くの音を含む、かなり複雑な音である」と述べている（武満、2004、p.200 ～ 201）。電子音楽ではこうした"音の構成要素"はますます強調されるようになり、一方で"東"と"西"という二極はより重要でなくなっているのは興味深い事である。Sachiko M は、しばしば一つの音だけを出す。それは複雑な音ではないが、身体を貫いてゆくかなり高いピッチの音である。

(注5) この概念はアントナン・アルトー Antonin Artaud の後に器官なき身体の概念を

作り出したジル・ドゥールーズ Gilles Deleuze とフェリックス・ガタリ Felix Guattari によって展開されたものである（ドゥールーズ、2007、34）。「器官なき身体とは、諸器官を欠くのではない。それは単に有機体を欠いているだけである。つまり、これは器官の特別な組織である（中略）。要するに器官なき身体は器官の不在によって規定されるのではない。不確定の一器官の存在によって規定される。結局のところそれは確定した複数の器官の一時的で臨時的な現在によって規定される」この主題について書かれた章も参照されたい（ドゥールーズ、ガタリ、1980、185-204）。

## 〈参考文献〉

Chômei, Kamono.　2003. La Cabane de Dix Pieds Carrés. Lyon: Ancre et Encre.
Deleuze, Gilles.　2007 Francis Bacon: the logic of sensation. London: Continuum.
Deleuze, Gilles, and Felix Guattari.　1980. Mille plateaux. Paris: Editions de Minuit.
Haco, (View Masters—The Sound Collection and Observation Organization). 2004. A report on the events in 2003: "Sound" as a Mirror (of the viewer)—"Recording", "Finding", "Capturing" Sound. In Improvised Music from Japan 2004. Tokyo.
La Casa, Eric.　2006. Philip Samartzis. Revue & Corrigée, no70 (December 2006).
Le Breton, David.　2003. Anthropologie du corps et modernité. Paris: Presses Universitaires de France.
Mauss, Marcel.　1993. Les techniques du corps. Sociologie et anthropologie. Paris: Presses Universitaires de France.
Shaeffer, Pierre.　1977. Traitédes objets musicaux. Paris: Editions du Seuil.
Szendi, Peter.　2001. Écoute—une histoire de nos Oreilles. Paris: Editions de Minuit.
_____.　2002 Membres fantômes des corps musiciens. Paris: Editions de Minuit.
Takemitsu, Toru.　2004. On Sawari. Locating East Asia in Western Art Music, ed. Everett. Yayoi Uno, and Frederick Lau. Middletown: Wesleyan University Press.

付録

Music of Japan Today 国際日本音楽学会フェスティヴァル参加者一覧
2007 年 - メリーランド州立大学ボルティモアカウンティ校 UMBC、ワシントン DC スミスソニアン

**ゲスト作曲家**　愛澤伯友　伊藤弘之　山本浩之
**ゲスト演奏家**　田辺洌山　（尺八）
**講師**（本文中掲載の方々は除いた）
原・コークウェル由美　東ロンドン大学
　　＜多文化イギリスにおける日本人作曲家：アイデンテイテイ戦略と自己異国主義について＞
福中冬子　慶應義塾大学　講師
　　＜日本のゼロ時間？戦後の音楽と過去の再創造＞
ロレイン・プロード Loraine Plourde　アメリカ　コロンビア大学
　　＜東京のアヴァンドギャルド音楽コミュニティーで聞く流行様式＞
真鍋のりこ　アメリカ　CUNY 大学院センター
　　＜私のベルを鳴らして：携帯音楽と日本の音楽市場＞
大西秀明　シンガポール国立大学 Yong Siew Toh 音楽院　音楽理論助教授
　　＜武満のセットセオリーによる日本庭園への小旅行
　　　－3つのオーケストラ作品、スーパーセット / サブセットの応用＞
マーガレット・ルチア Margaret Lucia　アメリカ Shippensburg 大学　準助教授＜藤家渓子のピアノ音楽の変遷＞
岡島修理　アメリカ　アリゾナ大学
　　＜フルート・ハープ・ピアノの為の曲に於ける武満徹とクロード・ドビュッシーの比較＞
ジョン・ウェルシュ JohnWelsh　アメリカメリーランド州立大学カレッジパーク校＜レクチャー・リサイタル：金剛石 / 金剛石ヴァリエーション＞

**演奏作品　（＊は初演）**

愛澤：クラリネットと打楽器の為の時の時＊(2007)、尺八ソロと室内楽の為の Deposition＊(2007)

伊藤：ソロフルートの為のサラマンダー１ｂ (1995-2005)、クラリネットとピアノの為のきらめく光の中から＊(2007)

山本：クラリネットとピアノの為の楔を打てど霧は晴れず＊(2006)、アルトサキソフォーンの為の中継のサキソフォーン (1999)、ソロヴァイオリンの為のめたもるふぉしす (2001)、コンピューターテープの為の遠近法 (2002)、コンピューターテープの為のマシュー受難曲受難

川辺伸：木管五重奏の為の日本民謡に基づく２つのエチュード (2005年)

三善晃：２本のクラリネットの為の ReveColorie（1982年）

松平頼則：フルートとクラリネットの為のソナチネ (1940年)

コニシナガコ：クラリネット五重奏の為の夜明け (2001年)

西村朗：ソロヴァイオリンの為のモノローグ (1995年)

武満徹：雨の樹　素描 (1982年)、ソロピアノの為の雨の樹　素描Ⅱ (1992年)、クラリネットと弦楽四重奏の為の Herbstlied（チャイコフスキー作曲、武満によるアレンジ 1993年）

一柳慧：電気メトロノームの為の音楽（1962年）

田中カレン：ヴァイオリンとテープの為の Wave Mechanics II（1994年）

川本秀子カワモトヒデコ：コンピューターテープによる　夜が蝶のように耳から昇る Night Ascends from the ear like a butterfly（1999年）

安藤大地：コンピューターテープによる　迷う指 Wondering finger（2001年）

今井慎太郎：コンピューターテープによる　Figure in Movement (2005年)

莱孝之：コンピューターテープによる　Labyrinth（2004年）

小坂直利：ヴァイオリンとコンピューターの為の 雫のくずし（1991年）

後藤すぐる：ロボットの音楽（2003年）

細川俊夫：ソロフルートの為の　線Ⅰ（1984年）、ソロフルートの為の垂直の歌（1995年）、ソロ・バスフルートの為の Atem-Lied(1997年)

武山のぼる：二箏の琴と声の為の　金剛石

Music of Japan Today 2003年 UMBC, ワシントンDC スミスソニアン

**ゲスト作曲家** 　西村朗、新実徳英、湯浅譲二　一柳慧（インターネット2による参加）
**講師によるレクチャー**
アイエダ・ビスポ Ieda Bispo　新潟　上越大学
　＜日本庭園：武満徹の雅楽 秋庭楽における西洋音楽との融合について＞
ピーター・バート Peter Burt　オーストリア　ウィーン
　＜黛敏郎の涅槃交響曲：進歩のオーヴァートーンとリアクションのアンダートーン＞
原・コークウェル由美　ロンドン　City大学
　＜ Childminder Of Takeda ＞
福中冬子　ニューヨーク大学
　＜日本のラップ音楽におけるグローバル化と Faticization と政治面について＞
ルチアナ・ガリアーノ Luciana Galliano　イタリア ヴェニス Foscari 大学
　＜日本人作曲家としての一柳とフルクサス＞
ロブ・ハスキンス Rob Haskins　アメリカ　イーストマン音楽院
　＜ケージ、一柳、フルクサス、日本の：リスポンスとリゾナンス＞
大西秀明　アメリカ　シアトル　ワシントン大学
　＜夢、日本庭園と武満徹：セット-クラス分析による窓/大スケールの夢の構造＞
デイヴィッド・ペッカン David Pacun　アメリカ　イセカ Itheaca 大学
　＜山田耕筰の初期作品における対位法様式＞
マイケル・ペルース Michael Peluse　アメリカ　ウェズリアン Wesleyan 大学
　＜津軽三味線の最新のブーム：民謡のリバイバル、それともポップ・センセーション＞
クリスチアン・トワオンブリ Kristian Twombly　アメリカ UMBC 大学

＜湯浅譲二の Sea darkens 曲での同義語における逆の意味＞

**レクチャー・リサイタル**
福田明子　ピアノ　アメリカ　カンザス大学
　＜アイデンティティーを探して：1985 年以来の日本のピアノ音楽におけるポストモーダムの流行＞
グレッグ・ジャナスコリ Greg Giannascoli（マリンバ）チュ・ツユ・リン（ピアノ）Chiu-TzeLin
　＜日本人作曲家のマリンバ音楽＞
一色智子　ピアノ　アメリカ　ヒューストン大学
　＜武満徹の'雨の樹'の宇宙的暗喩＞
カルヴァート・ジョンソン Calvert Johnson　ハープシコード Agnes Scott College
　＜日本人作曲家のハープシコード音楽＞
マーガレット・ルチア Margaret Lucia　ピアノ　Shippensburg 大学
　＜日本人女性作曲家による最近のピアノ音楽＞
ユージン・オー　Yoojin Oh（ピアノ）オリヴィエ・フルシェイレ Olivier Fluchaire（ヴァイオリン）アメリカ　マンハッタン音楽院
　＜一柳慧のピアノとヴァイオリンの為のデュオ作品＞
佐藤ローデンチエ（ピアノ）ジュンコ　タノ（ダンサー）
　＜ダンスとピアノの為の'地唄舞'＞

**マスタークラス**
レイコ　マナベ（フルート）カリフォルニア大学サンディエゴ校
　＜湯浅譲二の Domains＞
Greg Giannascoli （マリンバ）　アメリカ Rutgers 大学
　＜一柳慧の Paganini Personal・新実徳英のマリンバの為のⅠ＞
アキコ　フクダ（ピアノ）カンザス大学
　＜西村朗の Tritrope＞

**演奏された作品　＊は初演**

一柳：ピアノの為の雲の表情 X(1999)、チェロとピアノの為のコズミックハーモニー (1995)、マリンバの為のパガニーニ・パーソナル (1982)、ソロマリンバの為の源流 (1989)、電気メトロノームの為の音楽 (1968)、ピアノ音楽第7 (1961)、ヴァイオリンとピアノの為の Interrelation(1998)

湯浅：ソロピアノの為の内触覚的宇宙 II(1986)、バスフルートの為のタームズ・オヴ・テムポラル・デイテイリング (1989)、冬の日・芭蕉讃 (Fl.Cl.Hp.Perc.Pf.1981)、ホワイトノイズの為のイコン - 5チャンネル電子音楽、テープの為の SeaDarkens(1987)、UPIC による始源への眼差 (1991)、演奏詩呼びかわう詩 (1973)、バリトンとトランペットの為の天気予報所見 (1983)、領域 (Fl.Cl.Mba.Bass1977)、ソロ声とアンサンブルの為のつぶやき (1988)

西村：クラリネットとピアノの為の微睡 III ＊ (2003)、オルガヌム (Vln.Fl.Cl.Vibraphone.Pf.1989)、ピアノの為のトリトローペ (1978)、ティンパニとピアノの為のデュオローグ (1996)

新実：ソロチェロの為の横豎 (1987)、フルートとピアノの為の魂の鳥 (1996)、混声合唱マドリガル II (1981)、ルクス・オリジーニス始原の光 (Vln.Cl.Vcl.Pf.2002)、マリンバのために I(1975)

マキコ　アサオカ　ハープシコードの為の4曲 (1994)

ナガオ　アイザック　ソロハープシコードの為の‘古代の都市’

田中カレン　ソロハープシコードの為の Jardin des Herbes(1989)

アサコ　ヒラバヤシ　ハープシコードの為のソナチネ (2002)

莱卓之　Pain for two computers（1983）

藤枝守　テープの為の植物文様 (1995)

高杉スティーヴンカズオ　Vers une miopie musicale : III Iridescent Uncertainty for tape（1999）

イトウ　ユキコ　テープの為の2サイド (2002)

吉松隆　ソロピアノの為のプレイアデス舞曲集 (1986-2001)

武満徹　フルートとギターの為の海へ（1981）
モリジュンコ　ソロピアノの為の Imagery(1987)
コニシ　ナガコ　ピアノの為の幻想曲（1995-6）
藤家渓子　ソロピアノの為の Pas de Deux II Op.14

**Asian Music in America （1999 年）　アメリカのアジア音楽 ハミルトン大学・シラキュース現代音楽協会**

**ゲスト作曲家**　田中利光　ブン・チン・ラム Bun-Ching Lam　P.Q. ファン P.Q.Phan
**講師によるレクチャー**
宇野弥生　アメリカ・コロラド大学 Boulder 校　準助教授
　＜ 1945 年以降の芸術音楽における東アジアと西洋音楽資源における異文化交流：分析的パラヂグムスとタクソノミー Paradigms and Taxonomy ＞
クレッグ・ラトレル Craig Latrell　ハミルトン大学　演劇学部客員助教授
　＜現代東南アジアの劇場における内部文化の借用についての考察＞
ジョアン・コー JoAnn Koh Depauw 大学　助教授
　＜グローバルな音楽に向けて：'国際的な卵'と武満徹の'ノヴェンバーステップス'＞
ジョイス・リンドウフ Joyce Lindorff　アメリカ　テンプル大学　鍵盤音楽学助教授
　＜現代中国音楽とハープシコード＞
**レクチャー・リサイタル**
ステュワート・ハインズ　Stuart Hinds　テキサス　ヒューストン
　＜自作曲の Contrapuntal ハーモニック歌唱＞
**コンサート**
Khac　Chi　（ヴェトナム伝統音楽）
**演奏された作品**
田中利光 マリンバの為の２章(1980)、ヴァイオリンとピアノの為のソナタ

Op.1(1957)
P.Q. ファン P.Q. Phan
クラリネットとピアノの為のMy Language (1995)、オーボエとアルトサックスの為のRough Trax (1995)、オーケストラの為のLife in Necropolis＊ (1999)
ブン・チン・ラム　Bun-Ching Lam
　ソプラノ・ヴァイオリン・クラリネット・打楽器の為の4つのBeckett Song (1980)、ピパの為のRun
ツオウ・ロングZhou Long Zheng・ピアノ・打楽器の為のWu Ji (1991)
リチャード・ツアングRichard Tsang ソロハープシコードの為のImages of Bells － 2 音のテーマによる即興 (1979)


Music of Japan Today： Tradition and Innovation III (1997)
ハミルトン大学　シラキュース現代音楽協会
ゲスト作曲家　遠藤雅夫　国枝春恵　P.Q. ファン P.Q.Phan（黛敏郎 欠席）
**講師によるレクチャー**
アメミヤ　ノブコ　カンザス大学
　＜武満徹のピアノとヴァイオリン又はチェロによる作品の分析＞
ヒン・ヤン・チャン Hing-yan Chan　香港
　＜武満徹の'ノヴェンバー・ステップス'における対称性と大きなスケールの持続性＞
ロバート・フライシャー　Robert Fleisher　北イリノイ大学音楽教授
　＜過去と現在の再合？ Reconciling：イズラエルと日本の現代芸術音楽＞
イトウ　ヒロコ　ハーヴァード大学
　＜楽器の限界からもたらされた発達発展Inovationについて＞
ジョアン・フイー・ビーン・コー JoAnn Hwee Been Koh　ボストン大学
　＜武満徹'弦楽のためのレクイエム'(1957)における時間的割合と　映画音楽での技術＞

ヒュー・リヴィングストン Hugh Livingston　カリフォルニア大学サンディエゴ校
　＜伝統邦楽器を模する？チェロのテクニック＞
スティーヴン・ナス Steven Nuss　アメリカ　Colby 大学助教授
　＜右翼の音楽：黛敏郎の'弦楽の為のエッセイ'における政治性＞
ナンシー・ユンファ・ラオ Nancy Yunhwa Rao　アメリカ Rutgers 大学助教授
　＜東洋と西洋の透明化：Chen Qigang の Poem Lyrique　II＞
マイケル・シェーレ Michael　Schelle　アメリカ Butler 大学教授
　＜日本の映画音楽：ゴジラとその産物＞
プレストン・ステドマン Preston Stedman　カリフォルニア州立大学 Fullerton 校教授
　＜日本での現代の交響曲＞
ワタナベ　シュウコ　ワシントン大学と Lee 大学講師
　＜明治から第二次大戦へかけての西洋音楽の影響：西洋様式のピアノ音楽の歴史的概観＞

**レクチャー・リサイタル**
アライ　アサコ　メキシコ Naucalpan
　＜武満徹のソロフルートの為の'ヴォイス　声'における伝統的文化的概念の超越＞
上野 Garrett ジュンコ　アメリカ Rice 大学
　＜音の流れ：武満徹のピアノ音楽＞
G・W・シェーファー G・W・Schaefer　アメリカ　ウィスコンシン大学 Oshkosh 校準助教授
　＜安倍圭子のマリンバ曲について＞

**ミニコンサート・演奏家**
武満徹
遮られない休息　ピアノ 雨宮信子 カンザス大学　ワタナベシュウコ　ロアノーク　ヴァージニア

雨の樹素描 II　ピアノ　上野 Garrett 淳子　Rice 大学　串田真理　イリノイ大学
Itinerant In Memory of Isamu Noguchi　フルート　エルダ・テート Elda Tate　北ミシガン大学
黛敏郎
BUNRAKU　チェロ　クリストファー・シュテンストロム Christpher Stenstrom　BowlingGreen 州立大学
野田りょう
舞　アルトサックス　クラウディア・シヤツル Claudia Schaetzle BowlingGreen 州立大学

**演奏された作品**
黛：プリペアド・ピアノと弦楽の為の小品（1961）、ソロチェロの為の BUNRAKU（1962）
Phan：打楽器と混合アンサンブルの為の Enlightenment Concerto　（1994）
国枝：オーケストラの為の Reflection III ＊（1997）
遠藤：ソロピアノの為のパンドラの箱　（1995）
武満：ソロフルートの為の声　（1971）
湯浅：呼びかわ詩　シアター・ピース (1973)

# Music of Japan Today: Tradition and Innovation　II　(1994) Hamilton 大学
**ゲスト作曲家**　本間雅夫　松下功　リチャード・ツアング Richard Tsang
**ゲスト演奏家**　赤城真理
**講師によるレクチャー**
トッド・カシェッタ Todd Caschetta　イサカ Ithaca 大学
　＜武満の音楽に於ける時間、空間、テクスチャー：イサカ大学打楽器アンサンブルの演奏＞
エドワード・スマルドン Edward Smaldone　クイーンズ・カレッジ

CUNY
　＜三木稔：保守的な現代音楽か、急進的な伝統主義者か？＞
ジェラルド・ラージ Gerald Large　ハミルトン大学
　＜能音楽の発声とリズム構造へと応用された　花、幽玄、序破急の美学的基本について＞
エルダ・テート Elda Tate　北ミシガン大学
　＜日本のフルート音楽：拡張発展された伝統について＞
ジャクソン・ヒル Jackson Hill　Bucknell 大学
　＜私の自作品への　日本のインスピレーションと影響＞
ワタナベシュウコ　ワシントン大学と Lee 大学
　＜本間雅夫のソロピアノ作品：日本の繊細さを探して＞
クリスティン・タボラ Kristin Taavola　イーストマン音楽院
　＜20世紀日本音楽の時間：福島の'レクイエム'への禅のアプローチ＞
デボラ・ハウ Deborah How　南カリフォルニア大学
　＜歌舞伎の下座音楽：音楽を通じての情景デザイン＞

**演奏された作品**
本間：クラリネットとピアノの為の JunctionIII（1990）、ピアノとオーケストラのための三章＊（1994）
松下：クラリネットとテープの為の東風（1983）、室内楽アンサンブルの為の五蘊（1985）
Tsang：ヴァイオリン、チェロ、ピアノの為の Emergence（1983）、クラリネットとテープの為の Echo Mime（1992）

Music of Japan Today : Tradition and Innovation (1992)　ハミルトン大学
**ゲスト作曲家**　新実徳英　松尾祐孝　湯浅譲二
**講師によるレクチャー**　エドワード・スマルドン Edward Smaldone　クイーンズ・カレッジ CUNY

＜武満のノヴェンバーステップスと秋：大スケールのピッチ構造における日本と西洋の合流について＞
ワタナベシュウコ　ワシントン大学と Lee 大学
　　＜日本現代作曲家の西洋様式ソロピアノ作品における　伝統的要素との総合について＞
スティーヴン・ナス Steven Nuss　City University of NY
　　＜未来を見、過去を見て：武満徹の音楽における唐楽の影響＞
グレゴリー・シェパード Gregory Shepherd　ハワイ　Lihue Kauai 大学
　　＜日本人論＞
田野崎和子　ハミルトン大学
　　＜湯浅譲二と実験工房：内触覚的宇宙　に反映している宇宙の概念＞
E マイケル・リチャーズ E・Michael Richards　ハミルトン大学
　　＜西村朗の独奏二十弦琴と弦楽合奏の為の協奏曲：炎の幻声 について＞
マツウラ　タカコ　イセカ大学音楽院
　　＜明治時代（1868-1912）の子供の為の音楽の発達における日本と西洋の合流＞
ブルース・ライプリック Bruce Reiprich　アメリカ　Wilkes 大学
　　＜武満徹の金管アンサンブルの為の"ガーデン・レイン"について＞
レクチャー・リサイタル
エルダ・テート Elda Tate　北ミシガン大学
　　＜日本のフルート音楽の伝統と革新＞

**演奏された作品**
新実：クラリネット、ヴァイオリン、チェロの為の風音 (1989)
松尾：クラリネット、ピアノ、オーケストラの為の飛来 V ＊ (1992)
湯浅：トランペットとバリトン声の為の天気予報所見（1983）、ソロヴァイオリンの為の My Blue Sky No.3(1977)、呼びかわ詩（1973）、ソロピアノの為の内触覚的宇宙 (1957)

**レコーディング (2008 年の英語版に於 )**

第 1 章

Hiroyuki Itoh – Salamander - Living in Fire, Einstein Records 014 (John Fonville)

Hiroyuki Itoh – Mirror I for twelve players – Swaying time, Trembling time, MusicScape MSCD-0019 (Nieuw Ensemble)

第 2 章

Hiroyuki Itoh – String Quartet - Swaying time, Trembling time,
　MusicScape MSCD-0019 (Arditti String Quartet)

第 3 章

Hiroyuki Yamamoto – Noli me tangere – Canticum Tremulum, Fontec FOCD-2555 (Ensemble Contemporain Montreal)

See http://sp2.cc.iwate-u.ac.jp/~hiroy/ for score and sound clip downloads of many of Yamamoto's works

第 10 & 12 章

See http://martyregan.com/ for scores and sound files

第 11 章

See http://www.cduniverse.com/productinfo.asp?pid=7222045&style=classical for
　sound clip and CD purchase information for Hosokawa's Atem-Lied
See: http://www.cduniverse.com/productinfo.asp?pid=6740617&cart=683792774&style=classical
　　- for sound clip and CD purchase information for Hosokawa's Vertical Song I
See http://www.podbean.com/podcast-detail-episode/164890/toru-takemitsu-voice-for-solo-flute - for sound clip and CD purchase information for Takemitsu's Voice

第 15 章

Joji Yuasa – Cosmos Haptic II: Transfiguration for solo piano, Nine Winds NWCD-0188 (Kazuko Tanosaki)

第 16 章

Masataka Matsuo – Distraction for clarinet and piano, Nine Winds NWCD-0188 (Tanosaki-Richards Duo)

Akira Nishimura – Aquatic Aura for clarinet and piano, Fontec FOCD-2540 (Itakura/Kimura)

Akira Nishimura – Meditation on the Melody of Gagaku "Kotoriso," Fontec FOCD-2540 (Das Klarinettenduo/Miki)

Tokuhide Niimi – Fairy Ring for clarinet and piano, Camerata 28CM-657 (Itakura/Nakagawa)

第 17 章

-Toshiro Mayuzumi - Campanology and music of Shintaro Imai: http://homepage2.nifty.com/paganmusik/omega/foreign.html

-Makoto Moroi – Shosange, and music of Minao Shibata http://www.mimaroglumusicsales.com/artists/minao+shibata.html

-Atau Tanaka - http://www.xmira.com/atau/

-Takayuki Rai - http://www.mimaroglumusicsales.com/artists/takayuki+rai.html

-Shintaro Imai http://homepage.mac.com/shintaro_imai/

-Naotoshi Osaka http://www.srl.im.dendai.ac.jp/people/osaka/

-Hiroyuki Yamamoto – Perspectivae, Tempus Novum XIII on the Disc, Tempus Novum Tempus-001 - http://www.netlaputa.ne.jp/~hyama/

-Hiroyuki Yamamoto – Die Passion der Matthaus-Passion (same CD as above)

-Hideko Kawamoto http://homepage.mac.com/hk0008/

-Suguru Goto http://suguru.goto.free.fr/

第 18 章

See http://www.timreynish.com/japan.htm and http://catalog.bravomusicinc.com/

for information on music and recordings by Japanese composers for wind bands

## 参加者一覧 Contributors
愛澤伯友　第1部　ゲスト作曲家による講義とディスカッション参照

アンタレス・ボイル Antares Boyle　フルート奏者　シドニー音楽院　音楽修士号受賞：ニュージーランド Gisborne 国際音楽コンクール、アメリカ MTNA ヤング・アーティストコンクール。ロサンジェルスでフリー演奏家として活躍中

ピーター・バート Peter Burt　ウィーン British　Open 大学　準講師 '武満徹の音楽' の著者（ケンブリッジ大学出版 2001 年）この本はイタリア語と日本語に翻訳されている。Contemporary Music Review の武満追悼版のゲスト編集者でもある。

ステイシー・フレイザー Stacey Fraser　カリフォルニア州立大学準助教授（サンバルディーノ）サンディエゴ・オペラ、ヴァンクーバー交響楽団、タングルウッド等で高い評価を受ける。

デイヴィッド・ヒーバート David Hebert　音楽教育家・民族音楽学者 2008 年秋よりフィンランド　シベリウス音楽院教授。ボストン大学、モスクワ州立大学、東京学芸大学等でも教鞭をとる：日本の学校の吹奏楽と文化的アイデンティティ Wind Bands and Cultural identity in Japanese Schools (Springer 出版) の著者。

コリン・ホルター Colin Holter　作曲家　ミネソタ大学で博士号、イリノ

イ大学で修士号取得

伊藤弘之　第1部　ゲスト作曲家による講義とディスカッション参照

ヤン・レブランク Yan Leblanc　音楽学者。3ソルボンヌ大学。横浜仏協会で心理学の修士。リヨン大学で人類学修士。

ヒュー・リビングストン Hugh Livingston　チェロ奏者、作曲家、サウンド・インスタレーション・アーティスト。：アジア文化交流基金を受け、中国で現代音楽と古典音楽を研究。カリフォルニアで Mapa Mundi, The Orbis Factor, The Seven Saties のメンバーとディレクターを務める。

小野光子　音楽学者　国立音楽大学大学院修了　武満徹研究者　主著に『ある作曲家の肖像　武満徹』、翻訳にピーター・バート著『武満徹の音楽』(いずれも音楽之友社)。編集に『武満徹全集』(全5巻、小学館)。

デイヴィッド・ペッカン David Pacun　アメリカ　イサカ Ithaca 大学音楽理論準助教授。論文'アメリカ音楽での山田耕筰'他、アメリカ・ブラームス会通信 American Brahms SocietyNewsletter, 音楽理論法ジャーナル Journal of Music Theory Pedagogy 等に論文を執筆。

マーティ・リーガン Marty Regan 作曲家・民族音楽学者　テキサス A&M 大学準助教授：三木稔の論文'邦楽器の為の作曲'の翻訳者 (Rochester 大学出版 2008 年)。自作品の CD が日本で発売されている。

E. マイケル・リチャーズ E.Michael Richards　クラリネット奏者・指揮者。UMBC 助教授 '21 世紀のクラリネット'本の著者。2007 年国際クラリネット・木管学会での発表論文出版 (エディンバラ大学出版) ほか。アメリカ日本クリエーティヴ・アーティスト交流フェロー・Nine Winds, CRI,

Opus One, New World より CD が出ている。UCSD 博士 P.h.d.(理論)、スミス大学音楽学修士、イェール大学演奏修士、ニューイングランド音楽院で演奏と教育学士。

**田野崎和子**　ピアノ奏者　UMBC 講師　元 UMBC 専科コースディレクター、イーストマン音楽院博士 DMA、UCSD 修士、国立音楽大学卒業。NineWinds, CRI, OpusOne より CD。音楽芸術、音楽の友で論文を発表。アメリカ　ラ・ホイヤ・ヤングアーティストコンコール優勝。フランス国立テレビ、ロッテルダム '20 世紀ピアノパノラマ'、モントリオール 'イ・ムジチ'、シラキュース交響楽団、新星日本交響楽団他でゲスト演奏。

**山本裕之**　第 1 部ゲスト作曲家による講義とディスカッション参照

**吉岡愛理**　ヴァイオリン奏者　UMBC 準助教授　ジュリアード音楽院博士号。Damocles トリオと Modigliani 四重奏団の結成。Continuum, Modern Works, Son Sonora, Azure 等で演奏。

## 編者紹介

**田野崎和子　Dr. Kazuko Tanosaki**
ピアノ奏者、UMBC 講師、元 UMBC 専科コースデイレクター。イーストマン音楽院博士 DMA、UCSD 修士、国立音楽大学卒業。Nine Winds、CRI、Opus One より CD、音楽芸術、音楽の友誌で論文を発表。アメリカ、ラ・ホイヤ・ヤングアーティストコンクール優勝。フランス国立テレビ、ロッテルダム '20世紀ピアノパノラマ'、モントリオール 'イ・ムジチ'、シラキュース交響楽団、新星日本交響楽団他でゲスト演奏。

**E. マイケル・リチャーズ　Dr. E. Michael Richards**
クラリネット奏者・指揮者・音楽学者 UCSD 博士 P.h.d.(理論)、スミス大学音楽学修士、イェール大学演奏修士、ニューイングランド音楽院で演奏と教育学士。ハミルトン大学教授を経て現在 UMBC 教授。'21世紀のクラリネット' 著者。2007年国際クラリネット・木管学会での発表論文出版(エデインバラ大学出版)他。アメリカ日本クリエーティブ・アーティスト交流フェロー。Nine Winds、CRI、Opus One、New World より CD。

### MUSIC OF JAPAN TODAY
ミュージック オブ シャパン トゥデイ

| | |
|---|---|
| 編　者 | 田野崎 和子・E. マイケル リチャーズ 共編纂 |
| 発行者 | 大坪　盛 |
| 発行所 | 株式会社 芸術現代社 |
| | 〒111-0054 |
| | 東京都台東区鳥越 2-11-11 |
| | TOMY ビル 3F |
| | TEL 03 (3861) 2159 |
| | FAX 03 (3861) 2157 |
| 制　作 | 株式会社ソレイユ音楽事務所 |
| 印　刷 | モリモト印刷株式会社 |

2019年5月9日初版発行　　ISBN978-4-87463-212-3

乱丁本・落丁本はお取替えいたします。
本書の一部あるいは全部について、著作者から文書による承諾を得ずにいかなる方法においても無断で転載・複写・複製することは固く禁じられています。